共享
制造平台
运行机制与决策优化

王天日 ◎ 著

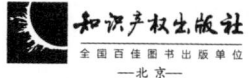
—北京—

图书在版编目（CIP）数据

共享制造平台运行机制与决策优化／王天日著．—北京：知识产权出版社，2021.10
ISBN 978-7-5130-7822-1

Ⅰ.①共… Ⅱ.①王… Ⅲ.①制造工业－研究 Ⅳ.①F407.4
中国版本图书馆CIP数据核字（2021）第223352号

内容简介

共享制造是围绕生产制造各环节，运用共享理念，将分散、闲置的生产资源集聚起来，弹性匹配、动态共享给需求方的新型制造模式。共享制造平台是共享制造的核心载体。本书分析了共享制造模式、共享制造服务封装技术和共享制造平台运行机制，在此基础上系统地研究了共享制造模式扩散与应用、共享制造服务匹配、调度优化及共享决策等运营管理问题。

本书可供共享制造、运营决策优化等领域的工程管理人员、研究人员及相关专业的师生阅读和参考。

责任编辑：张雪梅　　　　　　责任印制：刘译文
封面设计：杨杨工作室·张冀

共享制造平台运行机制与决策优化
GONGXIANG ZHIZAO PINGTAI YUNXING JIZHI YU JUECE YOUHUA

王天日　著

出版发行：知识产权出版社有限责任公司		网　址：http://www.ipph.cn	
电　话：010-82004826		http://www.laichushu.com	
社　址：北京市海淀区气象路50号院		邮　编：100081	
责编电话：010-82000860 转 8171		责编邮箱：laichushu@cnipr.com	
发行电话：010-82000860 转 8101		发行传真：010-82000893	
印　刷：三河市国英印务有限公司		经　销：各大网上书店、新华书店及相关专业书店	
开　本：787mm×1092mm　1/16		印　张：12.75	
版　次：2021年10月第1版		印　次：2021年10月第1次印刷	
字　数：230千字		定　价：79.00元	
ISBN 978-7-5130-7822-1			

出版权专有　侵权必究
如有印装质量问题，本社负责调换。

前 言

近年来，随着物联网、云计算、信息物理融合系统、大数据与人工智能等新一代信息技术的发展并应用于制造系统，产生了许多新型制造模式，如云制造、社群化制造、共享制造等。自 2010 年以来，"共享经济"商业实践取得巨大成功，促进了共享经济在制造领域的渗透和发展，产生了共享制造模式。共享制造是运用共享理念，将生产资源进行集约共享，并弹性匹配需求，具有集约、高效、灵活等特点的一种共享经济模式，是共享经济在生产制造领域的具体实践。共享制造通过整合生产资源、提高生产效率、降低生产成本，并实现供需企业间的协作生产，可以更好地实现个性化定制产品的生产。

本书围绕"共享制造平台运行机制与决策优化"这一主题展开。全书共分七章。第 1 章主要分析共享经济的成因、内涵、类别与发展，并对智能制造、智能装备、智能工厂及工业互联网进行阐述，探讨了云制造、社群化制造及共享制造三种典型的新型制造模式。

第 2 章在分析共享制造服务分类的基础上介绍共享制造服务的虚拟化封装技术，将制造资源分为硬制造资源与软制造资源，对其进行虚拟化，介绍了一种共享制造环境下资源服务化封装的方法，以屏蔽制造资源自身的异构性和复杂性，对外呈现统一的调用接口，在共享制造环境中共享。

第 3 章针对共享制造平台运行机制进行分析，探讨涉及的几个重要问题及具体的运行机制，并分析共享制造平台的商业模式与功能。

第 4 章主要分析共享制造模式的扩散与应用决策。通过演化博弈模型的建立，分析不同利益参与者的博弈关系和决策行为，建立演化博弈-系统动力学模型，对企业间共享制造服务模式的扩散进行分析，通过系统仿真讨论不同参数变化对共享制造服务模式扩散的影响。

第 5 章建立了面向多用户偏好的共享制造服务双边匹配模型。首先，提出制造服务双向语义匹配模型，为制造服务双边匹配奠定基础。其次，构建面向用户模糊偏好的制造服务匹配框架，并应用对偶犹豫模糊理论描述用户对不同服务方的对偶犹豫模糊偏好信息，实现制造服务的双边匹配。

第 6 章研究共享制造服务调度模型与决策优化方法，分别构建面向多用户的制造服务调度优化模型、考虑制造服务协同的多用户任务调度优化模型及集成多方利益的超多目标制造服务调度优化模型，并通过算例分析优化模型与方法的优越性。

第 7 章研究分布式制造服务共享决策问题。首先，分析分布式制造服务共享机制。其次，针对多种制造服务的供给，建立分布式制造服务配置共享演化博弈模型，分析用户的最优服务选择策略。

本书由王天日撰写。刘娟、栗继祖等老师在书稿撰写过程中给予了作者很多帮助；张鹏志、李超、李淑花、马瑜、杜雯静等参加了本书部分章节的编写整理工作；书中相关研究内容得到了国家自然科学基金项目（71701141）、教育部人文社会科学研究项目（21YJC630135）、山西省哲学社会科学规划课题（2020YJ035）、山西省应用基础研究面上青年基金项目（201801D221227）、山西省高校科技创新研究项目（2020123）的支持，在此一并表示感谢。

本书中对参考和引用的学术成果做了注明，若有遗漏，在此表示歉意，并对有关的国内外学者敬表谢忱。共享制造作为一种新型的制造模式，其相关理论、方法和技术还在不断发展和完善当中，限于作者的水平，书中可能会存在一些纰漏和不完善之处，恳请读者批评指正。

目 录

第1章 共享制造模式概述 1
1.1 共享经济 1
1.1.1 共享经济的成因 1
1.1.2 共享经济的内涵 2
1.1.3 共享经济的类别 3
1.1.4 共享经济的发展 4
1.2 智能制造 5
1.2.1 智能制造的发展 5
1.2.2 智能制造的构成 7
1.2.3 智能装备与智能工厂 9
1.2.4 工业互联网 10
1.3 新型制造模式 15
1.3.1 云制造 15
1.3.2 社群化制造 20
1.3.3 共享制造 25
1.4 小结 28
参考文献 28

第2章 共享制造服务 32
2.1 共享制造的内涵 32
2.2 共享制造服务的分类 34
2.3 共享制造服务的虚拟化封装 34
2.3.1 制造资源虚拟化技术 34
2.3.2 制造资源虚拟化理论框架 38
2.3.3 硬制造资源虚拟化 41
2.3.4 软制造资源虚拟化 42

  2.3.5 制造资源服务化封装 ················· 43
 2.4 小结 ································· 50
 参考文献 ································· 50

第3章 共享制造平台运行机制 ······················ 52
 3.1 共享制造平台运行机制分析 ··················· 52
 3.2 共享制造平台运行机制设计 ··················· 55
  3.2.1 驱动机制 ························· 55
  3.2.2 分类与推荐机制 ······················ 56
  3.2.3 交易机制 ························· 56
  3.2.4 合作机制 ························· 58
  3.2.5 保障机制 ························· 58
  3.2.6 定价机制 ························· 59
 3.3 共享制造平台的商业模式 ···················· 60
 3.4 共享制造平台的功能 ······················ 63
  3.4.1 共享制造平台总体功能框架 ················ 63
  3.4.2 注册与分类管理 ······················ 64
  3.4.3 交易管理 ························· 64
  3.4.4 智能运营管理 ······················· 65
  3.4.5 监督管理 ························· 67
 3.5 小结 ································· 68
 参考文献 ································· 68

第4章 共享制造模式扩散与应用决策 ·················· 69
 4.1 共享制造模式扩散问题描述与框架 ················ 69
  4.1.1 共享制造模式扩散问题描述 ················ 69
  4.1.2 共享制造模式扩散模型框架 ················ 70
 4.2 共享制造模式扩散的演化博弈分析 ················ 74
 4.3 共享制造模式扩散演化博弈模型的建立 ·············· 74
  4.3.1 基本假设 ························· 74
  4.3.2 演化博弈模型 ······················· 76
 4.4 共享制造模式扩散系统动力学模型 ················ 77
  4.4.1 系统动力学简介 ······················ 78

  4.4.2 因果回路图的建立 ·············· 80
  4.4.3 共享制造模式扩散系统动力学建模 ·············· 83
 4.5 系统仿真及结果分析 ·············· 85
  4.5.1 模型参数设定 ·············· 85
  4.5.2 初始模型运行结果 ·············· 85
  4.5.3 对比分析 ·············· 86
  4.5.4 结果分析 ·············· 91
 4.6 小结 ·············· 92
 参考文献 ·············· 92

第5章 共享制造服务双边匹配决策 ·············· 94
 5.1 制造服务双向语义匹配 ·············· 94
  5.1.1 制造服务双向语义匹配模型 ·············· 94
  5.1.2 正向匹配方法 ·············· 94
  5.1.3 反向匹配方法 ·············· 97
 5.2 面向用户模糊偏好的制造服务匹配框架 ·············· 99
  5.2.1 多用户任务描述模型 ·············· 100
  5.2.2 制造服务描述模型 ·············· 100
  5.2.3 制造服务双边匹配框架 ·············· 101
 5.3 基于对偶犹豫模糊理论的制造服务双边匹配 ·············· 104
  5.3.1 对偶犹豫模糊理论 ·············· 104
  5.3.2 满意度计算方法 ·············· 106
  5.3.3 双边匹配模型的构建及求解 ·············· 107
  5.3.4 双边匹配决策步骤 ·············· 110
  5.3.5 算例分析 ·············· 111
 5.4 小结 ·············· 115
 参考文献 ·············· 115

第6章 面向多用户的共享制造服务调度优化 ·············· 117
 6.1 面向多用户的制造服务调度优化 ·············· 117
  6.1.1 多用户需求导向的制造服务调度模型 ·············· 118
  6.1.2 多目标人工蜂群算法 ·············· 121
  6.1.3 仿真试验与结果分析 ·············· 130

6.2 考虑服务协同的多用户任务调度优化 ………………………………… 138
 6.2.1 问题描述 …………………………………………………………… 138
 6.2.2 数学模型 …………………………………………………………… 139
 6.2.3 GWO-SA 算法 ……………………………………………………… 143
 6.2.4 仿真试验与结果分析 ……………………………………………… 146
6.3 集成多方利益的超多目标制造服务调度优化 ………………………… 152
 6.3.1 问题描述 …………………………………………………………… 152
 6.3.2 数学模型 …………………………………………………………… 153
 6.3.3 MaOEA-AES 算法 ………………………………………………… 156
 6.3.4 仿真试验与分析 …………………………………………………… 162
6.4 小结 ……………………………………………………………………… 175
参考文献 ………………………………………………………………………… 175

第7章 分布式制造服务共享决策优化 ……………………………………… 179

7.1 分布式制造服务共享机制分析 ………………………………………… 179
 7.1.1 分布式制造服务共享框架 ………………………………………… 179
 7.1.2 分布式制造服务共享合作形成机制 ……………………………… 180
 7.1.3 分布式制造服务共享实现机制 …………………………………… 182
7.2 分布式制造服务配置共享决策 ………………………………………… 183
 7.2.1 问题描述 …………………………………………………………… 183
 7.2.2 问题定义和假设 …………………………………………………… 184
 7.2.3 制造服务共享演化博弈模型 ……………………………………… 185
 7.2.4 演化均衡与稳定性分析 …………………………………………… 186
7.3 算例分析 ………………………………………………………………… 188
7.4 小结 ……………………………………………………………………… 193
参考文献 ………………………………………………………………………… 193

第1章　共享制造模式概述

1.1　共享经济

1.1.1　共享经济的成因

共享经济的产生是多因素共同作用的结果。首先，共享经济需要有闲置的资源。其次，共享经济需要资源提供者和使用者的参与。从这个角度来讲，共享经济满足了闲置资源提供者通过出售闲置资源使用权获取收益的需求，同时满足了闲置资源使用者以较低价格获得资源使用权的需求。共享经济将原本闲置的资源利用了起来，在上述两方面创造了价值。最后，共享经济需要有与之相配套的基础设施建设和实现技术，如互联网基础设施建设及基于位置的服务（Location Based Services，LBS）技术等。

具体而言，共享经济产生的时代背景主要有以下六方面[1]：一是移动互联网领域的快速发展，这一领域的发展不仅体现在全球智能手机用户的增长量方面，也体现在各国政府对有关移动互联网基础设施建设的投资力度方面，这两方面的良性发展为共享经济的发展提供了优质的"土壤"；二是第三方支付的快速兴起，为共享经济的供需双方提供了软件基础；三是大量新兴技术的出现，基于位置的服务技术能够通过运营商的数据网络对用户终端的位置进行定位，云计算通过虚拟化技术和分布式计算扩大了资源的共享范围，并通过网络来实时调用储存在各地的数据，大数据处理技术能够对存有的海量数据进行深度挖掘并提供可视化的分析和预测，LBS技术、云计算技术、大数据处理技术等新技术极大地降低了交易成本，为共享经济提供了技术支持；四是全球性的资源过剩与闲置，2008年前后的金融危机引发了全球性的经济危机，全球至今也没有完全走出其阴霾，该危机导致全球经济下滑，进而导致有效需求不足和严重的产能过剩，因而出现了大量的闲置资源，同时失业率的增长也促使人们追求更廉价的产品与服务，这些因素为共享经济的发展提供了现实条件；五是共享经济有效地满足了供需双方的需求，从供方来看，共享经济使得其本来闲置的资源能够创造价值，从需求者方面来看，共享经济能够让其以低于市场平均价格的水平享受某种服务或产品，除此以外，共享经济相对公平透明，供需双方有更大的主动权和参与度，而这种"双赢"的理念正是共享经济发展的内驱力；六是我国经济发展进入新常态，传统生产模式下的产业结构层层嵌套和层层加码导致交易成本居高不下，催生了人们对共享经济的需求，为其发展提供了合适的契机。此外，我国的城镇化发展也为共享经济中供需双方的合作提供了机会。

1.1.2 共享经济的内涵

20世纪70年代，美国得克萨斯州立大学社会学教授马科斯·费尔逊（Marcus Felson）和伊利诺伊大学社会学教授琼·斯潘思（Joel Spaeth）首次提出了共享经济的概念。他们提出一般意义上的共享经济是指拥有闲置资源的机构或者个人有偿让渡资源使用权给他人，让渡者获得回报，分享者利用他人分享的闲置资源来创造价值的一种新型商业模式[2]。

随着互联网技术的发展，互联网平台出现，为共享经济赋予了新的内涵。互联网技术的飞速发展极大地改善了信息不对称的状况，提高了信息的传播效率，扩大了经济交易的主体范畴与客体范畴。近年来，智能电子产品的广泛应用使人们能够随时随地与网络连接，提高了资源的供需匹配程度，方便了需求者对资源的获得。因此，互联网的出现助推了共享经济的实现和繁荣。由此，可以认为共享经济由四个关键要素构成：资源提供方、资源使用方、共享经济平台、基础设施。简而言之，共享经济是一种以获取一定报酬为目的、以闲置资源使用权暂时移交为特征、实现供需匹配的新型商业模式。

对于共享经济概念内涵的把握可以从以下四点展开[1]。第一，共享经济首先要有闲置的、空闲的资源，这些资源的闲置对于资源拥有者而言是一种负担，因为这些资源无法创造价值，却需要一定的维护和保养，因此共享经济是解决过剩产能的一种行之有效的方法。第二，共享经济要有实际的供需方。从供给方来看，只要有闲置资源并同意将这些资源的使用权暂时转让，就能够形成一个巨大的"供给池"，进而形成闲置资源—使用权暂时转让—获得收益的良性互动，从而有效地处置了闲置资源；从需求方来看，需求者用不同于以往的购买占有手段，即采用租赁、借用等方式来获得产品或服务的使用权，这往往能让他们以低于市场平均水平的价格来享受产品或服务，且共享经济的运行模式相对透明，因此需求者就有更大的意愿采用这种物美价廉的方式，这能够产生一个巨大的"需求池"来有效地消化供给。值得一提的是，共享经济在那些"只需暂时的使用权,而无须长期的所有权"的产品或服务方面对需求者有着更大的吸引力,如旅游时的临时住宿、城市内的代步工具等。第三,共享经济需要有交易平台和第三方交易方式。第四,共享经济需要有相应的基础设施,特别是信息基础设施建设及新兴技术,如LBS技术、大数据处理技术、云储存技术等与之配套。

在共享经济中还有两个重要的概念,即"去中介化"和"再中介化"。"去中介化"指的是供需方不再依靠传统的中介来进行交易,而是供需双方直接进行匹配,如打车服务不再通过传统的出租公司就完成了交易,民宿租借业务直接通过如Airbnb等平台而非传统的房屋租赁公司完成。"再中介化"指的是供需双方不再通过传统的中介而依靠新的中介机构完成交易,如上述例子中的打车软件和民宿租借平台等。

1.1.3 共享经济的类别

共享经济可以按照共享对象类型、是否营利、参与主体类型等不同的分类方法划分为不同的类别[3]。

1. 按共享对象类型分类

按共享对象类型,可将共享经济分为产品共享(如自行车、汽车、充电宝、服装等)、空间共享(如办公空间、住房空间、停车空间等)、知识共享(如知识分享、能力培训、经验共享等)、技能共享(如家政服务等)、资金共享(如P2P借贷、产品众筹、股权众筹等)、生产能力共享(如工厂设备、农机设备、信息基础设施等)六大类,典型代表见表1.1。

表1.1 共享经济平台类别(根据共享对象类型分类)

共享对象类型	典型代表
产品共享	滴滴出行、Uber、Rent the Runway、易科学等
空间共享	Aitb、小猪短租、Wework、Landshare等
知识共享	知乎网、Coursera、名医主刀等
技能共享	猪八戒网、河狸家、阿姨来了、京东到家等
资金共享	Lending Club、Kickstarter、京东众筹、陆金所等
生产能力共享	沈阳机床集团的i5智能系统、阿里巴巴淘工厂等

2. 按是否营利分类

有学者认为,共享经济并不总是具备营利的条件。例如,朱丽叶·肖尔

(Juliet Schor)将共享经济平台划分为营利性的和非营利性的，并认为那些经营非营利性组织的共享经济平台实际上在充当"公共物品"，许多公共物品具有 B2P 的结构，而不是 P2P 结构（表 1.2）。

表 1.2 共享经济平台类别（根据是否营利分类）

平台定位	两种平台典型代表	
	P2P	B2P
非营利性	Food Swap Time Banks	Makerspaces
营利性	Relay Rides Airbnb	Zipcar

3. 按供给方和需求方的主体类型分类

从供给方和需求方的主体类型来看，共享经济主要有四种类型，并形成四种相应的基本商业模式，包括 C2C、C2B、B2B 和 B2C，见表 1.3。

表 1.3 根据供给方和需求方的主体类型分类的共享经济类型

供给方	不同需求方对应的共享经济类型	
	个人	企业
个人	C2C	C2B
企业	B2C	B2B

1.1.4 共享经济的发展

2020 年，由于新型冠状病毒性肺炎疫情（以下简称新冠疫情）的影响，共享经济整体市场增长规模大幅放缓，不同领域的发展不平衡愈加突出。据初步估算，2020 年我国共享经济市场交易规模约为 33 773 亿元，同比增长 2.9%，增速较 2019 年大幅放缓。从市场结构来看，生活服务、生产能力、知识技能三个领域市场规模位居前三，见表 1.4。

表 1.4 2017—2020 年我国共享经济发展概况

领域	2017—2020 年共享经济交易额/亿元				2020 年同比增长比例/%
	2017 年	2018 年	2019 年	2020 年	
交通出行	2010	2478	2700	2276	−15.7
共享住宿	120	165	225	158	−29.8
知识技能	1382	2353	3063	4010	30.9
生活服务	12 924	15 894	17 300	16 175	−6.5

续表

领域	2017—2020年共享经济交易额/亿元				2020年同比增长比例/%
	2017年	2018年	2019年	2020年	
共享医疗	56	88	108	138	27.8
共享办公	110	206	227	168	−26.0
生产能力	4170	8236	9205	10 848	17.8
总计	20 772	29 420	32 828	33 773	2.9

数据来源：中国共享经济发展报告（2021）。

考虑到2020年的国际形势及新冠疫情，我国共享经济的发展趋势可以概括为以下四点[4]。第一，在2020年我国共享经济发展由于新冠疫情显著回落的情况下，考虑到宏观经济可能的强劲复苏，预计2021年将会有较大的回升，有望达到10%～15%；未来五年，我国的共享经济年均增速将保持在10%以上。第二，发展共享经济将成为我国扩大内需、促进国内大循环的重要方式。第三，国家会加强对该领域的反垄断监管。第四，鉴于国际环境的深刻变化，该领域可能会面临更加严格的市场准入、在数据流动和内容服务方面的审查与限制，企业的国际化战略也可能会有所调整。

1.2 智能制造

1.2.1 智能制造的发展

"智能制造"的概念最早于1987年由美国普渡大学智能制造国家工程中心（IMS-ERC）提出，随后美国国家标准与技术局（NIST）的自动化制造与试验基地（AMRF）也将"为下一代的以知识库为基础的自动化制造系统提供研究与试验设施"作为其三大任务之一。美国工程师协会在1993年4月召开的第22届可编程控制国际会议中提出了"智能制造、新技术、新市场、新动力"的口号。当时美国工业界就提出预测：智能制造将彻底改变21世纪制造业的面貌[5]。

2013年，我国机械工程专家、中国科学院院士熊有伦指出，智能制造代表制造业的数字化、网络化、智能化的主导趋势和必然结果，蕴含着丰富的科学内涵（人工智能、生物智能、脑科学、认知科学、仿生学和材料科学等），成为高新技术的制高点（物联网、智能软件、智能设计、智能控制、知识库、模型库等），汇聚广泛的产业链和产业集群，将是新一轮世界科技革命和产业革命的重要发展方向[6]。

智能制造受到了不同国家的高度重视，许多国家将智能制造上升为国家战略，典型代表如下。

1. 德国工业4.0

工业4.0是德国政府于2011年提出的高科技计划。该计划对全球工业未来的发展趋势进行了探索性研究和清晰描述。目前，工业4.0已经上升为德国的国家战略[7,8]。工业4.0的核心是通过构建信息物理融合系统（Cyber-Physical System，CPS），实现人、机器和信息相互连接、融为一体，通过企业间横向集成、智能工厂网络化纵向集成和价值链端到端集成实现生产智能化、设备智能化、能源管理智能化和供应链管理智能化，实现面向产品制造流程和供应链的一站式服务。工业4.0为我们展现了全新的工业愿景[9]：在现实和虚拟结合的网络世界里，互联网将渗透到所有的关键领域，价值创造过程将会改变，原有的行业界限将会消失，新兴的产业链条将会重组，全新的商业模式和合作模式将会出现。

2. 美国先进制造业国家战略规划

2012年2月22日，美国国家科学技术委员会发布《国家先进制造战略规划》，该战略规划基于总统科学技术顾问委员会在2011年6月发布的《确保美国先进制造领导地位》白皮书，响应了《美国竞争再投权法案》的相关精神，用于指导联邦政府支持先进制造研究开发的各项计划和行动[10,11]。在该战略规划中，先进制造是基于信息协同、自动化、计算、软件、传感、网络和/或使用先进材料和物理及生物领域科技的新原理的一系列活动，既包括现有产品的新制造方法，也包括先进技术发展出的新产品的制造。在本质上，先进制造包括两方面的概念：先进产品的制造，以及先进的、基于信息通信技术的生产过程。

该战略规划分析了美国先进制造业的生产模式和发展趋势，揭示了联邦政府制定加快先进制造业发展规划所面临的机遇及维护其健康发展所面临的挑战，通过一系列创新政策，缩小研发与先进制造业创新应用间的差距，解决技术全生命周期中的问题。

3. 中国制造2025

为了实现由制造大国向制造强国的转变，国务院于2015年5月公布了强化高端制造业的国家战略规划"中国制造2025"[12]。该规划要求坚持走中国特色新型工业化道路，以促进制造业创新发展为主题，以提质增效为中心，以加快新一代信息技术与制造业深度融合为主线，以推进智能制造为主攻方向，以满足经济社会发展和国防建设对重大技术装备的需求为目标,强化工业基础能力,提高综合集成水平,完善多层次多类型人才培养体系,促进产业转型升级,培育有中国特色的制造文化,实现制造业由大变强的历史跨越[13,14]。

"中国制造 2025"明确提出,通过政府引导、整合资源,实施国家制造业创新中心建设、智能制造、工业强基、绿色制造、高端装备创新五项重大工程,实现长期制约制造业发展的关键共性技术突破,提升我国制造业的整体竞争力。

智能制造是当前制造技术的重要发展方向,是先进制造技术与信息技术的深度融合。通过对产品全生命周期中设计、加工、装配及服务等环节的制造活动进行知识表达与学习、信息感知与分析、智能优化与决策、精准控制与执行,实现制造过程、制造系统与制造装备的知识推理、动态传感与自主决策。智能制造在制造各个环节中通过模拟人类专家的智能活动,进行分析、判断、推理、构思和决策,以取代或延伸制造环境中人的部分脑力劳动,将制造数字化、自动化扩展到制造柔性化、智能化和高度集成化,是世界各国抢占新一轮科技发展制高点的重要途径。

1.2.2 智能制造的构成

智能制造是基于新一代信息通信技术与先进制造技术深度融合,贯穿于设计、生产、管理、服务等制造活动的各个环节,具有自感知、自学习、自决策、自执行、自适应等功能的新型生产方式。智能制造包括产品智能化、装备智能化、生产智能化、管理智能化及服务智能化。智能制造具有以智能工厂为载体、以生产关键环节智能化为核心、以端到端数据流为基础、以全面深度互联为支撑的四大特征。智能制造强调多维度整体推进、制造过程的智能化、智能制造的融合本质、智能制造的基础设施。

智能制造的实现主要依托两方面的基础能力:一是工业制造技术,包括先进装备、先进材料和先进工艺等,是决定制造边界与制造能力的根本;二是工业互联网,即基于物联网、云计算、大数据、人工智能等新一代信息技术,充分发挥工业装备、工艺和材料潜能,提高生产效率,优化资源配置效率,制造差异化产品和实现服务增值。

智能制造体系由复杂的系统构成,其复杂性一方面来自智能机器的计算处理,另一方面来自智能制造网络的形态[15]。一般而言,智能制造由以下四部分构成。

第一部分是智能产品或智能装备。智能产品或智能装备是智能制造发展的前提和基础,由物理部件、智能部件和连接部件构成。物理部件由各种机械和电子零件构成;智能部件由传感器、微处理器、数据存储装置、控制装置和软件及内置操作和用户界面等要素构成;连接部件由接口、有线或无线连接协议等构成。

智能部件能对物理部件的功能和价值进行加强和延伸，而连接部件能进一步强化智能部件的功能，使信息可以在产品、运行系统、制造商和用户之间联通，甚至能让部分价值和功能脱离物理产品本身而存在。

第二部分是智能生产。智能生产是指以智能制造系统为核心，以智能工厂为主要载体，在工厂和企业内部、企业之间及产品全生命周期形成以数据互联互通的制造网络，其目的是实现生产过程的实时管理和优化。智能生产涵盖产品、工艺设计、工厂规划的数字设计与仿真、底层智能装备、制造单元、自动化生产线，以及制造执行系统、物流自动化与管理等企业管理系统的各个环节。

第三部分是智能服务。智能服务在集成现有多方面的信息技术及其应用的基础上，以用户需求为中心，对海量数据进行深度挖掘和商业智能分析，精准识别用户的需求，并且主动、高效、安全、绿色地满足其需求。

第四部分是智能管理。智能管理基于大数据和互联网进行实时判断、决策和控制，即采集设备运行数据、生产过程的实时数据、产品状态数据并上传至企业数据中心或企业云，系统软件对智能制造过程进行管理决策与优化控制。

智能工厂和工业互联网是实现智能制造的关键技术，为智能制造提供了关键的共性基础设施，也为其他产业的智能化发展提供了重要支撑。智能制造的范围如图 1.1 所示[16]。

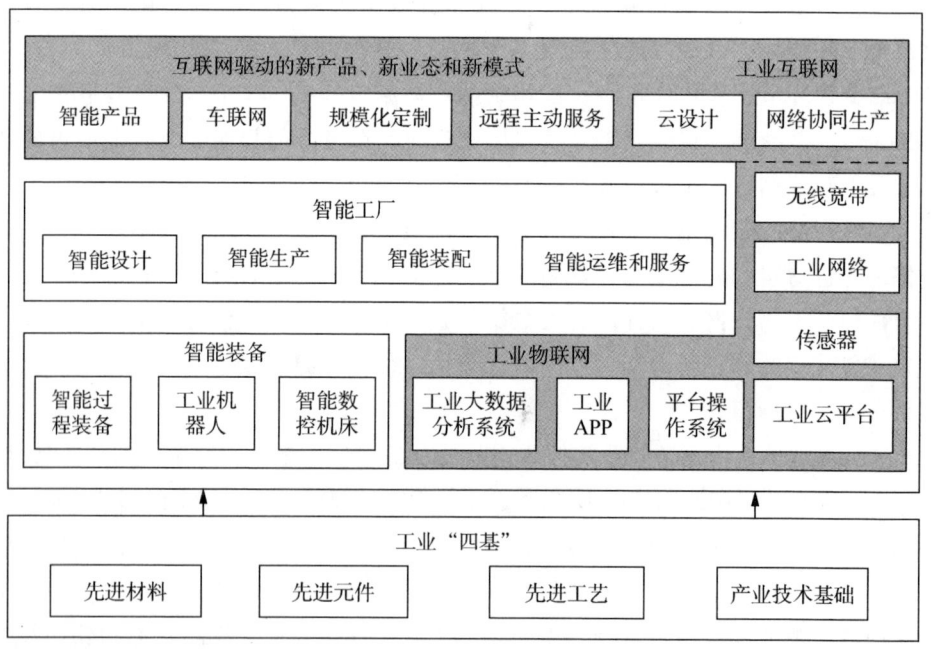

图 1.1　智能制造的范围

1.2.3 智能装备与智能工厂

1. 智能装备

智能装备是智能制造的基础，是指具有感知、分析、推理、决策、控制功能的制造装备。它是先进制造技术、信息技术和智能技术的集成和深度融合，是高端装备制造业的重点发展方向，也是信息化与工业化深度融合的重要体现[17]。当前，智能装备已形成完整的产业链，包括关键基础零部件、智能化高端装备、智能测控装备和重大集成装备等环节。

智能装备具有以下特征[18]：

1) 智能感知。设备或者仪表等传感器要具有自组织、自学习、自维护的感知能力，理解环境信息和自身信息，并进行分析和判断，来规划自身的行为和功能。

2) 工业互联。通过互联，提高设备间的相互协同能力，从而使生产模块的搭配方式更灵活、更自由。

3) 智能应用。基于设备数据的采集和存储，应用大数据技术等，抓取应用趋势，保证设备高效、安全、节能运转。

4) 人机结合。利用智能终端、人工智能等技术，使设备独立承担起分析、判断、决策的任务，人机之间是一种平等共事、互相理解、互相协作的关系。智能装备也有很多关键技术，如检测传感技术、网络技术、高端装备技术、信息软件及系统技术、自动化控制技术等。

2. 智能工厂

智能工厂是实现智能制造的重要载体，主要通过构建智能化的生产系统和网络化的生产设施来实现整个制造过程的智能化、现代化。智能工厂建设是一项系统工程，从空间维度来看，包括生产、工艺、设备、质量、仓储、物流、自动化、信息化等技术与系统；从时间维度上看，包括产品研发、生产制造、供应链等[19]。智能工厂的建设旨在使企业的生产系统、信息系统、自动化系统和业务管理系统成为一个协同工作的整体，提升企业生产管控的整体绩效[20]。智能工厂的生产具有一定的自主能力，可采用采集、分析、判断、规划等方式进行智能生产，同时系统内各个部分具有协调及可扩充的特点，整个系统具备一定的自我学习、自我调整能力。智能工厂的重要意义在于实现了人与机器的相互协调与合作，其本质是人机之间的交互。在智能工厂的体系架构中，质量管理的五个要素——人、机、料、法(制造产品所使用的方法、工艺等)、环境都发生了相应的变化。在智能工厂中,人、机、产品之间能够相互交流与对话,在该系统中产品好像"知道"自己是如何被制造出来的、制造的细节及自己将来的用途。

  由于各个行业生产流程与智能化程度有所不同,智能工厂的建设模式可分为以下三种。第一种是从生产流程数字化到智能工厂。例如,在石化、冶金、医药、食品等流程制造领域,使产品品质可控是企业发展智能制造的内在动力,因此该领域的智能工厂建设侧重从生产数字化建设起步,将品质控制需求从产品末端逐渐延伸至全流程。第二种是从智能制造生产单元到智能工厂。例如,在机械、汽车、航空、船舶等离散制造领域,拓展产品价值空间是企业发展智能制造的核心目的,因此该领域的智能工厂建设侧重从单件产品、设备的自动化、智能化入手,基于效率和效能的提升来实现价值的增长。第三种是从个性化定制到智能工厂。例如,在家电、服装、家具等距离用户较近的商品制造领域,在充分满足消费者多元化需求的同时实现规模化、高效化生产是企业发展智能制造的重点,因此该领域的智能工厂建设侧重通过网络平台开展大规模个性化、定制化服务。

1.2.4 工业互联网

1. 工业互联网的定义

  工业互联网这一概念最早由美国通用电气公司(GE)于 2012 年在白皮书 *Industrial Internet: Pushing the Boundaries of Minds and Machines* 中提出。白皮书指出:工业互联网汇集了工业革命和互联网革命的进步,有望推动经济增长,提供更好的就业机会,提高人们的生活水平;智能机器、高级分析和工作中的人是工业互联网的三大元素;工业互联网的核心是利用智能设备采集数据,智能系统通过数据挖掘分析及可视化展现形成智能决策,指导生产和工艺优化,提升设备的运转效率,减少停机时间和计划外故障。

  工业互联网的概念提出后,得到了政府和产业界的积极回应。2014 年,GE 联合 AT&T、思科、IBM 和英特尔等 80 多家企业组建了工业互联网联盟(IIC),致力于打破技术壁垒,开展工业互联网顶层设计与通用标准制定,促进物理世界和数字世界的融合。工业互联网作为一种新产业在全球范围内迅速兴起。

  目前,工业互联网这一概念还没有一个被广泛接受的定义。GE 将工业互联网定义为:通过传感器、大数据和云平台,把机器、人、业务活动和数据连接起来,通过实时数据分析,企业可以更好地利用机器的性能,以达到资产优化、运营优化的目的,并最终提高生产率。

IIC将工业互联网定义为:将互联网思维应用到工业环境中,覆盖物联网的非消费端;将智能机器、设备和工作中的人连接起来,通过先进的数据分析,实现更好的决策,产生变革性的商业成果。

中国工业互联网产业联盟(AII)将工业互联网定义为:通过人、机、物的全要素、全产业链、全价值链的全面连接,对各类数据进行采集、传输、分析并形成智能反馈,推动形成全新的生产制造和服务体系,优化资源要素配置效率,充分发挥制造装备工艺和材料的潜能,提高企业生产效率,制造差异化的产品,并提供增值服务。

通过上述不同的定义可以看到,工业互联网是关键的基础设施。工业互联网也体现了一种新兴业态与应用模式,它由新一代信息通信技术与先进制造业深度融合形成,在全球范围内不断颠覆传统制造模式、生产组织方式和产业形态,推动传统产业加快转型升级、新兴产业加速发展壮大。同时,工业互联网也是全新的工业生态,是互联网从消费领域向生产领域、从虚拟经济向实体经济拓展的核心载体,带动共享经济、平台经济、大数据分析等以更快的速度在更大范围、更深层次拓展,加速实体经济数字化转型进程。工业互联网呈现出万物互联、数据驱动、软件定义、平台支撑、服务增值、智能主导和组织重构的特征[16]。

2. 工业互联网的价值

工业互联网作为一个将先进信息技术与工业生产相结合的体系,有着重要的现实意义。GE在它的一份报告《工业互联网:突破智能和机器的界限》中预测分析了互联网的意义,即工业互联网如果使各行业效率提升1%,将会带来显著的经济效益:航空业的燃料减少1%,在15年内就可节约300亿美元;医疗行业效率提高1%,会帮助全球医疗行业节约630亿美元。GE将其称为"1%的力量"。在中国,即使工业互联网只能让燃气发电机组能耗降低1%,在未来15年内也将节约高达80亿美元的燃料成本。这份报告还预测,如果工业互联网如同当今的消费互联网一样得到充分应用,那么从现在到2030年,工业互联网将可能为中国经济带来累计3万亿美元的GDP增量[21]。因此,有人认为,工业互联网是"一股新的创新浪潮""工业领域的大革命","将重塑世界工业格局"。

当前,工业互联网的发展已进入实践深耕阶段,正在重塑工业技术体系。生产制造和服务体系将引发工业生产变革,推动经济发展质量变革、效率变革、动力变革,实现经济高质量发展。工业互联网为国家创新赋能,将壮大经济发展新动能;工业互联网为产业升级赋能,将打造产业协同新生态;工业互联网为企业竞争赋能,将构建工业生产新体系[16]。

从国家战略层面看,发展工业互联网有助于推进互联网、大数据、人工智能和实体经济深度融合,形成工业互联网的叠加效应、聚合效应和倍增效应,推动传统产业转型升级,抢占国际竞争制高点,驱动工业数字化、网络化、智能化发展。工业互联网构建覆盖数据流动全生命周期的数据管理和服务能力,推动智能化生产、网络化协同、个性化定制、服务化延伸等新模式不断涌现,供应链金融、产能共享等新业态不断成熟。数据驱动的实时分析、智能优化和科学决策将推动制造业数字转型,促进产业结构向高端化、智能化发展,为经济高质量发展提供新动能。

从产业发展层面看,把握数字化、网络化、智能化融合发展的契机,以信息化、智能化为杠杆,依托工业互联网日渐丰富的应用场景,有助于推动制造业产业模式和企业形态的根本性转变,促进行业发展的新旧动能转换。工业互联网通过跨企业、跨领域、跨产业的广泛互联互通,促进制造资源的在线化汇聚、平台化共享和智能化应用,实现云端协同、产业协同、跨界协同,将赋予产业全新的价值创造模式。依托工业互联网平台,将实现创新资源的集成和制造能力的共享,推动一二三产业、大中小企业融通发展。此外,工业互联网不受时间和空间限制,有利于在更大范围内、更深层次地开展资源有效配置、供需精准对接、线上线下互动、孵化创新衔接,支撑构建新型产业集群生态。

从企业竞争层面看,工业互联网关系企业生产经营的各个环节,成为企业获取长久竞争优势的必要条件和发展方向。发展工业互联网,有助于企业实现提质增效,构建新的市场竞争力。工业互联网将人、机、料、法、环境等生产要素全面互联,实现工业环境中的数据闭环,促进数据端到端的流通和集成,打破组织界限和信息孤岛。通过工业设备改造和工艺流程解构,建立物理现场与虚拟空间的映射关系,形成虚拟的工业全景和智能的知识图谱,帮助企业加速构建数据驱动、软件定义、虚实映射、智能主导的新型工业生产体系。

3. 工业互联网技术体系

工业互联网包括网络、平台、安全三大体系,其中网络是工业数据传输交换和工业互联网发展的基础支撑,平台是工业知识的核心载体,安全是网络与数据在工业中应用的重要保障。工业互联网通过系统构建网络、平台、安全三大功能体系,打造人、机、物全面互联的新型网络基础设施,形成智能化发展的新兴业态和应用模式,如图1.2所示[16]。

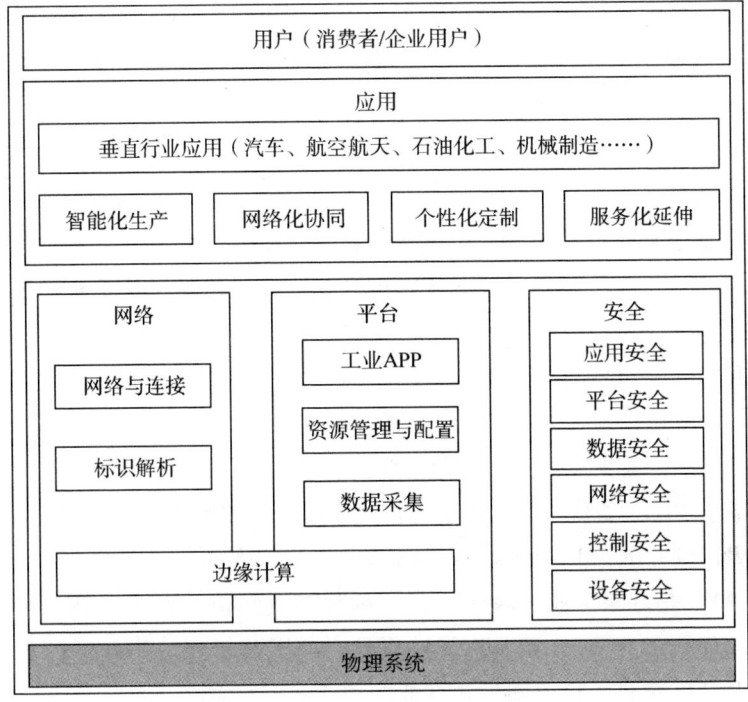

图 1.2 工业互联网技术体系框架

(1) 网络体系

网络体系是工业互联网的基础。工业互联网网络体系将连接对象延伸到工业全系统产业链、全价值链，可实现人、物品、机器、车间、企业等全要素及设计、研发、生产、管理、服务等各环节的泛在深度互联。网络体系包括网络与连接、标识解析、边缘计算等关键技术。

网络与连接技术主要包括工厂内外网等网络互联技术及异构协议数据间互通技术。随着工业互联网的发展，工业以太网、工业无源光纤网络（PON）、工业无线、确定性网络（DenE）、时间敏感网络（TSN）、软件定义网络（SDN）、低功耗无线网络、第五代移动通信技术（5G）、支持互联网协议第6版（IPv6）的技术和产品等已成为发展重点。

工业互联网标识解析是根据目标对象的标识编码查询其网络位置或者相关信息的过程，标识解析系统是工业互联网的重要基础设施之一。目前，国内外存在多种标识解析技术，包括标码（Handle）、对象标识符（OID）、国际物品编码协会（GSI）及我国的物联网统一标识（Ecode）编码体系等。

边缘计算是网络体系和平台体系的重要支撑技术，是网络、平台功能在边缘侧的映射。从网络侧看，边缘计算是在靠近物或数据源头的网络边缘侧构建的融合网络、计算、存储、应用核心能力的分布式开放体系和关键技术。通过边缘计算，能够"就近"提供边缘智能服务，满足工业在敏捷连接、实时业务、安全与隐私保护等方面的需求。

（2）平台体系

平台体系是工业互联网的核心。工业互联网平台体系是面向制造业数字化、网络化、智能化需求，构建基于海量数据采集、汇聚、分析的服务体系，支撑制造资源泛在连接、弹性供给、高效配置的载体。平台体系包括平台与数据、工业APP等关键技术。

工业互联网平台是工业全要素、全产业链、全价值链连接的枢纽，是实现制造业数字化、网络化、智能化过程中工业资源配置的核心，是信息化和工业化深度融合背景下的新型产业生态体系。工业互联网平台是在云计算、大数据、工业通信、工业软件等技术综合集成应用基础上延伸出来的新型技术体系，支撑实现海量异构数据汇聚和建模分析、工业经验知识转化复用、工业智能应用开发运行。

工业APP是基于工业互联网平台，承载工业知识和经验，满足特定需求的工业应用软件。工业APP涵盖从设计开发、测试部署到应用改进的软件开发技术，并涉及基础学科、行业知识和专业能力等。

为满足工业生产实时性、安全性等的要求，平台功能需要在靠近数据源的边缘侧映射，负责生产现场数据实时处理与业务快速优化，并满足工业在虚拟化和资源抽象、超低时延数据感知、边云协同、轻量级机器学习应用等方面的需求。

（3）安全体系

安全体系是工业互联网的保障。安全体系通过构建涵盖工业全系统的安全防护体系，建立满足工业需求的安全技术体系和相应的管理机制，识别和抵御来自内外部的安全威胁，化解各种安全风险，是工业互联网可靠运行、实现工业智能化的安全可信保障。

工业互联网安全体系从防护对象、防护措施及防护管理三个维度构建，针对不同的防护对象部署相应的安全防护措施，根据实时监测结果发现网络中存在的或即将发生的安全问题并及时做出响应，通过加强防护管理，明确基于安全目标的可持续改进的管理方针，从而保障工业互联网的安全。

工业互联网安全体系主要涉及设备、控制系统、网络、数据、平台、应用等方面的防护技术和管理手段，现有面向公网或专网的安全技术及管理标准尚不能满足工业互联网跨网络、跨领域的整体安全保障要求。

（4）应用体系

工业互联网应用催生的新模式、新业态是我国工业互联网的特色之一。我国工业企业、信息通信企业、互联网企业等都积极开展了工业互联网应用探索和模式创新，形成了智能化生产、网络化协同、个性化定制、服务化延伸等典型模式。对于智能化生产，企业围绕研发设计、生产制造、经营管理各环节，应用工业互联网将人、机、料、法、环境等资源进行集成与分析，实现生产管控一体化、制造工艺优化、柔性制造、能耗管理、仓储物流优化等。对于网络化协同，制造企业基于工业互联网平台集成设计企业、供应链企业的业务系统，实现协同设计与供应链协同优化，在制造装备联网的基础上远程下达加工制造需求，对外开放空闲制造能力，实现云制造。对于个性化定制，企业应用工业互联网精准、无缝对接用户个性化需求，并结合产品的模块化设计，实现个性化产品定制。对于服务化延伸，企业应用工业互联网将产品的研发设计数据、运行状态数据、历史维护数据、用户使用行为数据等进行汇聚并分析，实现故障预测与健康管理、远程维护、产品设计反馈优化等。

1.3　新型制造模式

在传统制造模式的基础上，为了实现制造资源的协同与共享，学术界和企业界提出了许多新的生产模式和制造技术，如计算机集成制造[22,23]、敏捷制造[24,25]、网络化制造[26]、制造网格[27]、云制造[28,29]、社群化制造[30]及共享制造[31]等。

1.3.1　云制造

1. 云制造的内涵

云制造是一种基于网络的、面向服务的智慧化制造新模式和手段，它融合发展了现有信息化制造（信息化设计、生产、试验、仿真、管理、集成）技术与云计算、物联网、服务计算、智能科学、高效能计算等新兴信息技术，将各类制造资源和制造能力虚拟化、服务化，构成制造资源和制造能力的服务池，并进行统一、集中的优化管理和经营，用户通过云端就能随时随地按需获取制造资源和能力服务，智慧地完成制造全生命周期的各类活动[32,33]。

云制造是随着现代化工业和信息产业的不断发展应运而生的，是在"制造即服务"理念的基础上借鉴云计算思想发展起来的一种新的制造模式。云制造服务（以下简称云服务）是服务化的制造资源和制造能力，采用虚拟化、物联网等技术，将分散的云端制造资源和制造能力基于知识进行虚拟封装，并智能地接入云制造服务平台中,从而通过网络将高度虚拟化的云端资源以服务的形式为云服务用户提供制造全生命周期应用。与传统网络化制造中的资源服务相比,云服务具有互操作性、自组织、自适应等特点,大量的云服务按照一定的规则聚合起来,形成一个大的云服务资源池,从而为用户提供透明的、开放的、按需使用的云服务。

在面对不同用户执行制造任务的全生命周期中,云制造的服务内容可以分为云制造资源服务及云制造能力服务两类。云制造资源服务内容包括硬制造资源服务和软制造资源服务,前者包括制造生产加工设备(如机床、3D打印机、机器人、加工中心)、计算及仿真设备、检测测试设备等,后者包括制造过程中的各种模型、数据、软件、信息、知识等。云制造能力服务是基于云制造资源所体现的各种不同的能力,包括论证能力为服务、设计能力为服务、仿真能力为服务、生产加工能力为服务、试验能力为服务、经营管理能力为服务、运营能力为服务、维修能力为服务、集成能力为服务等。

云制造的应用从制造任务执行的角度可以分为四种典型的模式:①支持单用户主体完成某阶段的制造任务;②支持多用户主体协同完成某阶段的制造任务(如多学科协同设计);③支持多用户主体协同完成跨阶段制造任务(如跨阶段的生产加工任务);④支持多用户主体按需获得各种制造能力。从云制造实施主体角度可以将云制造平台分为三种类型,即企业云、行业云和混合云。企业云也称为私有云,它基于企业或集团内部网络构建,主要强调企业内或集团内制造资源和制造能力的整合与服务,优化企业或集团资源和能力使用率,减少资源和能力的重复建设,降低成本,提高竞争力。行业云也称为公有云,它基于公用网(如互联网、物联网)构建,主要强调企业间制造资源和制造能力的整合,以提高整个社会制造资源和制造能力的使用率,实现制造资源和能力交易。一般以第三方企业为主,构建相应的公有云制造服务平台;所有企业均可向平台提供本企业多余或闲置的制造资源和能力,来获取利润;所有企业可以按需购买和使用平台提供的资源和能力服务。混合云主要指在现有公有云和私有云平台基础上实现区域间/行业间公有云的集成、公有云与私有云的集成、私有云与私有云的集成及云平台与现有信息系统的集成。

2. 云制造的运行原理

云制造的运行包括一个核心支撑(知识/智慧)、两个过程(接入、接出)和三种用户角色(制造资源提供者、制造云运营者、制造资源使用者)[34,35]。云制造的运行原理如图1.3所示。

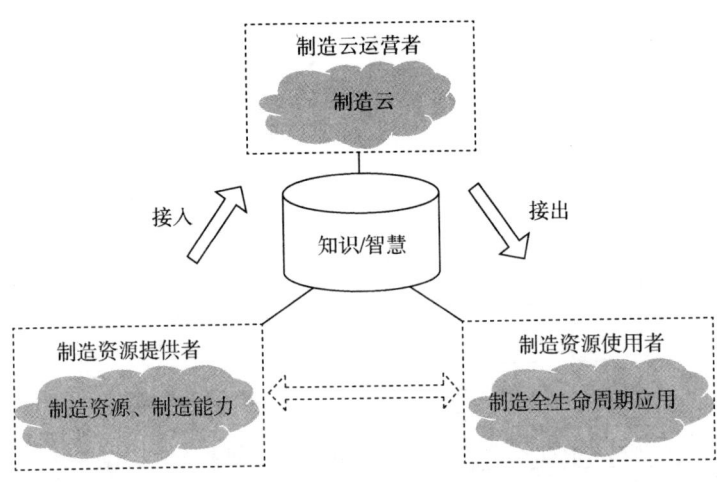

图 1.3 云制造的运行原理

由图 1.3 可知，云制造系统中的用户角色主要有三种，即制造资源提供者、制造云运营者、制造资源使用者。制造资源提供者通过对产品全生命周期过程中的制造资源与制造能力进行感知和服务化封装提供支持；制造云运营者主要实现对云服务的高效管理和运营等，可根据资源使用者的应用请求，动态、灵活地为资源使用者提供服务；制造资源使用者能够在制造云运营平台的支持下，动态地按需使用各类应用服务（接出），并能实现多用户主体的协同交互。在制造云运行过程中，知识/智慧起着核心支撑作用，不仅能够为制造资源和制造能力的虚拟化接入和服务化封装提供支持，还能为实现基于云服务的高效管理和智能查找等功能提供支持。

3. 云制造的体系结构

云制造体系结构共分为五层，分别为物理资源层、虚拟化层、核心中间件层、应用层、用户层，如图 1.4 所示[36]。

(1) 物理资源层

物理资源层是云制造的最底层，提供产品制造全生命周期过程中所涉及的各类资源，包括制造资源、制造能力等，并进行详细的分类，从而为不同资源采取不同的虚拟化技术提供基础。物理资源层包含完全自治的自治域资源及通过有偿租赁获得的租赁域资源，租赁域资源用于弥补自有资源在资源类型、制造能力等方面的不足。

(2) 虚拟化层

虚拟化层通过采用相关虚拟化技术，将分散的各类软、硬制造资源、制造能

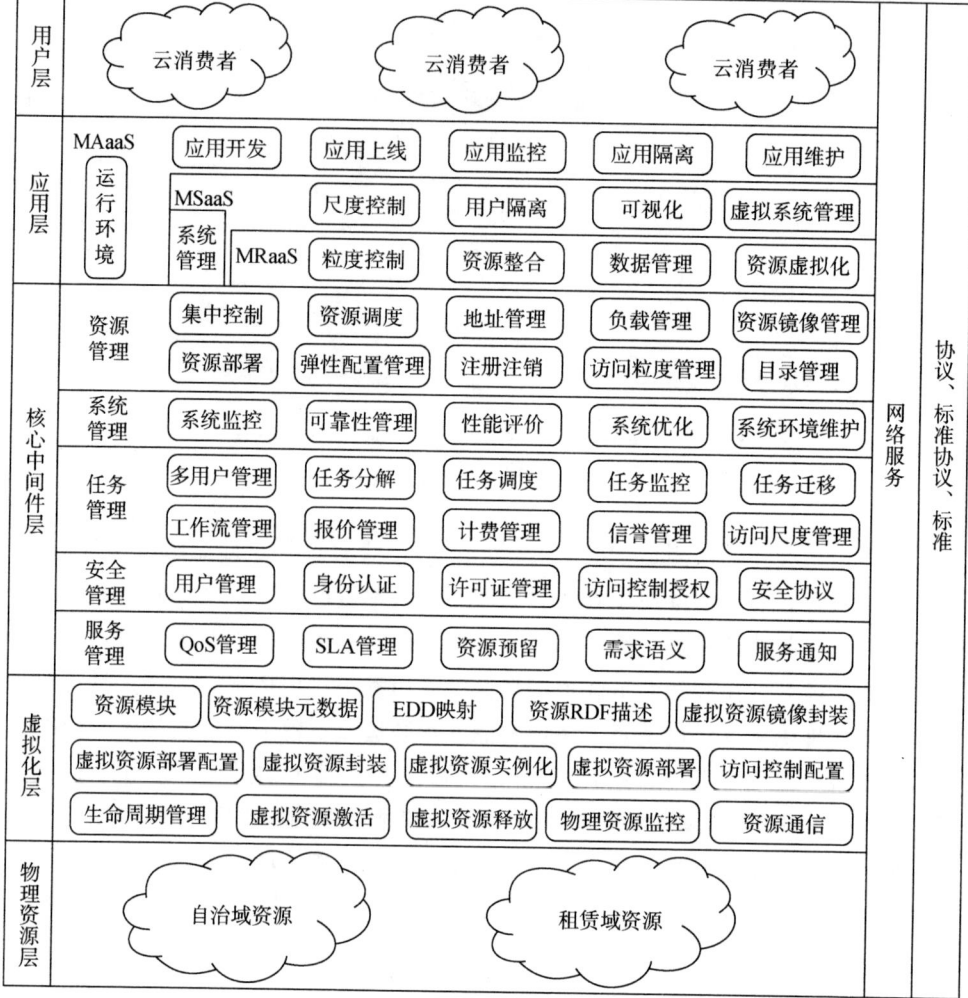

图 1.4 云制造体系结构

力映射为虚拟制造资源和能力模板,实现资源及能力的虚拟化封装,聚集在虚拟资源及能力池中,并虚拟接入云制造平台。云制造虚拟化层包括资源描述、虚拟资源镜像封装、虚拟资源部署配置、虚拟资源封装、虚拟资源部署、访问控制配置、虚拟资源激活与释放等过程。

(3) 核心中间件层

核心中间件层是制造云平台的核心服务层,为云服务池、云服务生命周期管理提供相应的支持,主要包括三部分内容:首先,通过对虚拟资源及能力的服务化封装并发布到平台形成制造云服务;其次,针对不同类型的云服务选择相应的部署方式,并实现云服务的智能、高效管理,如智能匹配、动态组合、容错管理

第1章 共享制造模式概述

等;最后,为用户按需地使用产品制造全生命周期服务提供支持,如调度管理、变更管理、计费管理等。该层主要包括资源管理、系统管理、任务管理、安全管理、服务管理五大功能中间件,涉及资源部署、资源镜像管理、弹性配置管理、多用户管理、访问尺度管理、访问粒度管理、计费管理、可靠性管理等环节。

(4) 应用层

应用层支持企业面向各类应用需求,提供制造资源即服务(Manufacturing Resource as a Service,MRaaS)、制造场景即服务(Manufacturing Scene as a Service,MSaaS)、制造应用即服务(Manufacturing Application as a Service,MAaaS)三种应用层次。在MRaaS应用中,资源服务提供者交付给资源服务需求者的是最底层的资源,资源服务需求者通过标准的接口,对单一资源或聚合资源进行多粒度的访问。在MSaaS应用中,资源服务提供者交付给资源服务需求者的是可配置的虚拟制造环境,资源服务需求者可以根据自身的需求选择、复用、配置可重构制造资源,并利用资源服务提供者提供的开发及设计工具构建满足需求的虚拟制造系统,涉及多个重构单元相互协同的尺度管理与控制、多用户隔离技术、虚拟系统设计与管理等。在MAaaS应用中,资源服务提供者交付给资源服务需求者的是面向特定制造活动的定制制造系统,将完成一个应用(任务)的所有应用环境(共享资源组合、时间关系、约束关系、工作流等)整合在一起提供给资源服务需求者,如电子产品制造应用系统、产品可靠性分析应用系统等,涉及制造应用的开发、上线、监控、多用户隔离等技术。

(5) 用户层

云制造中的用户层为用户提供统一的和安全的用户界面,使用户可以在不同地点、不同的客户端环境下以一致的配置条件和访问权限访问云制造系统提供的各种服务。

4. 云制造的特征

与已有的信息化制造技术相比,在数字化(共性特征)的基础上,云制造更为突出的特点为制造资源和能力的物联化、虚拟化、服务化、协同化和智能化[33,37],综合地体现为以下六个方面的特征。

(1) 面向服务和需求的制造

云制造一改产品制造长期以来面向设备、面向资源、面向订单、面向生产等的形态,充分体现了制造即服务的思想。在云制造服务平台中,按照云制造服务需求者不同的任务需求,快速组织云服务资源提供方按需生产、调度、租赁、使用,实现了真正的面向服务、面向需求。

共享制造平台运行机制与决策优化

(2) 不确定性制造

在云制造中，云服务对制造需求的满足不存在唯一的最佳解，而是用现有技术和方法能得到的满意解或非劣解，这就是云制造制造能力的不确定性，包括云制造任务的描述、任务与云服务的映射匹配、云服务选取与绑定、云服务组合选取、制造结果评价等环节中的不确定性。

(3) 协同化

云制造使制造资源和能力通过标准化、规范化、虚拟化、服务化及分布高效能计算等信息技术，形成彼此间可灵活互联、互操作的"制造资源/能力即服务"模块。通过协同化技术，这些云服务模块能够动态地实现全系统、全生命周期、全方位的互联、互通、协同，以满足用户需求。

(4) 支持多用户的制造

云制造不仅体现了"分散资源集中使用"的思想，还能够有效实现"集中资源分散服务"的思想，即将分散在不同地理位置的制造资源通过大型服务器集中起来，形成物理上的服务中心，进而为分布在不同地理位置的多用户提供制造能力调用、资源租赁等服务。

(5) 全生命周期智慧制造

云制造服务可支持制造产品全生命周期各个阶段，不同制造阶段之间通过知识进行有效衔接。同时，云制造全生命周期过程中都离不开知识的应用，基于知识对各阶段的云服务进行调度，从而实现高度一体化的全生命周期智慧制造。

(6) 绿色低碳制造

云制造的目标之一是围绕时间、质量、成本、服务、环境、柔性、知识等目标，实现制造资源、能力、知识的全面共享和协同，提高制造资源利用率，实现资源增效。实现了云制造，实际上就是在一定程度上实现了绿色和低碳制造。

1.3.2 社群化制造

1. 社群化制造的定义

社群化制造（Social Manufacturing）这一术语用于描述企业与个体在物理产品的生产中共享参与的现象。截至目前，还没有统一的定义来准确解释它。当 Social Manufacturing 这一术语 2011 年出现在美国商业资讯（*Business Wire*）上时，它被解释为应用内部社交媒体来管理分布式制造[38]。2012 年，Social Manufacturing 一词在《经济学人》杂志的专题报告"第三次工业革命"中被提出，意指提供 3D 打印和其他生产性服务的在线社区，使得人人都可以参与产品的生产制造[39]。

中国科学院自动化研究所王飞跃认为，社群化制造最大的特色就是消费者可将需求直接转化为产品，即"从想法到产品"，并使得任何人都可以通过社会媒体和众包等形式参与产品的设计、改进、宣传、推广、营销等过程，且可以分享产品的利润[40]。简言之，社群化制造就是利用3D打印、网络技术和社会媒体，通过众包等方式让社会民众充分参与产品的全流程制造过程，实现个性化、实时化、经济化的生产和消费。

西安交通大学江平宇等认为，在以物联网、大数据、云计算及社交网络技术为代表的新兴信息技术环境下，产品开发与生产组织模式呈现四个方面的新特征：①海量社会化服务资源互联协作的广度、深度增加；②资源组织与服务配置社区化、自治化；③核心能力与议价主导权向社区集群转移；④新兴信息技术环境下协同过程控制全面化、实时化[41]。基于此，提出社群化制造的定义：专业化服务外包模式驱动的、构建在社会化服务资源自组织配置与共享基础上的一种新型网络化制造模式，依托云计算/服务计算、物联网与大数据等新兴信息技术来实现社交网络环境下的企业业务流程优化、服务需求与服务能力对接、服务过程监控等复杂协同交互，并在产品全生命周期的供应链上下游进行信息共享、服务规划与管控，使企业仅通过在线的外包服务就能实现从产品设计到产品交付的运行全过程。社群化制造模式的目标是：用户无须投资任何设备，仅提出个性化的产品需求，通过与各类资源、社群进行协同交互，即可完成产品全流程制造活动。社群化制造具有企业社交化、集成化协作、实时化响应、用户高度参与等特点。

2. 社群化制造的典型特征

(1) 制造资源小微化、服务化

全球化市场要求企业具有较强的生产柔性和对市场动态响应的能力。小微化、服务化的制造业环境使得产品生产组织成为一个社群化制造生态圈。社群化制造企业在业务上不再覆盖产品设计、制造、装配、销售等全生命周期活动，而是聚焦于核心业务能力，将非核心业务外包/众包，从而能及时响应市场变化并占据领先地位。同时，社群化制造企业内的小微团体自主负责不同的业务及创新工作，却又紧密联系。海尔集团的平台化转型和"人单合一"共赢模式即为典型案例。

制造资源服务化使企业的价值链向具有更大利润增值空间的产品服务阶段延伸。产品服务系统（Product-Service System，PSS）就是一种典型的应用模式。企业将产品与其后端运行服务捆绑，由售卖产品转变为提供"产品+服务"解决方案[42]。服务化还体现在社会化制造及服务资源向其他制造企业提供的专业化生产性服务上[43]。通过上述服务，制造企业与社会化制造及服务资源协同完成产品生产任务。

（2）社会化制造资源自组织

社群（Social Community）是社会化制造资源的自组织形态，建立在社会化互联基础上的社群使社会化资源的发现与共享更高效。社交媒介和社交网络等开放式平台与工具是社群的依托，为社会化资源在信息、社交与服务等方面的互联、协同与交互提供场所。用户、企业、供应商等不同的参与主体通过社交媒介建立关系，以自组织的方式形成不同类型的社群。社会化制造及服务资源亦可根据业务相关性、合作关系等构建资源社群，社群成员之间彼此相关，在社群管理机制下协作、交互与共享，以社群的整体资源和能力对外提供服务。社群的组织形式使中小微的社会化资源更易于被发现与共享，同时，社群的整体性提升了各资源个体在议价合作中的主动权，使得供需双方在地位平等的前提下进行合作博弈。

（3）角色驱动的组织结构

与当前基于互联网的连接和交流行为相比，社群化企业的交互关系根据它们的共同利益进行动态分组。一个小微企业可以属于不同的社群，也可以主动或被动地加入其他社群。这体现了一种角色驱动的行为。在社交媒介的驱动下，社群化企业的组织结构依赖于企业间的共同兴趣并表现出动态变化和角色驱动的特性。中小型服务提供商通过社交网络工具形成围绕特定服务能力或服务任务的社区集合，依托自主自治的服务配置，形成离散资源的集聚与共享，提高了企业的参与度和积极性。

（4）大数据驱动的决策和性能优化

物联网、CPS、移动互联网、云计算和大数据分析等新兴信息技术为社会化的信息互联与计算提供了基础。通过互联与大规模协作来完成设计、研发、生产、销售等各个环节，形成具有实时感知、多维交互、优化决策、动态执行等功能的新制造模式。通过处理实时的社交与工业大数据，实现对商务和生产过程的主动决策和分析，不同角色、不同规模的生产参与者互联、交互与协作的紧密度亦得以提升。进一步地，根据大数据分析结果来预测用户需求，可实现预测性制造。

3. 与其他制造模式的比较

社群化制造与其他制造模式如智能制造、云制造的比较分析见表1.5[44]。

表 1.5 社群化制造与其他制造模式的比较

比较的方面	三种制造模式的特点		
	智能制造	云制造	社群化制造
背景和出发点	通过人工智能提升效能和质量	一种面向服务的制造,应用云计算范式实现社会资源集成和控制	一种面向服务的制造,在社区内实现社会资源自组织和应用
组织结构	对于任何一种组织结构都可行	应用云计算实现社会资源的组织	社会资源在社区内自组织和相互连接
运行机制	中心化或去中心化的运行机制	云平台为中心的运行机制	自组织社区的分布式运行机制
资源	任何形式的资源	社会资源组织为云池	社区中社会化资源角色驱动或病毒式传播
业务交互	任何形式	基于云平台	社区内或跨社区交互
连接与通信行为发生场所	任何场所	云媒介场所	社交媒介场所
核心技术或原理	人工智能技术	云服务：生产外包、众包、制造服务等	社区驱动的服务：生产外包、众包、产品服务系统、制造服务等
工业软件模型	任何智能的工业软件模型	基于云的服务平台	社交式和角色驱动的APP、面向终端用户的平台

智能制造的侧重点在于将人工智能、大数据、数字孪生等新一代信息通信技术与先进制造技术深度融合,实现生产制造过程全生命周期的自感知、自学习、自决策,从而提升制造效能和产品质量。智能制造是实现更深、更广的制造资源共享与协同的基础。

云制造利用网络和云服务平台,由平台运营商对资源池中的制造资源进行集中运营管理、调度和配置,按需提供各类制造服务。然而,平台运营商的最高控制权限带来了责、权、利的高度集中,可能引发利益与产能分配不均衡(尤其是中小型服务提供商)、服务执行过程未知与不可控等问题。

社群化制造模式在实现分散资源集中使用、集中资源分散服务的同时兼顾服务资源选择与配置自主化、中小企业利益均衡和平台运营商风险规避合理化。从某种意义上说,社群化制造是一种细分的云制造。

4. 社群化制造服务平台体系架构

从生产性服务的实现和服务执行机制的角度可构建出社群化制造开放式服务平台的体系架构（图 1.5），分为四个层次。

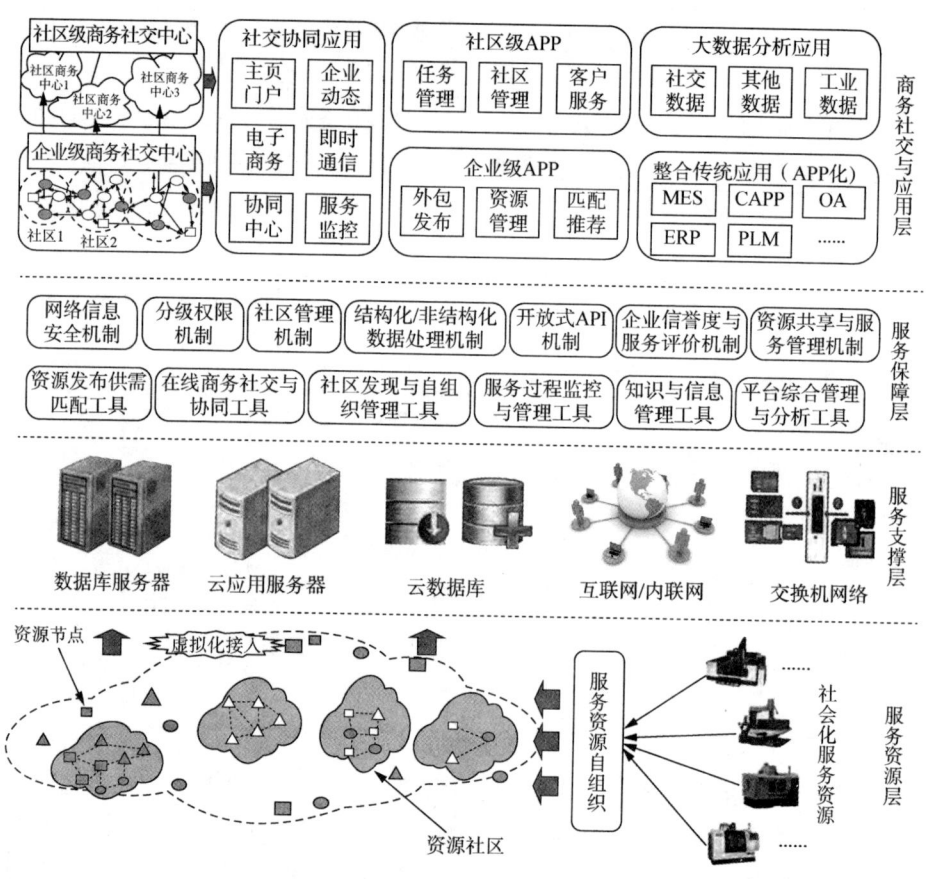

图 1.5 社群化制造服务平台体系架构

（1）服务资源层

提供服务资源形式化描述、资源准入接口并封装成 Web 应用，便于构建广义的服务资源集合，并通过动态自组织形成具有相似服务能力特征的资源社区，由社区统一对外提供服务并对服务执行过程进行反馈和调配。

（2）服务支撑层

提供社群化制造服务平台 Web 服务的云端数据库、服务器、网络等硬件支撑环境。其中，企业社交数据和工业数据等在数据安全加密机制下存储于云端数据库，平台应用与服务组件部署于云端服务器，并在云计算环境下保证高效访问。

(3) 服务保障层

通过一系列服务保障机制和辅助工具实现平台的安全、高效运行与管理。其中，网络信息安全机制是屏蔽风险的保障，分级权限机制和社区管理机制保证企业间无缝合作和利益均衡，有效的结构化/非结构化数据处理机制实现商务社交信息的分析与挖掘，开放式应用程序接口（API）使得企业级服务功能组件不断扩充。

(4) 商务社交与应用层

结合商务社交，提供企业级、社区级两层社交协同空间和应用工具集。其中，社交协同应用提供企业更新动态信息（如资源与服务能力）、即时通信、协同中心、服务监控等功能；社区级/企业级 APP 替代传统的应用软件系统，为社区和企业提供信息化处理与管理工具；大数据分析应用提供社交数据、工业数据等的分析与挖掘。需要特别指出的是，传统应用软件系统的 APP 化将催生制造执行系统（Manufacturing Execution System，MES）/企业资源计划系统（Enterprise Resource Planning，ERP）/产品全生命周期管理（Product Lifecycle Management，PLM）等企业信息化软件系统新架构，且它们能以制造 APP 的形式集成到社群化制造服务平台上，随时随地在固定和移动终端进行服务过程管控和数据管理。

1.3.3 共享制造

1. 共享制造简述

制造模式的演变是与其所处的社会经济环境和技术环境相适应的，随着经济环境不断变化、制造技术持续提升，需要研究新的制造模式与之匹配。20 世纪 80 年代以后的"先进制造"时期涌现出了诸如敏捷制造、精益生产、现代集成制造系统等先进制造模式。近年来，随着物联网技术、移动宽带、云计算技术、CPS、大数据等新一代信息技术的发展并应用于制造系统，产生了许多智能制造模式，如社群化企业、云制造、制造物联等。自 2010 年以来，共享经济商业实践取得巨大成功，促使了共享经济思维和智能制造技术的结合，孕育出了许多共享制造实践，如阿里巴巴淘工厂、"寻机网"、工业共享云等。

为了加快共享经济与制造业的融合，提升制造业的发展质量，工业和信息化部于 2019 年 10 月印发了《关于加快培育共享制造新模式新业态 促进制造业高质量发展的指导意见》（工信部产业〔2019〕226 号）[45]。该意见以习近平新时代中国特色社会主义思想为指导，要求坚持市场主导、政府引导，创新驱动、示范引领，平台牵引、集群带动，因业施策、分步实施的基本原则，加快形成以制造能力共享为重点，以创新能力、服务能力共享为支撑的协同发展格局，并提出了三大发展方向：一是制造能力共享，主要包括生产设备、专用工具、生产线等制造资源的共享；二是创新能力共享，主要包括产品设计与开发能力等智力资源共享，以及科研仪器设备与实验能力共享等；三是服务能力共享，主要是物流仓储、产品检测、设备维护、验货验厂、供应链管理、数据存储与分析等企业普遍存在的共性服务需求的共享。预计到2022年，将形成20家创新能力强、行业影响大的共享制造示范平台，资源集约化水平进一步提升，制造资源配置不断优化，共享制造模式认可度得到显著提高；到2025年，共享制造发展迈上新台阶，示范引领作用全面显现，共享制造模式广泛应用，生态体系趋于完善，资源数字化水平显著提升，成为制造业高质量发展的重要驱动力量[31]。

目前，国内典型的共享制造模式主要有沈阳机床集团的i5智能系统和阿里巴巴淘工厂。沈阳机床集团于2012年成功开发出"i5智能化数控系统"，成为世界上第一个具有互联和智能功能的系统，其能通过互联网平台及大数据技术整合智能机床的运作状态，实现机床闲置时间的共享，用价值驱动产品的全生命周期，达到按需服务的目的。阿里巴巴淘工厂于2013年在阿里巴巴集团旗下网站1688.com正式上线，致力于将优质工厂的产能向淘宝卖家开放，具体操作是有机整合各工厂的空闲档期，以实现多方协作生产，为淘宝卖家的小单需求提供定制化服务。阿里巴巴淘工厂还倒逼推动了制造工厂电商化转型，打造贯通整个线上服装供应链的生态体系，以解决小单测款、库存及工厂账期问题。

总体来说，共享生产能力模式能够整合生产资源、提高生产效率、降低生产成本，通过共享可利用的生产能力实现协作生产，让企业不再独立生产，也让个性化定制产品更加灵活、便捷地生产出来。一方面，对于产品的需求方，企业的搜索成本、生产成本和管理成本能够在共享生产模式的信息充分对接、工厂柔性化生产等优势下大幅降低，实现低风险生产的目的；另一方面，对于产能的供应方，共享生产能力模式中的档期能够灵活安排，由此可以显著降低生产风险和接单成本，同时有利于促进生产创新、加快企业转型。

2. 共享制造的定义

共享经济是近年来兴起的一种新型经济形态，正在全球范围内快速发展。共享制造即共享经济在生产制造领域的应用创新，是围绕生产制造各环节，运用共享理念，将分散、闲置的生产资源集聚起来，弹性匹配、动态共享给需求方的新模式、新业态，是一种具有集约、高效、灵活等特点的共享经济模式。共享经济包括产业链和价值链各个环节的共享，其中共享宿舍、共享出行和共享单车等形态主要是交易品和消费环节的共享，没有涉及生产制造的环节，而共享制造是共享经济进一步深化的体现，是共享经济的子集[46]。由于消费领域资产相对较轻，增长模式相对较简单，共享经济首先在消费领域蓬勃发展。随着共享经济的深入发展，共享经济将在生产制造领域发挥更重要的作用。不同于主要聚焦于消费和服务等领域的"滴滴打车"等共享经济形态，制造业的产能共享主要集中于工业领域，能够促进制造业的高质量发展。

对于共享制造的定义，相关学者从不同角度进行了描述。俞春阳等[47,48]指出，共享制造是企业或个人将空闲资源和能力共享，需求者可随时获取，使供需双方实现共赢的模式，它是协同制造、网络化制造、云制造等已有制造技术的进化和发展，具有面向服务、强调对资源的利用和配置等特点。魏麒[49]认为，共享制造是一种企业或个人利用互联网和大数据技术，通过公平、透明、合理、高效的平台将闲置、剩余的资源和能力进行共享和匹配，实现资源和能力供需双方互利互惠的新型智能制造模式。

3. 共享制造的特点

1）全方位的资源共享服务：硬件、软件、知识、人员等资源都可以共享。

2）多粒度的资源共享服务：上至企业经营所需的所有资源，下至生产部门的一台设备、一件工具都可以共享。

3）高度个性化的资源共享服务：由于共享制造具有全方位、多粒度的资源共享特点，资源需求者的个性化需求可以得到极大的满足。

4）面向大量定制的资源共享服务：共享资源可以被重复使用，以降低服务成本、缩短服务周期。

5）高度开放的资源共享服务：资源需求者可以像获得传统的水、电、煤气等生活服务一样获得共享制造服务。

6）直接的资源共享服务：传统的资源共享服务往往要经过多个环节，如一项产品制造的外包服务可能要经过多道环节才能最终到达服务提供者，共享制造服务则是一种直接的资源共享服务。

7）注重整体解决方案的服务：用户需要的往往是整体解决方案服务，以便快速响应市场，因此共享制造需要进行资源、能力的组合和服务的封装，形成整体解决方案服务。

8）全过程的监控服务：共享制造利用新一代信息技术，依靠合作者的评价、传感器自动采集的制造数据等，可以实现对制造全过程的监控，可以开展基于信用和质量历史的共享制造,解决共享制造中的质量问题、契约的履行问题等。

9) 分布式制造服务共享:制造服务共享涉及地理位置分散的不同企业,它们根据自身的资源和能力将闲置制造资源的制造能力或服务共享到平台,满足他人制造服务使用的需求。高效管理分散、动态、多样异构的制造资源并实现制造服务的共享合作,对于提升共享制造平台的运营水平和效率至关重要。

从以上分析可知,共享制造的核心是面向服务,是一种服务化的制造模式。与传统制造模式的供应链系统相比,共享制造更具优势。例如,油漆是一种商品,油漆公司(作为原料供应商)希望尽可能多地卖给汽车厂,而当汽车厂将汽车的喷漆任务外包给油漆公司后,出于节省成本的目的,油漆公司会主动改进工艺和原料配方,希望以尽可能少的油漆来满足汽车厂的需求。这里,汽车企业对油漆(商品)的需求转变为对喷漆服务的需求。显然,这样的转变既减少了成本又减少了污染,有利于供需双方达到共赢[47]。

1.4 小　　结

共享经济的出现是社会发展到一定阶段的必然产物,当经济社会发展进步到一定程度,从而具备了共享经济出现的前提条件时,这种新型经济模式便得以发展。

当企业在地理上分散时,企业的制造资源也分散在不同的空间。为了适应现状,优化资源的利用,快速响应市场需求,提高竞争力,制造企业必须寻求与其他企业的合作,实现制造服务的共享,从而形成了共享制造模式。

本章主要对共享制造的相关概念进行了详细的论述。首先,分析了共享经济的成因、内涵、类别与发展现状。其次,对智能制造、智能装备、智能工厂及工业互联网的定义与构成等进行了阐述。最后,介绍了三种具有共享特征的新型制造模式。

参 考 文 献

[1] 郑志来. 共享经济的成因、内涵与商业模式研究[J]. 现代经济探讨,2016(3):32-36.
[2] 黄骏. 对我国共享经济发展的研究[J]. 经营管理者,2016(2):245.
[3] 张喜征,芦冬青,刘琛. 共享经济平台管理[M]. 长沙:湖南大学出版社,2020.
[4] CAO Y, WANG S L, KANG L, et al. A TQCS-based service selection and scheduling

strategy in cloud manufacturing [J]. International Journal of Advanced Manufacturing Technology, 2016, 82 (1-4): 235-251.

[5] 吕瑞强, 侯志霞. 人工智能与智能制造 [J]. 航空制造技术, 2015 (13): 60-64.

[6] 熊有伦. 智能制造 [J]. 科技导报, 2013, 31 (10): 3.

[7] 丁纯, 李君扬. 德国"工业4.0": 内容、动因与前景及其启示 [J]. 德国研究, 2014, 29 (4): 49-66, 126.

[8] 乌尔里希·森德勒. 工业4.0: 即将来袭的第四次工业革命 [M]. 北京: 机械工业出版社, 2014.

[9] 胡晶. 工业互联网、工业4.0和"两化"深度融合的比较研究 [J]. 学术交流, 2015 (1): 151-158.

[10] 王巍, 刘雅轩, 李爽. 美国《国家先进制造战略规划》[J]. 中国集成电路, 2012, 21 (8): 26-30.

[11] 左世全, 王影, 金伟, 等. 美国也要振兴制造业——美国先进制造业国家战略计划编译 [J]. 装备制造, 2012 (5): 76-81.

[12] 周济. 智能制造是"中国制造2025"主攻方向 [J]. 企业观察家, 2019 (11): 54-55.

[13] 贺正楚, 潘红玉. 德国"工业4.0"与"中国制造2025"[J]. 长沙理工大学学报(社会科学版), 2015, 30 (3): 103-110.

[14] 郭铁成. 中国制造2025: 智能时代的国家战略 [J]. 人民论坛·学术前沿, 2015 (19): 54-67.

[15] 张建雄, 徐敏捷, 金斐斐, 等. 智能制造体系架构分析与工业互联网应用 [J]. 电信技术, 2016 (5): 28-31, 34.

[16] 张忠平, 刘廉如. 工业互联网导论 [M]. 北京: 科学出版社, 2021.

[17] 赵亚楠. 智能制造 装备先行 [J]. 自动化博览, 2021, 38 (5): 4.

[18] 佚名. "智造"背景下智能包装设备发展趋势 [J]. 中国包装, 2021, 41 (4): 20.

[19] 张益, 冯毅萍, 荣冈. 智慧工厂的参考模型与关键技术 [J]. 计算机集成制造系统, 2016, 22 (1): 1-12.

[20] 施一明. 流程工业智能工厂建设的探索与实践 [J]. 中兴通讯技术, 2016, 22 (5): 31-35.

[21] 张晓鸣, 车春鹂. 工业互联网: 人、机器、数据的完美融合 [N]. 文汇报, 2013-07-21 (006).

[22] RÁNKY P G. Computer integrated manufacturing [M]. New Jersey: Prentice Hall Press, 1986.

[23] GROOVER M P. Automation, production systems and computer-integrated manufacturing [M]. New Jersey: Prentice Hall Press, 2007.

[24] GUNASEKARAN A. Agile manufacturing: a framework for research and development [J]. International Journal of Production Economics, 1999, 62 (1-2): 87-105.

[25] YUSUF Y Y, SARHADI M. Agile manufacturing: the drivers, concepts and attributes

[J]. International Journal of Production Economics,1999,62(1-2):33-43.

[26] LI Q,ZHOU J,PENG Q R,et al. Business processes oriented heterogeneous systems integration platform for networked enterprises [J]. Computers in Industry,2010,61(2):127-144.

[27] TAO F,ZHANG L,NEE A Y C. A review of the application of grid technology in manufacturing [J]. International Journal of Production Research,2011,49(13):4119-4155.

[28] 李伯虎,张霖,王时龙,等. 云制造——面向服务的网络化制造新模式 [J]. 计算机集成制造系统,2010,16(1):1-7.

[29] XU X. From cloud computing to cloud manufacturing [J]. Robotics and Computer-Integrated Manufacturing,2012,28(1):75-86.

[30] 江平宇,冷杰武,丁凯. 社群化制造模式的边界效应分析与界定 [J]. 计算机集成制造系统,2018,24(4):829-837.

[31] 向坤,杨庆育. 共享制造的驱动要素、制约因素和推动策略研究 [J]. 宏观经济研究,2020,(11):65-75.

[32] 李伯虎. 再论云制造 [J]. 计算机集成制造系统,2011,17(3):449-457.

[33] 李伯虎,张霖,任磊,等. 云制造典型特征、关键技术与应用 [J]. 计算机集成制造系统,2012,18(7):1345-1356.

[34] 张霖,罗永亮,陶飞,等. 制造云构建关键技术研究 [J]. 计算机集成制造系统,2010,16(11):2510-2520.

[35] 李伯虎,张霖,柴旭东. 云制造概论 [J]. 中兴通讯技术,2010,16(4):5-8.

[36] 李春泉,尚玉玲,胡春杨. 云制造的体系结构及其关键技术研究 [J]. 组合机床与自动化加工技术,2011(7):104-107,112.

[37] 陶飞,张霖,郭华,等. 云制造特征及云服务组合关键问题研究 [J]. 计算机集成制造系统,2011,17(3):477-486.

[38] Kenandy delivers social manufacturing application on Force.com,bringing social,mobile,and open cloud computing technologies to global,distributed manufacturing[EB/OL]. (2011-09-01)[2021-08-20]. https://www.businesswire.com/news/home/20110901006181/en/Kenandy-Delivers-Social-Manufacturing-Application-Force.com-Bringing.

[39] ECONOMIST T. A third industrial revolution [EB/OL]. (2012-08-21)[2021-08-20]. http://web.mit.edu/pie/news/Economist.pdf.

[40] 王飞跃. 从社会计算到社会制造:一场即将来临的产业革命 [J]. 中国科学院院刊,2012,27(6):658-669.

[41] 江平宇,丁凯,冷杰武,等. 服务驱动的社群化制造模式研究 [J]. 计算机集成制造系统,2015,21(6):1637-1649.

[42] 张轶伦,牛艺萌,叶天竺,等. 新信息技术下制造服务融合及产品服务系统研究综述 [J]. 中国机械工程,2018,29(18):2164-2176.

[43] 孙林岩,高杰,朱春燕,等.服务型制造:新型的产品模式与制造范式[J].中国机械工程,2008(21):2600-2604,2608.

[44] JIANG P. Social manufacturing: fundamentals and applications[M]. Cham: Springer,2019.

[45] 工业和信息化部.关于加快培育共享制造新模式新业态 促进制造业高质量发展的指导意见[EB/OL].(2019-10-29)[2021-08-20]. https://www.miit.gov.cn/jgsj/zfs/wjfb/art/2020/art_43afa5054df84d7499fd71ef05176ee7.html.

[46] 秦铮,王钦.分享经济演绎的三方协同机制:例证共享单车[J].改革,2017(5):126-136.

[47] 俞春阳.共享制造模式下的计划体系研究[D].杭州:浙江大学,2016.

[48] YU C, XU X, YU S, et al. Shared manufacturing in the sharing economy: concept, definition and service operations[J]. Computers & Industrial Engineering, 2020(146): 106602.

[49] 魏麒.我国共享制造模式发展的驱动力研究[J].管理观察,2019(7):9-10,13.

第 2 章　共享制造服务

2.1　共享制造的内涵

共享制造是基于共享经济的制造模式。"共享制造"这一概念最早出现在艾伦·勃兰特 1990 年发表的《共享制造的愿景》[1]一文中,指的是当时在美国的共享制造中心,一些大型企业会进行一部分闲置设备和先进技术的共享,小型企业可以在此接受培训,学习如何运行和操作先进的制造系统,掌握更加灵活的集成制造技术。这些大型和小型企业的行为也就代表了最初的"共享制造"形式[2]。

共享制造模式相比于外包生产的特点在于,交易主体不再是单一的合作客户,而是多对多的生态产业圈,服务的需求方可能会针对不同配件的生产要求而向多家服务提供者下单,服务供给方在其制造能力范围内可能会同时接下多个需求订单。共享制造的核心在于资源的整合,以更低的成本提供更加柔性化的服务选择,实现对生产能力的充分利用。根据生产主导方的不同,共享制造模式可以分为两种类型,即业务协作和众包生产。业务协作一般由生产型企业主导,将自己生产过程中的某些业务需求发布在共享制造平台上,协同其他服务提供者一起生产,从而提高自身运作效率,并达到节约时间和成本的目的。众包生产一般由销售型企业主导,将产品的全部制造需求发布在共享制造平台上,依照产品需求方的要求,在较低的成本基础上实现个性化创新生产。

与云制造和社群化制造相比,共享制造也是社会化制造模式的一种[3],但有其自身的特定属性。具体地说,云制造专注于方便和高效的制造服务供应,社群化的核心是利用社交网络进行服务和资源管理[4]。然而,共享制造注重以 P2P 方式及时访问服务和资源,以拓宽共享的广度和深度,并提供灵活的协作[5]。

共享制造本质上需要实现基于互联网的大范围制造资源和能力的充分共享和优化配置,同时这些制造资源及能力可以被按需打包,并封装成用户(个人或企业)可通过互联网获得的制造服务。这一方式有利于提升快速整合能力,提高定制水平,从而实现高效创新和创业。显然,共享制造的构建基础和关键是实现面向服务的定制制造，其基本实现逻辑如图 2.1 所示。首先，用户向共享制造平台提交需求（如产品、组件或零件的定制制造需求）。然后，供应商的物理资产被虚拟化为相应的数字孪生，并服务化封装为共享制造服务，以平台服务的形式发布在共享制造平台上。平台服务可以集成为接口，支持用户以 P2P 方式访问共享制造服务。最后，这些共享制造服务通过服务匹配、共享、调度，由相关服务供应商予以实现，并将最终的交付物（相应的定制产品、组件或零件）送达用户。

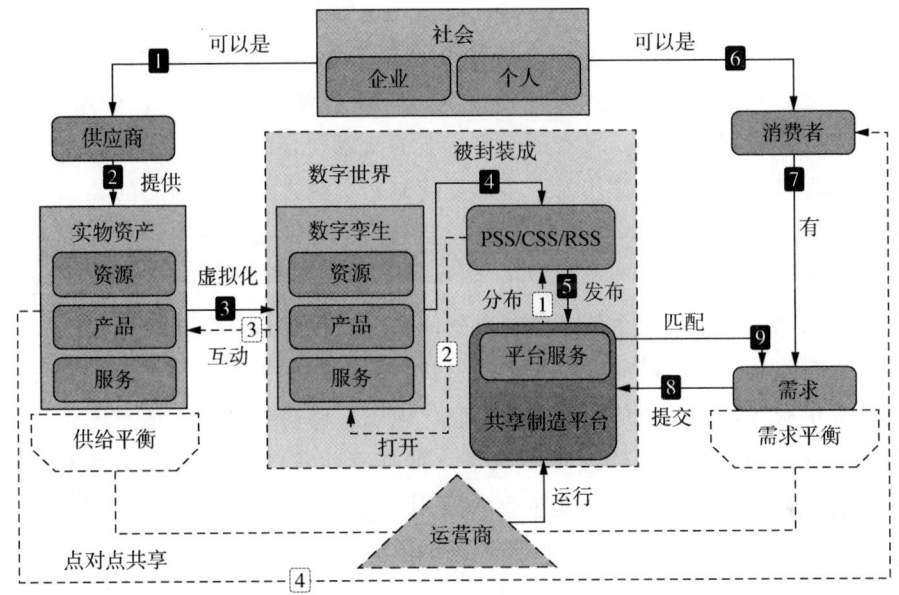

图 2.1 共享制造的实现逻辑[5]

在共享制造中，数字孪生技术（如 CPS、物联网、服务互联网、传感器网络、智能合约和虚拟化技术）是维持共享制造运营的核心，它创建了共享制造服务和平台服务之间的智能通信，从而保证了共享制造服务提供的及时性和准确性。此外，共享制造还依赖于其他配套技术。例如，需要服务建模技术（如知识管理、语义网、本体和服务化技术）来标准化平台服务，以实现有效和高效的操作。同时，需要应用一系列动态分析技术（如需求预测和动态定价技术）来处理供需之间的平衡。毫无疑问，共享制造会促使产业大数据的出现，因此需要大数据相关技术（如大数据分析、云计算和网络安全）来确保制造系统的稳定性和可靠性。

2.2 共享制造服务的分类

共享制造是一种依托信息技术和互联网平台，以使用权共享为特征，通过共享的方式将制造业闲置的资源和能力合理集成、配置的制造模式，能够最大化提升制造业的生产资源利用效率。共享制造是共享经济渗透到制造领域的一种表现，具体包括三个方面：一是制造能力共享，包含技术设备、生产工具等制造资源的共享；二是创新能力共享，包含产品设计、研究开发等智力资源和科研仪器与实验能力等技术资源的共享；三是服务能力共享，包含产品检测、设备维护、供应链管理、数据分析等系列服务的共享。共享制造涵盖范围广、涉及对象多，既有助于完整集成产业链，又有助于跨产业的交融与合作[6]。

共享经济在制造业中应用时，可以促使制造资源进行不同程度的共享，包括产品服务系统（PSS）共享、配置服务系统（Configuration-Service System，CSS）共享及资源服务系统（Resource-Service System，RSS）共享[5]。共享经济在三个层面上赋予普通个体参与制造的能力，使得制造具有社会性。例如，消费者可以在汽车共享产品服务系统中以付费方式使用所需的汽车[7]。PSS通过共享产品提供服务，从制造的角度来看，它代表了一种初级的服务化。共享经济将服务级别提升到更深入的资源定制水平（如共享机床、原材料、CAD/CAM软件、劳动力和知识）[8,9]，最大化事物的效用，即RSS共享。PSS和RSS之间需要一个中间级别，即CSS，以反映模块化解决方案的共享（如配置器、产品和服务平台）[10,11]。根据这种服务层次结构，共享经济不仅可以分层化制造共享的复杂性，还可以组织服务提供商的生产模式。

总之，服务化趋势确保了共享经济的社会性在制造领域的传播，而工业4.0发展趋势推动的诸多关键技术（如数字孪生）促进了共享经济中的P2P合作[12]。显然，共享经济与这两种趋势相互适应，从而实现社会化制造范式。

2.3 共享制造服务的虚拟化封装

2.3.1 制造资源虚拟化技术

简单来说，制造资源虚拟化就是通过物联网、CPS、计算系统虚拟化[13]等技术实现物理制造资源（硬制造资源和软制造资源）的全面互联、感知与反馈控制，并将物理制造资源转化为逻辑制造资源，解除物理制造资源与制造应用之间

第 2 章 共享制造服务

的紧耦合依赖关系，以支持资源高利用率、高敏捷性、高可靠性、高安全性、高可用性的虚拟化共享制造服务系统[14-18]。

各项虚拟化技术主要为共享制造系统的六个方面的目标提供支持，即资源全面共享、系统敏捷构建、资源优化使用、协同可靠性高、用户可用性高、安全可信。

1. 制造资源的智能感知与控制技术

在制造资源虚拟化系统中，借助物联网和 CPS 基础设施，能够实现对于各类制造设备、物料、计算设备、软件工具、经验模型、领域知识、过程数据的有效共享。对于制造设备、物料等硬制造资源，通过射频识别（Radio Frequency Identification，RFID）、无线传感器、智能嵌入式等技术能够实现对资源属性的智能感知，并实现信息反馈和控制。对于信息技术（IT）类软制造资源，如软件工具、模型等，能够实现标准化的互联网接入，纳入共享制造的监控管理网络中，并且能够基于虚拟资源抽象描述模板建立计算系统虚拟机，以满足制造应用的个性化需求。

2. 虚拟系统的按需敏捷动态构建技术

在制造应用的任务提交给共享制造服务平台后，将根据任务对于制造资源的需求，敏捷地建立与资源需求相匹配的虚拟化制造服务环境，并对依赖的物理制造资源进行灵活配置与快速部署。

首先，可通过虚拟资源智能搜索与匹配，在虚拟资源池中获得能满足资源需求的虚拟资源模板或虚拟资源实例集合，并对冗余集合做优化选择处理。对于个性化的资源需求，若不存在匹配度较高的虚拟资源模板或虚拟资源实例，则需要定义新的虚拟资源模板。例如，可建立一个用于复杂产品流体分析的虚拟机模板，其中封装多核高性能计算系统和 Fluent 软件接口。然后，根据已确定的虚拟资源模板和物理-虚拟映射模型，对物理制造资源进行锁定，并按照规则建立虚拟制造资源模板的新实例，再激活远程通信与控制系统。例如，建立上述流体分析虚拟机并启动虚拟机管理器 VMM，动态纳入虚拟化共享制造服务环境的管理中。对于虚拟资源池中已存在的符合需求的虚拟资源实例，则可以直接加入虚拟化共享制造服务环境。

3. 系统运行时资源按需透明使用与动态调度技术

虚拟资源池的构建解除了物理制造资源与共享制造服务之间的紧耦合关系，使得共享制造服务的运行不再依赖于固定的物理制造资源，并可根据运行时动态变化的资源需求来增减物理资源的使用,进行相应的优化调整,真正做到运行时物理资源的按需使用,从而在整体上提高物理资源利用率。对于用户而言,在虚拟化共享制造服务环境中面对和使用的是虚拟制造资源,而共享制造服务真正调用的物理制造资源对于用户则是透明的,因此在很大程度上屏蔽了对具体物理制造资源进行管理的复杂性。

在虚拟化共享制造服务环境对多主体协同过程中的多任务进行调度时,为优化资源利用,首先需要对虚拟资源所映射的物理资源的当前负荷状态进行评估计算,并根据任务的多目标需求对未来资源利用情况作出预测评估,然后选择能达到全局最优的物理资源作为任务调度备选者,并动态替换原来虚拟资源映射模型中的相应物理资源,以达到闲或忙资源的按需负载平衡与优化利用。上述运行时动态调度的过程均在虚拟资源池的屏蔽下进行,对于虚拟资源池上层的共享制造服务而言是透明的。

4. 系统高可靠协同运行与容错迁移技术

虚拟化共享制造服务环境依赖的物理制造资源难以避免各种故障或运行时发生的错误,如计算机死机或软件运行异常等,对于多主体协同的共享制造任务而言,需要高效的容错机制以支持高可靠协同运行。在虚拟化共享制造服务环境运行过程中,能够通过任务运行环境的动态在线迁移提供容错机制。

通过周期性的采样及主动通知机制,对虚拟制造资源所关联的物理制造资源的运行状态进行监控,并根据各种预警阈值对状态属性进行分析,以确定或预测运行时是否发生错误。在确定某物理制造资源将要发生或已经发生故障时,将立即根据虚拟资源模板的需求定义,优化选择可替代的物理制造资源,即迁移目标。一旦确定了迁移目标,将启动任务执行环境的在线迁移过程,即任务运行上下文向迁移目标的复制。例如,当产品协同设计过程中某一个计算节点的设计仿真软件即将出现错误而中止运行时,将选择另一个功能相似的虚拟机环境,并将仿真计算的内存页面等上下文环境信息在线复制到目标虚拟机中。在任务运行上下文动态迁移完成后,需要与协同流程保持同步并检查一致性,然后继续虚拟化共享制造服务系统的协同运行。

5. 支持可定制界面的高可用普适人机交互技术

虚拟化在有效分离了物理制造资源与共享制造服务之间的紧耦合关系的同时也实现了用户界面与使用环境之间的有效分离,即打破了用户界面与终端设备、运行环境、界面内容、交互方式等的依赖关系,为共享制造系统实现普适化的高可用人机环境提供了支持。在制造全生命周期过程中，各种用户在论证、设计、生产、试验、管理等不同应用环境中对于用户界面的需求也不同，用户需要普适化的人机交互技术为其提供满足个性化需求的用户界面。例如，在产品概念设计阶段往往需要手写设备、定制操作系统环境及草图界面技术的支持，生产物流监控往往需要大屏幕、高性能图形计算环境及多维可视化交互技术的支持，远程交易谈判管理往往需要移动终端、移动操作系统环境及语音交互技术的支持等。

在虚拟化共享制造服务环境中，能够通过物联网和 CPS 基础设施实现各种交互终端设备的普适接入；对于界面运行环境的个性化需求，可通过虚拟资源池中对虚拟机的定制，远程提供所需的运行环境资源组合。例如，对于复杂产品三维样机的可视化运行环境，可以定制包含高性能计算集群与三维图形处理环境的虚拟机；对于界面呈现内容的定制，可以根据不同的业务需求和用户的个性化偏好定义相应的虚拟资源模板，由于模板的可复用性和可扩展性，能够实现界面内容的灵活组合定制；对于各种交互方式的普适化使用，可将针对基于视窗、图标、菜单及指标范式的界面（Window, Icon, Menu, Pointer, WIMP）和后 WIMP（如笔、语音、手势等）的各种交互方式的支撑技术封装入虚拟资源模板，供调用共享制造服务时使用。

6. 系统多级安全隔离与访问控制技术

共享制造服务系统的攻击者可分为服务层攻击者、虚拟资源层攻击者及物理资源层攻击者三种。在虚拟化共享制造服务环境中，虚拟资源池是共享制造服务直接打交道的对象，服务直接操纵的各种虚拟制造单元、计算系统、软件工具等均是真实物理资源的逻辑映像，能够有效屏蔽真实物理资源的存在，提供了一种安全隔离机制，以抵御服务层攻击者。

对于虚拟资源层攻击者来说，由于在共享制造服务运行过程中，虚拟资源所对应的物理制造资源会随着需求的变动而动态变化，所以攻击者难以确定真实的物理制造资源所在。并且，可以进一步通过在物理制造资源与虚拟资源池之间插入一层安全控制域来对各种风险进行分析和识别，为抵御攻击者而设置更加有效的访问控制。

一旦物理资源层攻击者穿透了虚拟资源池的隔离保护，将入侵真实物理资源并造成安全风险。虚拟化提供的在线迁移技术可以作为一种补救方法，对物理制造资源的运行状态进行诊断和风险评估，当某资源确定处于非安全可信状态时，将对其进行安全隔离，同时将这一消息反馈至虚拟资源池，以防止对它的再利用，并将被隔离资源的任务的安全可信的上下文环境迁移至其他资源中继续运行，以保证某一物理资源受到攻击并不影响整体任务的协同过程。

2.3.2 制造资源虚拟化理论框架

图 2.2 是制造资源虚拟化的理论框架示意图，共分为五个层次，即制造资源、物联网/CPS 基础设施、物理资源管理、虚拟资源池及虚拟资源管理。

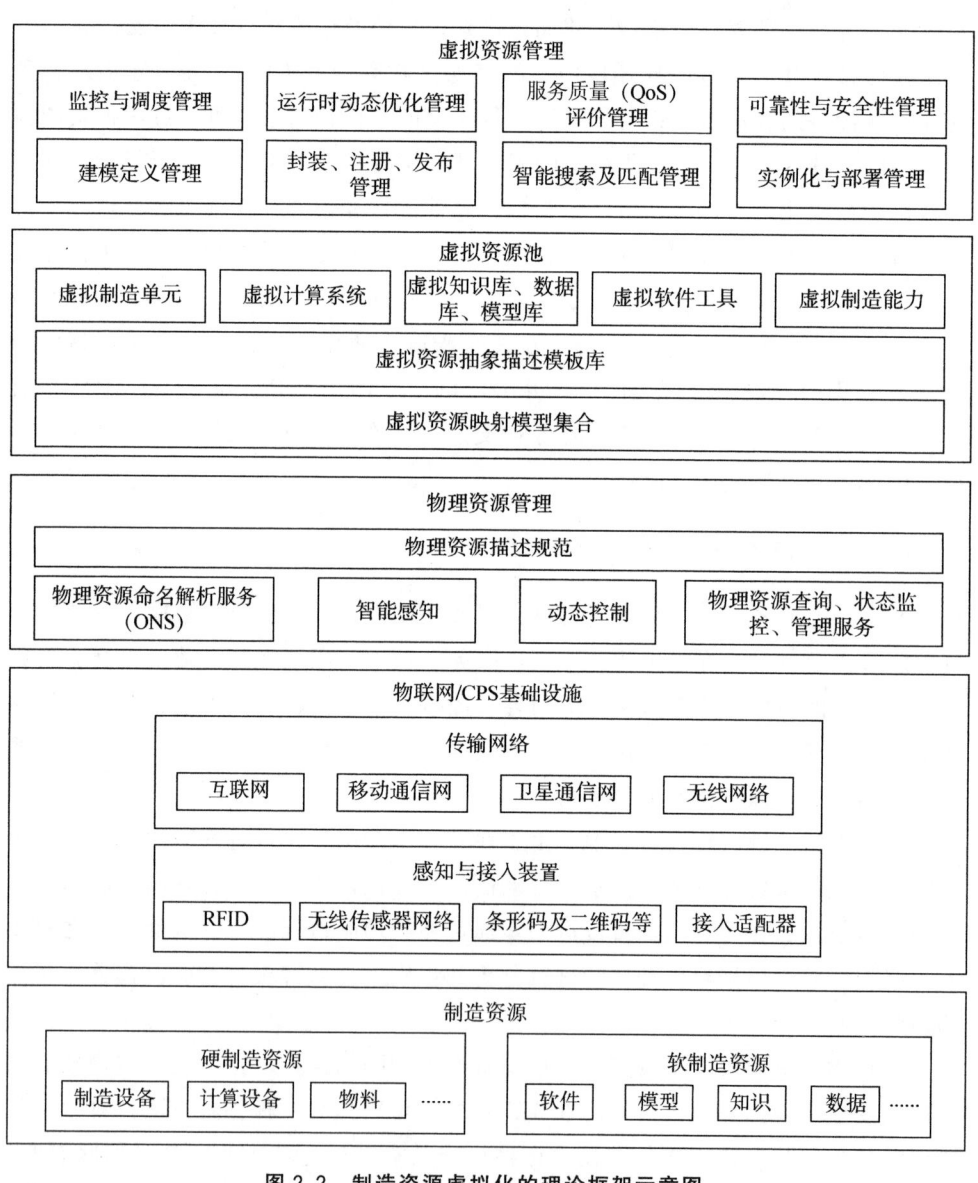

图 2.2 制造资源虚拟化的理论框架示意图

1. 制造资源

制造资源包含硬资源、软资源和其他资源，每种资源又包含多个子类，所涉及的范围非常广泛。与云计算中的虚拟化相比，共享制造的资源虚拟化中所共享的资源类型更为广泛，除了涵盖云计算所强调的计算系统资源虚拟化，更加强调和突出了对于制造设备等硬制造资源的虚拟化，在物理制造资源共享的广度和深度方面均提升到更高的层面。

2. 物联网/CPS 基础设施

物联网和 CPS 的相关技术用于将各种类型的制造资源纳入制造云的管理范畴，实现对制造资源的互联、识别、感知及信息传输。首先，需要通过各种感知和接入装置将制造资源连入制造云的网络中。RFID 是物联网最基本的关键技术，通常由电子标签、读写器和信息处理系统组成，通过射频信号自动识别目标对象并获取信息。物联网可采用互联网、5G 技术实现信息的远程传输。对象命名解析服务（Object Naming Service，ONS）用于物品的集中查找服务，类似于互联网中的域名解析。CPS 是一个综合了计算、网络和物理环境的复杂系统，通过 3C［计算（Computation）、通信（Communication）和控制（Control）］技术的融合实现物理世界与虚拟世界的相互作用，提供实时感知、动态控制和信息反馈等服务。

CPS 与物联网有很多相似之处：二者的目的都是促进物理世界与信息世界的融合，使得信息技术更有效地服务于现实应用；它们都需要射频识别与无线传感器网络等感知技术、通信和网络技术、嵌入式技术、软件技术、海量数据管理技术、安全可信技术等关键技术的支持。二者的区别在于，物联网侧重于物与物之间的互联，以达到世界万物的联通与感知，如对于物流物品的跟踪监控，CPS 在物与物互联与感知的基础上则更侧重于对物的反馈控制，实现人、机、物的融合和协作。

接入适配器主要用于对形态、标准各异的制造资源按照统一的标准实现接入。对于硬制造资源中的制造设备、物料等，可通过标准化的物联网接入装置实现接入；对于计算设备，则可以接入互联网等；对于软制造资源中的软件、模型、知识、数据等，可以按照统一的接入标准规范对其进行封装，如 Web 服务接口规范等。基于物联网和 CPS 技术对制造资源实现互联与感知后，可通过互联网、移动通信网络、卫星通信网络及其他无线网络实现信息的传输与通信。

3. 物理资源管理

在通过物联网和 CPS 对制造资源实现互联与接入、智能感知和动态控制的基础上，需要对物理制造资源进行统一的描述，提供针对物理制造资源的目录（称为物理资源历）及名字解析、查询等服务，并能够对物理制造资源的状态进行监控和管理。物理制造资源（Physical Manufacturing Resource，PMR）的形式化描述可抽象表示为

$$PMR=<URI, BasicProfile, FunctionDescription, UnfunctionDescription, StateMatrix, ManuTasks>$$

其中，URI（Uniform Resource Identifier）指的是物理制造资源的统一标识，制造全生命周期中的物品可以通过物理资源命名解析服务 ONS 获得其标识信息，然后从 RFID 数据服务器中查询 URI 所对应的属性数据。BasicProfile 是对 PMR 的基本信息的描述，如物理制造资源的名称、主要用途、提供者、联络方式、所处位置、价格标准等。FunctionDescription 是对 PMR 的主要功能的描述。UnfunctionDescription 是对 PMR 的非功能性特征的描述，如物理制造资源的性能指标、服务评价等。StateMatrix 是对 PMR 的动态变化的状态信息的描述，既用于描述该制造资源当前所处的状态，如空闲、使用中、已预订、维修中、已报废等，又可描述制造资源的关键属性的当前状态，如生产物流中物料的位置属性等。ManuTasks 描述 PMR 的制造任务负荷情况，既需要记录当前该制造资源所承担或参与的制造活动和具体任务，又需要记录该制造资源已完成的各种制造任务情况。可见，PMR 对于物理制造资源的描述为获取制造云所涵盖的各种物理资源的信息并进一步实现管理和控制提供了基础。

4. 虚拟资源管理

在虚拟资源池的基础上，各类制造应用将形成超大规模的虚拟资源模板库和虚拟资源实例库，需要对其进行有效管理和控制。虚拟资源管理的主要内容包括虚拟资源的建模定义管理、封装及注册和发布管理、智能搜索与匹配管理、实例化与部署管理、监控与调度管理、运行时动态优化管理、服务质量（Quality of Service，QoS）评价管理、安全管理等。建模定义管理用于对物理-虚拟制造资源之间的映射模型及虚拟资源抽象描述模板进行管理；封装、注册、发布管理用于虚拟制造资源的封装、在虚拟资源池目录中的注册与发布管理；智能搜索与匹配管理用于按照共享制造服务的资源需求从虚拟资源池中查找并获取合适的虚拟制造资源模板或虚拟资源实例；在制造服务调用具体资源之前，虚拟制造资源模

板需要根据映射模型进行实例化,并完成运行环境的部署,即实例化与部署管理;监控与调度管理用于制造资源的状态采集、事件通知、任务调度等管理;运行时动态优化管理用于多目标多约束优化调度、制造资源组合的动态替换、负载平衡、容错迁移等管理;QoS评价管理用于对虚拟制造资源和物理制造资源的服务质量的各指标进行评估;安全管理用于虚拟资源池的用户认证、访问控制、安全审计等管理。

2.3.3 硬制造资源虚拟化

硬制造资源主要指产品全生命周期过程中的制造设备、计算设备、物料等,硬制造资源的虚拟化主要针对两大类硬资源,即制造设备单元类和IT硬件(计算设备)类。

硬制造资源虚拟化原理如图2.3所示。对于制造设备单元类硬资源,首先通过物联网或CPS技术将其接入网络,如通过RFID、传感器等实现硬资源的互联、识别、感知。RFID作为一种非接触式自动识别技术,可以将电子标签贴在制造设备、物料等制造资源上,通过信息读写器激活标签并获取标签中的信息,从而实现信息的自动采集。在获取信息的基础上,可以通过与读写器连接的信息

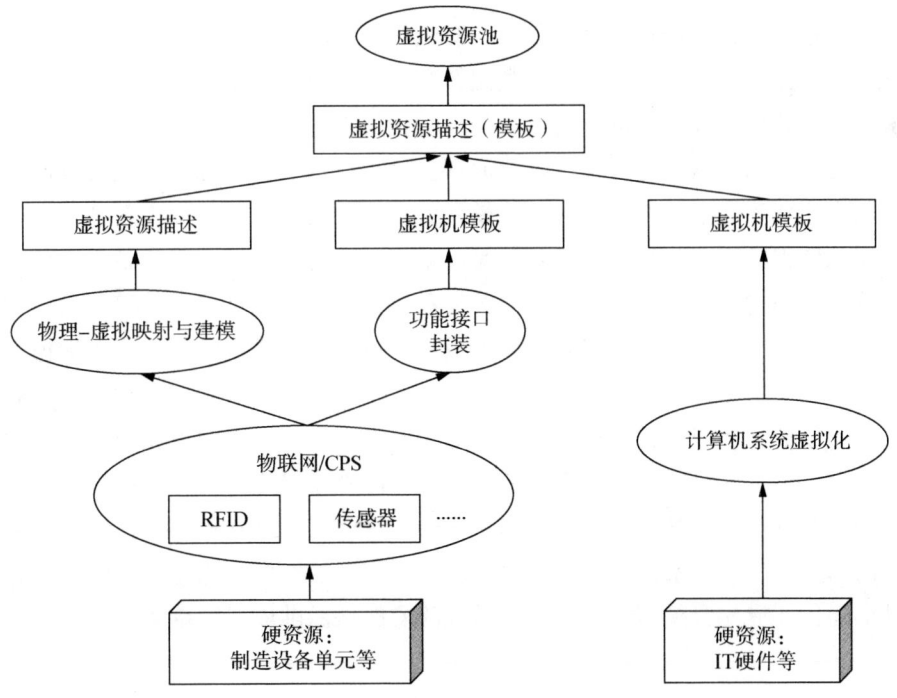

图 2.3 硬制造资源虚拟化原理

处理系统对采集的信息做进一步的分析处理与控制。传感器也是采集制造资源信息的重要感知设备，能够通过敏感元件和转换元件如光纤光栅传感器、热敏传感器、位置传感器、速度传感器、压敏传感器、气敏传感器、振动传感器等对制造活动中的各种资源参数变量进行感知。将智能嵌入式技术与无线传感器网络节点相结合，可以进一步扩展传感器节点的功能，并提高智能处理的能力，为各种硬制造资源的智能传感、信号采集与处理、通信与协同提供基础。

在实现了硬制造资源的物理接入后，需要按照共享制造的虚拟资源描述规范对其进行建模，将物理的硬制造资源进行逻辑化处理，通过建立物理-虚拟映射模型，把现实的制造资源转化为虚拟的制造资源。例如，将十台加工设备映射为一条虚拟的生产线，形成一个逻辑上的生产线资源描述。同时，对于具有输入输出特性的硬制造资源，可以通过软件技术对其功能接口进行封装，提供输入输出的信息接口。在此基础上也可以进一步建立虚拟机模板，通过虚拟机对该硬资源的功能接口进行调用和控制。

对于 IT 硬件类的硬资源，如各种计算设备、存储设备等，虚拟化的处理方法主要是采用计算系统虚拟化技术，形成虚拟机池，通过虚拟机技术进行管理。

2.3.4 软制造资源虚拟化

软制造资源主要指以软件、数据、知识等为主的制造资源。软制造资源的虚拟化主要分为两大类：一类是针对数据、知识、文档等数据类资源的虚拟化，另一类是针对软件、算法等软件类资源的虚拟化。

图 2.4 所示为软制造资源虚拟化原理。对于数据类软资源，首先根据制造云规定的虚拟资源描述规范对其进行建模并做规范化处理，形成虚拟资源描述。对于数据和知识的规范化处理并不是针对数据和知识内容本身，而只是提取数据和知识的关键描述信息。为了方便访问数据和知识内容，可对数据知识的读写等功能接口进行封装，进一步可以封装为虚拟机模板，以虚拟机的形式调用数据和知识服务的相关功能。

对于软件类软资源，主要采用计算系统虚拟化的方法做虚拟化处理，形成虚拟机模板。为了支持软件服务之间的互操作与协同，需要定义软件接口互操作规范，使得共享制造能够智能化地处理软件输入输出接口之间的互操作问题。由于软件的部署与运行通常离不开运行环境的支持，在软件虚拟化时需要同时定义该软件的运行环境配置模型，为虚拟机模板的实例化提供依据和参考。

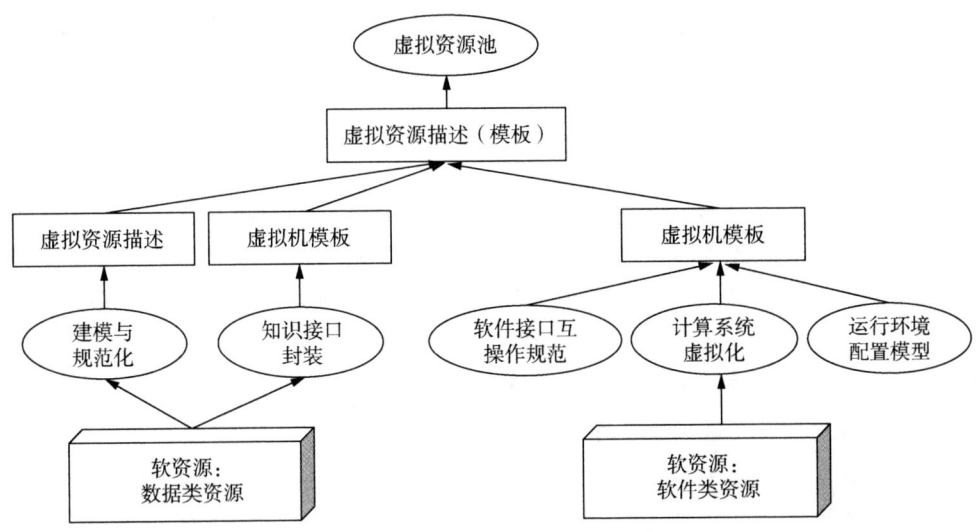

图 2.4　软制造资源虚拟化原理

2.3.5　制造资源服务化封装

为实现分布、异构的制造资源共享，提供协同工作环境，在前文对制造资源建模描述的基础上，本节介绍一种共享制造环境下资源服务化封装的方法，即将制造资源封装为服务，以屏蔽制造资源自身的异构性和复杂性，对外呈现统一的调用接口，在共享制造环境中共享。资源服务化封装是资源共享必须完成的第一步工作，应满足如下要求：基于统一开放的标准保证异地分布、复杂多样的制造资源具有标准的访问规范并方便管理；可对外发布注册，比较好地暴露资源的本质属性和功能，同时隐藏内部实现细节；可以支持资源热部署，不需要重新启动正在执行的服务即可添加新的资源提供服务；封装过程简单、规范[19]。

一个符合共享制造服务规范的服务可以关联多个资源，并可以根据资源的标识进行处理，利用这种方式进行制造资源的封装。首先，定义一个公共的服务作为服务接口，它实现了对资源操作的抽象；然后，将具体的资源表示为该服务的一项资源，对这些操作进行实现；最后，调用时由这个公共的服务加上具体的资源构成 Web 服务资源，一起对外界的请求作出响应。资源封装模块不但对外提供了资源实现功能和调用执行的接口，而且提供了管理接口，如资源的加入、删除、查询、修改等，简化了虚拟资源池对资源的统一管理。

资源封装模块为不同领域的制造资源提供服务化封装功能，其在结构上主要包括 Web 服务接口、多个状态资源和对应的资源实现类。Web 服务接口负责实现制造资源的功能，并负责管理资源封装模块中的资源；状态资源保存制造资源的属性信息；资源实现类具体调用资源。Web 服务接口和每一个状态资源分别组成 Web 服务资源。

1. 状态资源

状态资源是共享制造的制造资源在资源封装模块中的表现形式，它保存制造资源的属性信息，主要包括静态属性信息、动态属性信息、作业列表信息等，用户能根据制造资源的属性信息在虚拟资源池中查找到符合其任务需求的资源，并能及时了解资源在任务执行过程中的状态信息、任务执行情况等。

静态属性信息描述了制造资源本身的属性，是相对比较稳定的信息，主要分为资源基本属性、功能属性、性能属性、使用属性等信息。动态属性信息描述了制造资源在运行过程中不断变化的情况，主要是资源状态信息，还包括资源的可靠性、信誉度等服务质量属性。资源状态信息描述资源所处的状态，主要指资源的可用性。

作业列表信息主要描述在制造资源上未执行、已执行、在执行的作业信息，指在资源上具体执行的一次任务，可能是对软件的一次调用，也可能是一个离线的加工任务。资源的类型不同，相应的使用方式也不同。未执行作业是指没有被申请或者被申请后未进行任何操作的作业；已执行作业是指运行完毕且已经得到结果的作业；在执行作业是指正在被执行的作业。

2. Web 服务接口

Web 服务接口有两方面的功能：①定义对资源的各种操作，包括添加删除资源、查询读取资源状态、实现资源的功能等；②为共享制造平台提供对资源的标准化访问和管理及和其他资源交互的接口，向用户屏蔽内部实现细节。Web 服务接口主要对外提供使用接口、作业管理接口、通知接口三类接口，资源提供者可以扩展并实现任意需要的接口。

(1) 使用接口

主要提供使用资源封装模块来封装制造资源的接口，支持资源的动态添加和删除，新资源的加入和退出不会影响到已经部署好的正在运行的其他制造服务。提供了服务发布接口，把资源的属性信息和服务端点引用地址注册到虚拟资源池中，供云用户查询使用。另外，还有查询、修改等基本操作接口。

(2) 作业管理接口

主要提供调用服务执行及管理作业的接口，包括提交作业（调用服务）、执行作业、获得作业状态、获得作业列表信息等接口。由于资源类型不同，相应的执行方式也不同。因此,资源封装模块只提供了统一的调用接口,具体执行过程由资源实现类来完成。资源封装模块提供了作业状态查询接口,用户或者其他服务可以通过此查询接口查询某作业的相关属性和状态。

(3) 通知接口

实现对制造资源属性、作业状态的订阅、通知,用户可以实时感知资源状态、资源上执行的作业状态的变化,并且支持作业的异步执行。通知机制主要用于以下两个方面:①资源信息发生变化(主要是动态属性发生变化)时,如资源发生故障不可用时,要及时通知虚拟资源池或工作流管理器;②作业状态发生变化时,如作业完成时,需要通知工作流管理器或用户。

资源状态的订阅通知机制比较简单,直接把资源适配器中每个资源的状态作为订阅的主题即可,当资源状态发生变化时会发出通知。作业状态的订阅通知比较烦琐,当资源的作业列表中某个作业状态发生改变时,资源的状态会相应地改变,客户端会感知到这个变化,根据传回的消息判断作业列表中哪个作业状态发生了变化,然后查询具体作业的状态,显示到客户端,并根据作业当时的状态执行后续操作。

3. 资源实现类

由于不同种类的资源具有不同的共享方式、使用方式、使用策略或者不同类型的作业需求,所以在资源封装模块中需要根据不同的资源建立不同的具体实现资源功能的 Java 类,由它和资源具体交涉,完成提交到资源的任务,称为资源实现类。资源实现类相当于具体资源和资源封装模块之间的连接器,每个资源对应一个资源实现类。

为了简化、规范资源封装过程,将资源封装模板分为资源描述模板和资源实现模板。不同种类的资源具有不同的属性和功能实现方式,同一种类的资源又具有很多共性,可以参考这些分类,抽取每类资源的共性,为每类制造资源设计封装模板。

总结同类资源所包含的信息类型,抽取其中的共性,可为同类资源定义一个信息描述模板,即资源描述模板,以规范制造资源的描述。资源描述模板能够对制造资源的各种信息进行全面描述,并表示为计算机可以处理的格式,但是不包含任何底层实现的相关信息,降低了对资源提供者的技术要求。

资源的属性是多种多样的,属性的划分和选择应根据使用目的和要求来决定。资源的属性主要可分为基本属性、状态属性、能力属性和性能属性。其中,基本属性用于描述资源的基本信息,如资源编号、资源类型、资源名称、资源说明、资源供应者、资源型号、资源类别等；状态属性主要用于描述资源在共享平台中的运行状态，与资源的可用性有极大的关系，对资源的状态进行定义和区分有利于对制造资源进行调度和监控；能力属性用于描述资源能够实现的功能，包括功能类型、功能描述等，资源的能力属性是选择资源的重要标准；性能属性指资源的性能参数描述，不同类型的资源，其性能描述也不相同。

对资源的描述模型进行抽象，得出资源描述工厂模板规定的所有资源应该遵循的描述规范，包括上述几个方面的属性，再针对每类资源的功能和性能描述特征细化工厂模板，得到每类资源的描述模板，基于可扩展标记语言 XML 对资源信息进行统一描述。每类资源的描述模板对应一个 XML Schema 格式的文档，详细规定了每类资源描述时应该描述的属性项。

资源封装模块中，服务接口提供了调用资源执行的统一接口。资源的功能实现可以抽象为以输入、输出和执行任务来体现，这个抽象的接口就称为资源实现工厂模板。根据每类资源的操作特点，实现这些接口文件，保存为每类资源的资源实现模板，注册到资源模板库中（图 2.5）。用户封装资源时，可以根据资源实现模板的修改或者扩充形成自己的资源实现类。资源实现类具有统一的接口，方便了资源实现类和资源封装模块之间的交互。

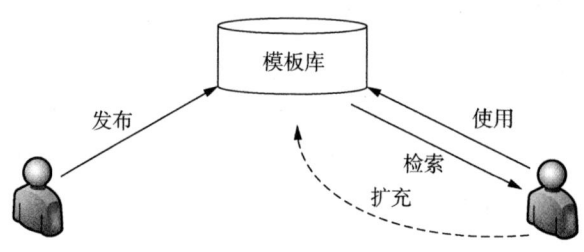

图 2.5　资源封装模板应用

共享制造资源服务化封装主要包括共享制造资源的建模与描述、共享制造资源实现类的开发、部署资源到共享服务池中三个部分。模板库提供了资源描述模板和实现模板，以简化、规范资源服务化封装操作。资源服务化封装过程描述如下：

步骤 1，描述制造资源。根据资源种类选择相应的资源描述模板，根据模板要求填写相应的资源属性，具体描述资源，形成 XML 格式的资源属性文档。

步骤 2，实现资源实现类。由于即使是同一种类的制造资源功能，实现方式也可能不相同，查询到资源实现模板后，要看是否符合自己的要求，有时可能需要进行一些改动，打包形成资源实现类。

步骤 3，部署资源到共享服务池。把描述好的资源提交给资源封装模块，资源封装模块获得资源实现类的相关信息并部署到共享服务池，完成资源的服务化封装。在具体调用执行资源时，资源封装模块自动加载资源实现类，与具体的资源交互，完成调用过程。

基于上述资源服务化封装过程，武蕾等[19]开发了资源封装工具。资源封装工具提供了友好的图形界面，具有如下功能：

1）对虚拟资源池中的资源分类进行管理，如添加、删除、获得资源分类列表等。

2）对资源封装模板进行管理。系统管理员发布资源封装工厂模板和每大类资源的封装模板，保存在模板库中。资源提供者可以基于工厂模板对现有模板进行修改，或者扩充新的模板，并发布到资源封装模板库中。模板库中不但保存模板的索引信息，还保存模板本身。

3）基于模板描述资源、部署服务。

共享制造服务平台中资源封装的基本步骤如下（图 2.6）：

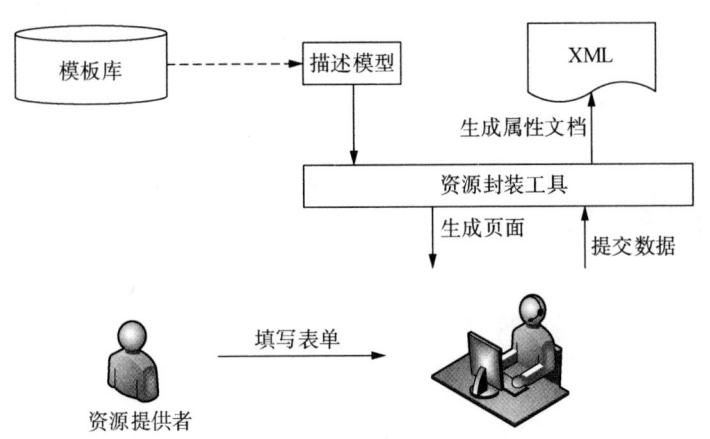

图 2.6　资源封装过程

步骤 1，选择相应的资源类型，封装工具根据用户所选资源类型从模板库中选择描述模板，然后根据资源描述模板生成属性描述图形界面。

步骤 2，资源提供者填写属性描述配置表单，提交数据，封装工具根据所提交的表单生成资源属性文档。

步骤 3，获得资源实现模板并实例化，得到资源实现类。

步骤 4，在虚拟资源池中部署描述好的资源。

步骤 5，系统自动获得资源配置文件和资源实现类，完成资源的服务化封装；根据属性文档，使用 XML 对资源进行描述，生成 WSDL 文档并注册服务。

以下分别选取共享制造资源中的硬件资源、软件资源的封装过程对资源封装工具进行说明[20]。

4. 硬件资源封装流程（图 2.7）

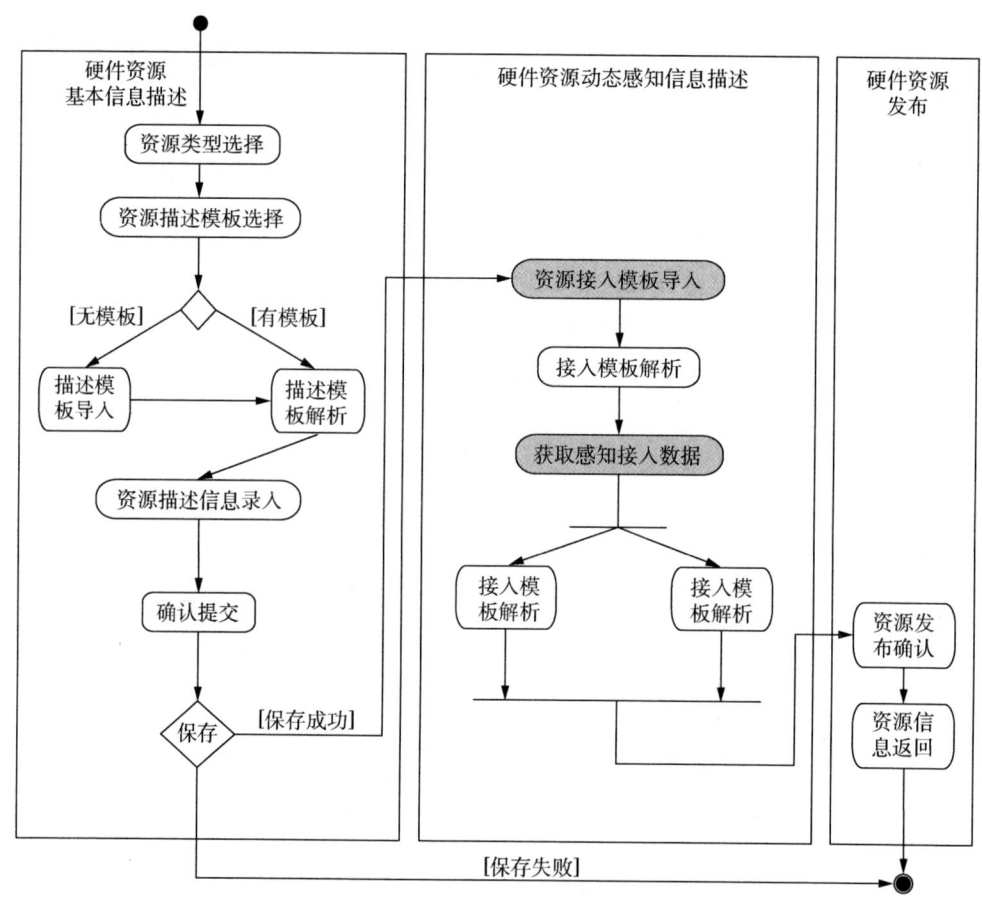

图 2.7　硬件资源封装流程

1）首先选择资源类型，然后系统从相应类型中列出资源描述模板，用户从中选择适合资源封装工具的模板，再将模板导入平台中的封装工具，对其进行解析后，生成属性描述页面，展示给用户，由用户进行资源描述信息的录入。用户也可以使用自己的模板进行操作。

2）资源描述信息录入后提交表单。如果表单上传失败，则返回初始页面；若成功，则根据资源实现模板生成资源实现类。此处的资源实现模板即为资源的接入模板。根据接入模板中描述的接入方式同硬件资源建立连接,获取感知数据并进行处理。

3) 虚拟资源池中的资源适配器根据描述模板和实现模板完成资源的封装;根据资源描述模板和资源接入模板,使用 XML 对其进行进一步描述,生成对硬件资源的统一描述 WSDL 文档。

5. 软件资源封装流程(图 2.8)

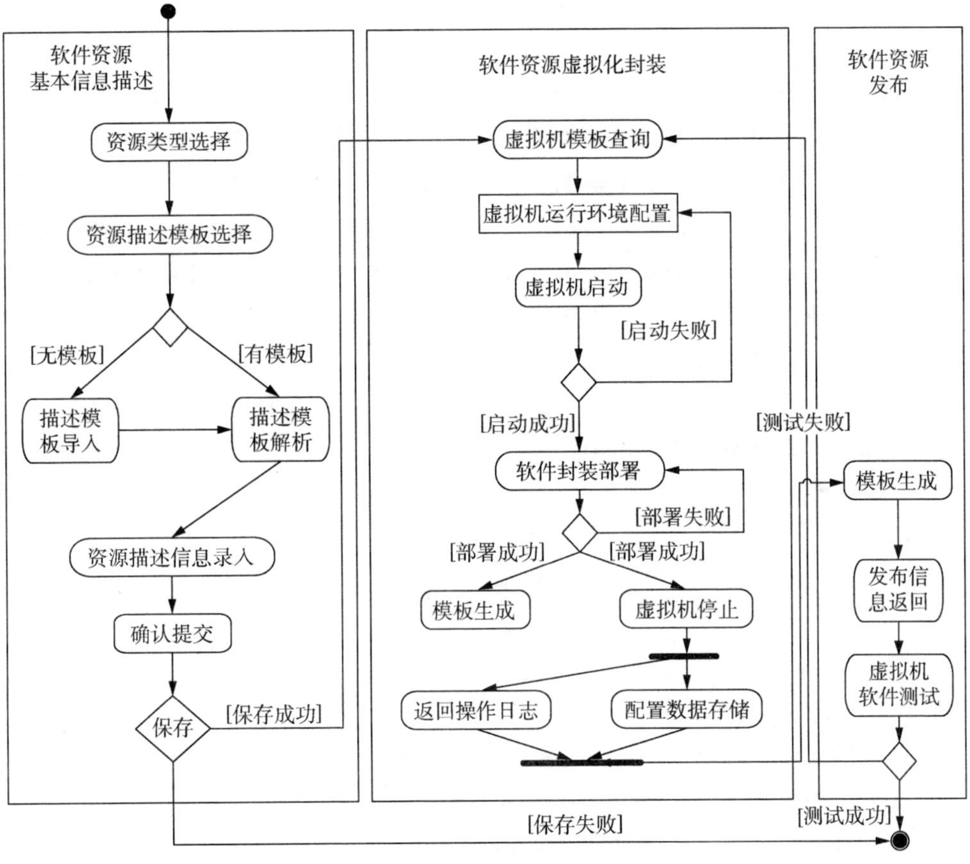

图 2.8 软件资源封装流程

1) 首先选择资源类型,然后系统从相应类型中列出资源描述模板,用户从中选择合适的模板,再将模板导入平台中的封装工具,对其进行解析后生成属性描述页面,展示给用户,由用户进行资源描述信息的录入。

2) 资源描述信息录入后,资源提供者提交表单。如果表单上传模板库失败,则返回初始页面;若成功,则根据资源实现模板生成资源实现类。此处的资源实现类是完成软件资源的应用过程，并对日志文件和相应的配置数据进行处理。

3）虚拟资源池中的资源适配器根据描述模板和实现模板完成资源的服务化封装，软件测试成功后发布确认；根据资源描述模板和虚拟机模板，使用 XML 对其进行进一步描述，生成对软件资源的统一描述 WSDL 文档。

4）资源发布以后，会根据提供者提供的测试样例对软件服务进行相应性能的测试工作，若测试成功，则整个流程结束。

2.4 小　　结

服务化是互联网与共享制造领域融合的关键，共享制造的核心概念与其运营模式有关。具体地说，提供商的物理资产（有形或无形的）需要虚拟化，然后服务化封装成共享制造服务。共享制造服务将被发布到共享制造平台，并转移到平台服务。平台服务可以集成为接口，以支持用户访问共享制造服务。本章在分析共享制造的内涵和分类的基础上介绍了共享制造服务的虚拟化封装技术的概念，对共享制造资源虚拟化理论框架进行了分析，并将制造资源分为硬制造资源与软制造资源进行虚拟化，最后介绍了一种共享制造环境下资源服务化封装的方法，将制造资源封装为服务，以屏蔽制造资源自身的异构性和复杂性，对外呈现统一的调用接口，在共享制造环境中共享。

参 考 文 献

[1] BRANDT E. A vision for shared manufacturing [J]. Mechanical Engineering, 1990, 112 (12): 52-55.

[2] 宋心悦, 陈俊龙. 促进中国共享制造高质量发展研究 [J]. 当代经济, 2021 (4): 4-9.

[3] TAO F, CHENG Y, ZHANG L, et al. Advanced manufacturing systems: socialization characteristics and trends [J]. Journal of Intelligent Manufacturing, 2015 (28): 1079-1094.

[4] 江平宇, 丁凯, 冷杰武, 等. 服务驱动的社群化制造模式研究 [J]. 计算机集成制造系统, 2015, 21 (6): 1637-1649.

[5] YU C Y, XU X, YU S Q, et al. Shared manufacturing in the sharing economy: concept, definition and service operations [J]. Computers & Industrial Engineering, 2020 (146): 106602.

[6] 蔡丹旦. 打造"制造业＋共享经济"的创新融合——浅析中国制造业产能共享的运营模式 [J]. 中国经贸导刊 (理论版), 2018 (17): 81-83.

[7] YOON B, KIM S, RHEE J. An evaluation method for designing a new product-service

system [J]. Expert Systems with Applications, 2012, 39 (3): 3100-3108.

[8] TAO F, CHENG Y, XU L D, et al. CCIoT-CMfg: cloud computing and internet of things-based cloud manufacturing service system [J]. IEEE Transactions on Industrial Informatics, 2014, 10 (2): 1435-1442.

[9] YU C, XU X, LU Y. Computer-integrated manufacturing, cyber-physical systems and cloud manufacturing-concepts and relationships [J]. Manufacturing Letters, 2015 (6): 5-9.

[10] YIP A L K, CORNEY J R, JAGADEESAN A P, et al. A product configurator for cloud manufacturing [C]. ASME 2013 International Manufacturing Science and Engineering Conference Collocated with the 41st North American Manufacturing Research Conference, 2013, 55461: V002T02A010.

[11] YU C, ZHANG W, XU X, et al. Data mining based multi-level aggregate service planning for cloud manufacturing [J]. Journal of Intelligent Manufacturing, 2018, 29 (6): 1351-1361.

[12] TAO F, ZHANG M. Digital twin shop-floor: a new shop-floor paradigm towards smart manufacturing [J]. IEEE Access, 2017 (5): 20418-20427.

[13] ANDERSON T, PETERSON L, SHENKER S, et al. Overcoming the internet impasse through virtualization [J]. Computer, 2005, 38 (4): 34-41.

[14] 任磊,张霖,张雅彬,等. 云制造资源虚拟化研究 [J]. 计算机集成制造系统, 2011, 17 (3): 511-518.

[15] REN L, ZHANG L, TAO F, et al. A methodology towards virtualisation-based high performance simulation platform supporting multidisciplinary design of complex products [J]. Enterprise Information Systems, 2012, 6 (3): 267-290.

[16] REN L, ZHANG L, ZHAO C, et al. Cloud manufacturing platform: operating paradigm, functional requirements and architecture design [C]. ASME 2013 International Manufacturing Science and Engineering Conference Collocated with the 41st North American Manufacturing Research Conference, 2013, 55461: V002T02A009.

[17] REN L, ZHANG L, TAO F, et al. Cloud manufacturing: from concept to practice [J]. Enterprise Information Systems, 2013, 9 (2): 186-209.

[18] REN L, ZHANG L, WANG L, et al. Cloud manufacturing: key characteristics and applications [J]. International Journal of Computer Integrated Manufacturing, 2014, 30 (6): 501-515.

[19] 武蕾,孟祥旭,刘士军. 制造网格中资源服务化封装方法研究 [J]. 计算机集成制造系统, 2008, 14 (9): 1837-1844.

[20] 李伯虎,张霖. 云制造 [M]. 北京: 清华大学出版社, 2015.

第3章 共享制造平台运行机制

3.1 共享制造平台运行机制分析

平台运行机制是指平台的各要素间所必须遵循的一系列相互关联的规则程序及由这些规则程序形成的整体秩序。平台运行机制是平台正常运行和达到既定目标的关键。如果平台机制不合理，共享制造平台很可能流于形式，成为一个简单的制造企业信息汇集和发布的网站，难以发挥其应有的作用。

目前，现有的信息平台大多注重资源拥有方资源的共享，较少从供需双方的角度考虑如何促进资源供需双方的对接和交易，难以使资源的供需双方共同受益，无法有效支持业务的协同。共享制造平台的建立是借助互联网平台的双边连接作用，通过打破行业壁垒、打通行业信息不对称，实现制造业闲置设备、技术和人才的供求匹配合理化、高效化。

共享制造平台的运行机制本质上是平台的运行及"游戏"规则，为平台正常运行和发展提供保障。作为利益相关者相互博弈的社会空间，共享制造平台符合行动舞台的定义，其中各方参与主体是行动者，整个共享的过程被视为行动情境，如图3.1所示[1]。

图3.1中，行动者、身份、行为、信息、控制力、潜在结果及净成本与收益七大要素共同构成制造业共享行动情境的内部结构。行动者的其他组成部分如政府部门、评估机构及金融机构等第三方则在上述情境中发挥监督与评价作用。通过利用各种方式获取信息，众多参与者不断凭借其控制力影响着潜在的行为结果，进而实现自身的价值目标。

具体地，身份规则定义行动者在行动情境中所发挥的主要作用；边界规则又称为进入和退出规则，决定行动者如何进入或脱离原身份；选择规则明确处于某个位置的行动者必须、禁止或可能实施的相关行为；信息规则授权并影响着行动者之间的信息沟通渠道与信息可用程度；聚合规则与控制力相对应，界定行动者对结果的控制水平；基于潜在结果，范围规则确定了所有可能存在的行为结果的集合；对应于净成本与收益，偿付规则规定了分配给结果的外部奖励或制裁。当

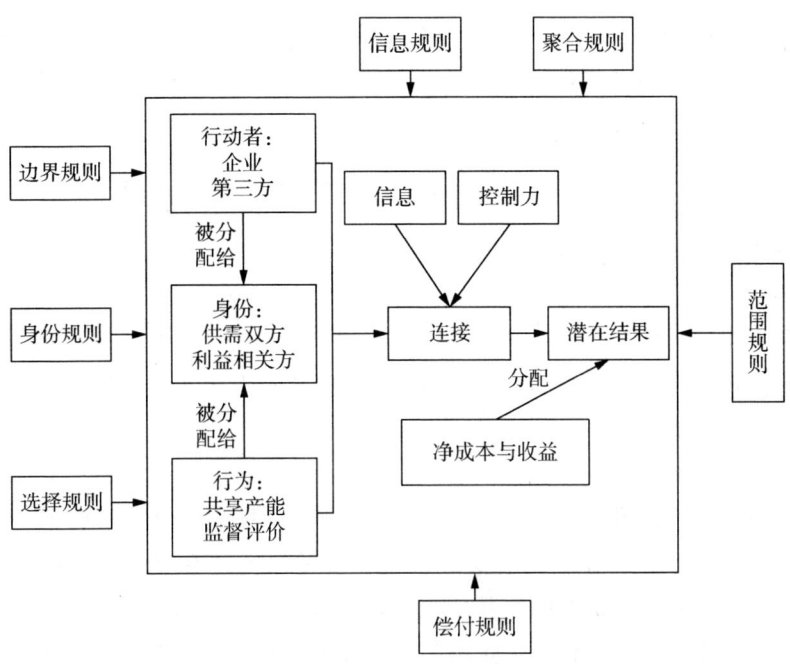

图 3.1　共享制造平台内部结构及应用规则作用机制

然，上述七类规则并非孤立存在，每个规则除了直接作用于其对应的要素之外，还可能对整个行动情境的内部结构产生巨大影响。这些规则从不同的角度和不同的阶段来界定和维护平台各要素之间的关系，并形成一个规则体系。鉴于此，下文结合边界规则、身份规则、选择规则、偿付规则及其协同关系探讨如下几个重要问题及其所对应的具体运行机制[1]。

(1) 平台运行的驱动力量何在

该问题对应了制造业资源共享服务平台的驱动机制，即在平台运行过程中，驱动其顺利实现预先设定价值目标的各种力量及其之间的相互作用关系。驱动机制的存在直接关系到共享制造平台整体功能与运行状态的好坏，拥有良好外部推动力与内部拉动力的平台才能不断循环、不断发展。

(2) 平台提供何种服务及如何提供这些服务

平台的核心功能之一就是为制造服务和资源等提供交易空间与场所，因此需要设计合理的交易机制来实现这种功能。为了更好地提供交易服务，应根据不同主体性质、不同制造服务和资源类型设计相应的服务管理流程，进而需要设计合适的分类与推荐机制来区分这些服务。

(3) 平台的不同行动者之间怎样进行交互

共享制造平台上，以供需双方为主要身份的行动者所产生的交互作用主要表现为交易与定价两个方面，以选择和偿付规则为基础，将其所对应的机制区分为交易机制与定价机制。交易机制指与市场有关的交易规则和保证这些规则得以实施的各种技术及其对定价等行为所产生的影响，定价机制则是指在市场竞争过程中与供需关系相互联系的交易价格的形成过程与调节机制。

（4）平台各参与主体的配合情况

以边界规则及其与其他规则的协同关系为基础，将共享过程中包括平台提供方在内的多方参与主体互相配合与协作的关系定义为合作机制。该机制形成于平台化、网络化的环境下，将参与共享的所有相关者都视为一个整体，强调整体功能的实现依赖于各组成部分的充分沟通与协调，而在此过程中建立的信息反馈渠道同样发挥了重要作用。

（5）平台如何稳定有序运营

为了使平台稳定有序运营，保证共享过程中的服务质量，需要把好两道关口：一是保障共享交易流程的合法、合规，二是保证共享实施过程的合法、合规。这样，就需要以身份规则为基础，设计相应的保障机制。

在明确上述问题的过程中，张玉明等[1]提出一般意义上制造业资源共享服务平台运行机制主要包括驱动机制、交易机制、合作机制、保障机制及作为重要子机制的定价机制与评价机制。本书在上述机制的基础上增加分类与推荐机制，以实现共享制造平台中资源服务的供需匹配，如图3.2所示。在图3.2中，上述各大机制及其子机制既相互作用又互为补充，由此形成以信息、技术与生产能力等资源要素流动为基础的运行机制网络。

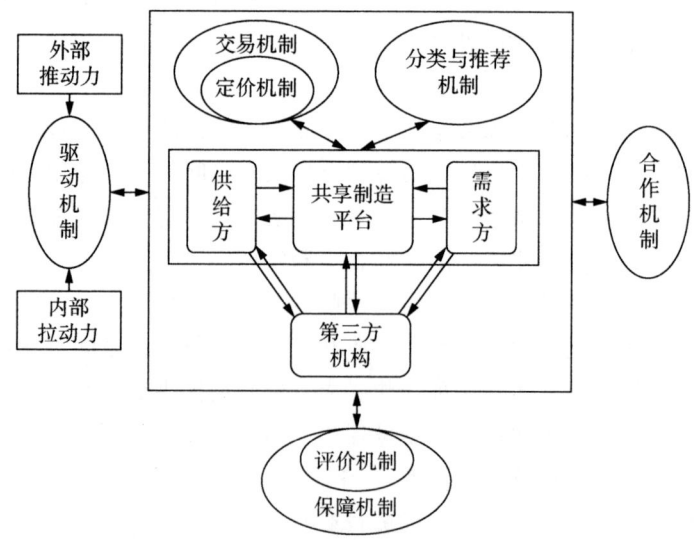

图3.2 共享制造平台运行机制

3.2 共享制造平台运行机制设计

3.2.1 驱动机制

促使共享制造平台变化、发展进而最终实现其价值目标的内外部叠加力量被视为平台驱动机制的重要内容,如图 3.3 所示。在平台运行的过程中,包括制度保障、技术支撑和市场竞争在内的诸多外部因素成为促进共享行为实现的助动力。共享制造是共享经济与制造业融合发展的重要内容,面对新一轮的制造业革新,"互联网+制造"已经成为国家关注的重点。与此同时,共享制造平台的成功离不开新兴技术,作为在共享经济基础上发展起来的新业态,共享制造实现共享的前提是智能化生产与互联网技术的应用。目前,云计算、工业互联网及人工智能等正是助力共享制造发展的主要技术支撑。此外,在推动共享制造平台运行的外部动力中还有市场竞争性因素,该因素在全球化时代技术与产品的生命周期正在急速缩短的背景下显得尤为重要。

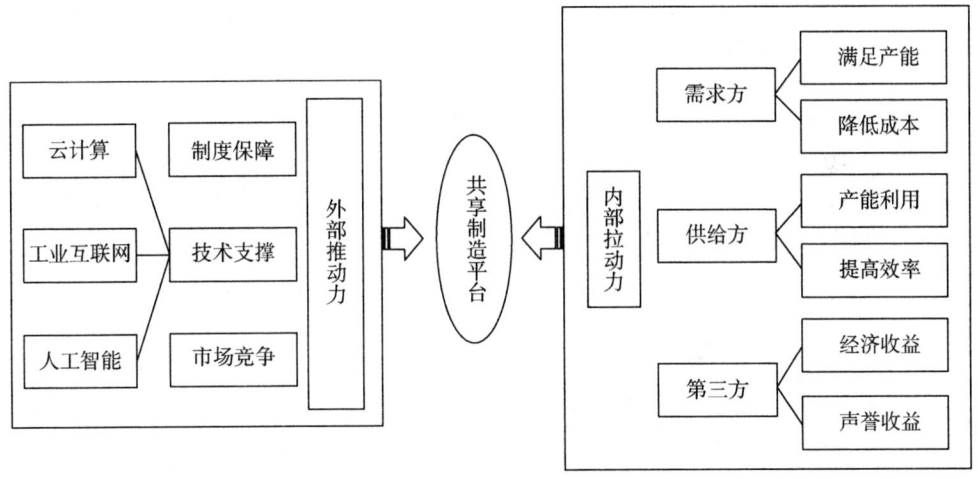

图 3.3 共享制造平台驱动机制

除了依靠外部推动力实现功能的正常发挥外,共享制造平台内部的多方参与主体在驱动机制中也发挥了重要作用。其中,需求方为了达到目标及降低交易风险与成本,主动借助共享制造平台寻找供给方;供给方的目标是充分利用制造资源,提高资源利用效率;第三方机构则以维护公平的市场环境为前提,凭借其独特的优势提供相关服务来获取一定的经济与声誉收益。由此可见,为实现特定目标而自发行动起来的内部参与主体正是凭借着交互作用，最终形成了一股拉动共享制造平台顺利运行的合力。综上所述，驱动共享制造平台运行的因素主要源于外部和内部两个方面，这些对平台产生促进作用的力量共同汇聚成共享制造的动力源泉。在影响共享制造平台运行的外部因素中，国家制度保障、基础技术支撑和公平市场竞争等因素颇为关键，这些因素的存在是共享制造平台运作的前提和基础，也是驱动平台不断向前发展的重要动力。内部因素则主要来自拥有不同利益目标的各参与主体。正是由于目标的差异，供给方、需求方和第三方等主体才能在平台上聚集，而各主体间相互博弈、各取所需的过程也有助于共享制造平台的顺利运行。

3.2.2 分类与推荐机制

平台的基础数据资源种类非常多，包括平台参与主体数据、制造服务数据等，这些数据是平台进行资源整合的前提和基础。由于这些基础数据资源里又包括很多类别，为合理地组织共享制造服务的交易并进行服务过程的管理，需要对这些基础数据进行分类，为不同类型的主体推荐合适的数据资源，以提高平台的个性化服务能力和工作效率。共享制造平台的分类与推荐机制主要涉及主体分类、制造服务分类与推荐等方面。

1. 主体分类

共享制造平台的主体可以分为企业与个体，不同类型的主体又可以根据主体的准入资质、信用情况、业务专长等属性进行分类管理，从而使平台能够更好地为主体提供个性化服务。

2. 制造服务分类与推荐

制造服务共享按照不同的属性可以分为资源共享、劳动力共享、设备共享、技术共享、信息共享等支持型共享。对于不同类型的共享服务需要设计相应的交易模式和服务实施过程的监管方式。平台利用服务分类可以建立制造服务需求库，便于服务的供需匹配。平台还可以利用已积累的共享交易数据，分析不同主体参与共享的能力和偏好，并为他们推荐合适的服务。

3.2.3 交易机制

交易机制旨在将潜在的供求关系转变为现实的交易，即促使交易达成。一般来说，交易机制有广义和狭义之分。广义的交易机制包括价格发现机制、清算机制和信息传播机制等,而狭义的交易机制仅指价格发现机制[2]。交易机制包含了保证交易得以实现的交易规则与技术。作为汇集交易双方买卖供需于一体的媒介,交易机制对市场的流动性具有重要作用。共享制造平台的交易机制可以定义为:针对一个或多个制造任务,基于一定的任务匹配机制和交易价格,促使平台参与主体将制造服务的潜在供求关系转变为现实交易的机制。需要指出的是,任务匹配机制往往和价格发现机制交织在一起。考虑共享制造平台的特点,设计了三种交易机制:拍卖制、招标制和协商制。

1. 拍卖制

拍卖制是专门从事拍卖业务的拍卖行接受货主的委托,在规定的时间与场所,按照一定的章程和规则,将要拍卖的货物向买主展示,公开叫价竞购,最后由拍卖人把货物卖给出价最高的买主的一种现货交易方式。在这种机制下,共享制造平台作为拍卖行,帮助拍卖人对其需要共享的服务或资源进行公开拍卖,最终达成交易。

2. 招标制

招标制是由服务需求方发布任务需求,服务提供方通过制定任务标书供需求方评价选择争取中标的一种交易机制。招标制是一种需方限价、供方定价(中标价格)的交易机制。从价格发现的角度来讲,它是一种典型的竞价交易机制。服务需求方发布服务需求并进行单边限价,服务供应方之间进行竞价,具有最低价格的服务供应方往往会被分派任务,即中标。当然,在制造服务招标过程中也会综合考虑供给方的信誉、资质、能力及经验等多种因素,但竞价是招标制的本质特征,也是目前的交易采用较多的方式。

3. 协商制

协商可以看作多个协商参与方在各自允许的范围内不断交换提议和反提议,最终达成协议的过程。协商协议是指协商参与者须共同遵守的规则,这些规则定义了协商参与者的类型、协商状态及状态转换时触发的事件等,用于控制整个交易过程。协商的目的是达成交易双方(服务提供者和服务使用者)可以接受的协商结果,最大限度地保证交易双方的利益,吸引他们参与到交易和协商中。协商的过程实际上是双方让步的过程,一般通过多轮协商来达到可接受的协商结果[3]。

3.2.4 合作机制

共享制造平台是由多方主体共同参与的多边交易平台,其有效链接了平台上的参与者,包括供给方、需求方、平台提供方和第三方机构(包括监管者、支付平台等)。多个主体参与运行,各个主体相互协调与配合是必不可少的,合作机制即基于各主体之间如何相互合作带动共享平台顺利运行而提出[4]。合作的机理是:供给方与需求方为实现自身的需求参与到平台中,遵守平台提供方和监管者制定的规则;平台中的各主体在发挥自身职能的同时与其他主体相互协作,使交易顺利完成;共享制造平台和第三方支付平台从交易中获取收益。

1) 共享服务的双方分别以供给方和需求方的身份参与合作,供给方的主要目标是开放自己的生产能力,利用闲置资源或能力为需求方提供相关的服务,而需求方可以以更低的价格得到自己所需的服务,达到自己的目标。

2) 在供需双方与第三方之间的合作关系中,第三方机构主要起监管与评价等作用。供需双方在平台上交易时必须遵循平台提供者与第三方监管者所制定的相关规则与约束条件。一旦参与者因评分过低或违反某项标准而被投诉,该参与者就会受到相应的惩罚,这也是为了保证平台安全运行而采取的必要措施。

3) 在各参与者与平台提供者之间,搭建共享制造平台的企业凭借平台网络化、便捷性的优势将各方参与主体集中在一起,形成了以需求集成、资源共享、信息对接及利益分配等为主要行为的复杂关系,这一方面有助于实现供需双方的信息传递与资源共享,另一方面也降低了交易风险及复杂环境带来的不确定性。

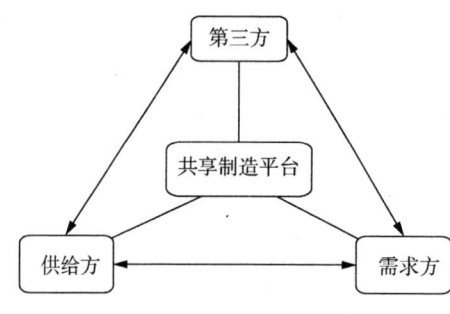

图 3.4 平台合作机制

平台合作机制如图 3.4 所示。

3.2.5 保障机制

共享制造平台不仅要为制造服务的交易提供空间与场所,而且要对共享制造过程进行管理。为了保障平台实现支撑性功能、发挥主导性优势,需要建立辅助平台高效运行的机制,称为保障机制。在共享制造平台中,保障机制大多与相应的惩罚措施结合使用,一方面可以使平台借助强制性处理措施维持其自身的稳定性,另一方面有助于提升各方参与者交易与对接的效率,进而达到共享制造的目标。从交易前的准备、谈判决策到服务实施等,在整个交易过程中,共享制造平台的保障机制都在发挥作用。在交易前的准备阶段,平台通过动态评分等方式为企业建立起信用体系,旨在评价企业共享服务或资源的可靠度,而针对需求方,平台则利用资格审核等方式将包含其个人属性的相关信息纳入信用体系。在此基础上,供需双方就能充分了解对方并作出是否进行交易的决策。

3.2.6 定价机制

共享制造平台是典型的多边市场,平台运营商的定价机制将直接影响到多边参与主体的接入和平台交易量,进而影响平台的市场占有率和盈利状况。因此,如何针对不同的参与主体制定不同的定价机制,以吸引尽可能多的用户并促成更多的交易,进而获得更多利润,是平台必须考虑的问题。定价机制成为平台企业可持续发展的关键所在。

1. 平台收费方式

目前,多边市场平台往往对多边参与主体收取多种费用,如加入平台的会员费和平台的使用费。会员费会影响在平台注册的主体数量,使用费会影响平台的交易量。为了使平台参与主体在平台上达成交易,平台运营商就为参与主体提供的服务制定了不同的价格策略,从而提高参与主体的积极性。共享制造平台常采用以下三种收费方式向平台参与主体收取费用[5]。

(1) 注册费

注册费是指平台在一个固定的时间段内向平台参与主体收取的固定的费用,有时也被称为会员费。共享制造平台可以在平台发展的不同阶段根据不同的主体类型收取不同的注册费。在平台发展初期,为了吸引更多参与主体,一般免收注册费。当平台发展壮大后,就可以向企业和个体收取不同的注册费。

(2) 交易费

交易费是指平台按照交易量向交易参与主体收取的费用。由于平台具有使用外部性,通过收取交易费可以控制交易量。不同类型的制造服务的交易金额可能不同,可以按照服务交易金额的一定比例收取交易费,也可以按照完成交易的次数收费。

(3) 两部收费制

两部收费制是指平台参与主体为获得交易资格先缴纳注册费,再按照交易次数或交易量缴纳交易费。两部收费制是一种综合的收费制度,一般用于共享制造平台的成熟运行期。

值得指出的是,注册费和交易费的作用和意义是不一样的。平台的注册费会影响平台终端用户的数量,会对参与主体加入平台的意愿产生影响,而平台的交易费会对交易双方的交易意愿产生影响,进而影响他们通过潜在交易获得收益的可能性。因此,要根据平台不同的发展阶段制定合理的定价机制。

2. 平台定价策略

共享制造平台的定价策略用于界定平台向谁收费,即如何在共享制造平台的双边及多边参与主体中选择收费对象,以保证平台盈利。一般可采取以下三种定价策略。

(1) 不对称定价策略

如果共享制造平台对各参与主体都制定比较高的定价,平台参与主体可能会比较少,从而导致平台交易数量变少,不能吸引更多主体到平台上交易,形成一种恶性循环。为了打破僵局,共享制造平台往往会对个体或中小型企业免费或者收取很低的注册费、交易费,以吸引更多的参与主体到平台上来,而对一些大型企业则收取比较高的费用,来弥补平台运营成本并获得营利。

(2) 补贴定价策略

补贴定价策略本质上是不对称定价策略的一种极端形式。具体来说,在共享制造平台发展的初期,平台不但不向个体和中小型企业收取注册费,反而对符合准入条件的主体给予补贴,以鼓励个体和中小型企业到平台注册,进而吸引其他大型企业到平台上注册并进行交易。

(3) 差异化定价策略

差异化定价策略是指平台根据参与主体的交易量及信誉等级而采取不同的定价策略。针对不同主体,根据其交易频次、交易量和信誉等因素,平台可以采取一定的折扣优惠措施,甚至是一定程度的免费政策。差异化定价旨在激励平台参与主体更积极主动地在平台上完成交易,并不断提升信誉等级。

3.3 共享制造平台的商业模式

商业模式(business model)一词最早于 20 世纪 50 年代出现,但是直到 20 世纪 90 年代中期才逐渐流行起来。商业模式设计涉及平台企业的方方面面,包括企业战略、运营、资源管理、创新、财务等。因此,商业模式创新是一个复杂的系统工程,要比单一的功能性技术创新困难得多。特别是对于共享制造平台而言,其主体多样性、交易和服务流程的复杂性都是平台商业模式设计时需要考虑的问题。商业模式设计关注的是企业的价值创造和价值实现过程,体现企业的商业逻辑表达方式和产品或服务的盈利方式。在设计共享制造平台商业模式时，应根据克里斯滕森的商业模式理论框架，以"客户价值主张"的创新为核心，以关键资源与关键业务流程为依托，以盈利模式为平台生存发展的基准线，寻求各个方面的均衡协调发展，这样才能维护和促进平台的健康稳定发展。

目前，商业模式设计主要采用以下几种方法：参照法、相关分析法、关键因素法和价值创新法[6]。其中，价值创新法通过价值要素的分析组合构建出新的商业模式。这种方法特别适用于互联网平台企业的商业模式设计，因为它是对传统商业模式的颠覆，难以找到可参照的标杆。按照价值创新法，共享制造平台的商业模式设计主要应围绕价值主张、价值创造、价值传递、价值实现这几个核心要素展开。

1. 共享制造平台的价值主张

价值主张是企业对所要交付价值的承诺或顾客对将要体验的价值的期望。共享制造平台的价值主张可以从平台企业和平台用户两个角度来理解。从平台企业的角度看，平台的价值主张是平台运营商向平台用户提供的或期望提供的价值及其组合，通过帮助双边或者多边用户实现交易和互动获得价值。从平台用户的角度看，平台价值主张是平台各参与主体从平台的使用得到的或期望得到的价值及其组合，即客户价值主张。必须指出的是，共享制造平台要成功，它的价值主张必须与客户价值主张高度匹配。

平台企业的核心价值主张必须聚焦于帮助平台双边或多边用户实现交易和互动，其服务的双边客户分别是供需双方，而服务目标是为他们之间的交易提供空间和信息整合收集。鉴于此，可以将共享制造平台的价值主张定义为：改变传统制造的模式，让互联网渗透到工业制造的每一环节，让制造服务更加智能化，为参与共享制造的各个主体提供满意的服务，使他们能便捷、安全、公平地参与到共享制造中来。

2. 共享制造平台的价值创造

共享制造平台通过对共享制造所需的各类基础数据资源进行整合，为企业或个体等平台主体提供制造服务交易，并对制造服务共享的实现过程进行管理，从而实现价值创造。这种价值创造是依靠共享制造平台的核心资源和核心业务功能来实现的，它们是平台的立身之本。

在资源整合方面，共享制造平台整合了各种制造服务基础数据资源，包括企业单位数据、个体信息数据、制造服务库数据、资源库数据等，从而解决信息孤岛和信息不一致等诸多问题，为平台发挥强大的作用和功能奠定坚实的基础。这些基础数据资源的整合，促使平台快速地形成一定规模的制造服务共享虚拟市场，也使平台为不同参与主体的交易提供便捷、安全、公平的服务成为可能。

在核心业务功能方面，共享制造平台通过提供交易服务促成不同主体在平台上进行共享，并对服务的交易和实施过程进行管理。共享制造平台提供拍卖、招标、协商等多种交易模式。

另外，共享制造平台还通过服务集成实现基于服务的分类管理、交易管理、监督管理及供需方信誉管理等管理功能，为共享制造周期管理和价值创造提供支持。一方面，在服务实施过程中，通过对服务过程信息进行采集和处理，为各参与主体提供实时、透明的信息服务；另一方面，实现共享制造平台的智能运营功能。

3. 共享制造平台的价值传递

价值是通过渠道进行传递的，传统的制造服务中的价值往往是通过实体渠道进行传递的，是供给方与需求方以线下的方式进行联系的。共享制造平台则通过"互联网＋"将实体渠道转化为基于互联网平台的虚拟渠道，形成以共享制造平台为中心的价值网络，从而改变制造产业的价值传递方式和过程。

共享制造平台的价值传递体现在通过平台实现制造产业价值的重组。价值传递以制造服务需求为驱动，通过供需匹配来吸引各类主体加入平台，从而形成以平台为中心的价值网络。这样的价值网络有效克服了供需双方在匹配过程中的信息不对称、资源配置不合理、合同关系复杂、监管困难等难题，可以实现不同主体之间的直接交流与互动，改善和创新沟通渠道，大大提高沟通效率和协同质效，不但提高了价值传递的效率，而且优化了价值网络中的价值分配，能更有效地创造并传递价值，更好地为各参与主体服务。

4. 共享制造平台的价值实现

创新的价值实现和盈利模式是平台将核心资源和能力转变成营收的重要途径，直接决定了平台的生命力。价值实现的三个核心维度构成盈利模式的分析框架：一是向谁收取费用；二是收取什么费用；三是收取多少费用。第一个问题意味着平台需要选择收费对象，第二个问题意味着平台需要确定收费策略，第三个问题意味着平台需要制定定价策略。

共享制造平台的收费对象包括平台的所有参与主体，可采用两部收费制，即所有参与主体在加入平台时先缴纳一定的注册费（平台发展初期可以免费注册），从而获得在平台上交易的资格；之后，平台按照主体参与交易的次数或交易量向主体收取适当的交易费。在平台发展初期,可针对个体与中小型企业采用补贴定价策略,因为他们更可能成为平台制造服务的需求方,通过补贴式定价吸引其到平台上发布需求;而对大型企业,可以采取不对称的差异化定价策略,收取较高的注册费和交易费。

总体来说,共享制造平台的盈利模式设计既要考虑平台不同发展阶段的具体情况,也要考虑不同类型的主体及不同类型的服务。价值实现既要保证平台为交易主体提供良好的服务,又要保证平台自身的盈利,这样才能为平台的发展壮大打好基础。

3.4 共享制造平台的功能

3.4.1 共享制造平台总体功能框架

共享制造平台是为实现制造服务的开放、共享和协作而搭建的一个平等、开放的互联网共享平台,是为制造业的各主体进行制造服务的交易、共享和协作提供的一个场所和空间,因此其功能定位必须紧密结合交易开放化、内容服务化、线上线下协同等互联网平台发展的趋势。

共享制造平台作为一个虚拟的资源数据信息聚集场所和交易场所,其基础是共享制造所需的各类基础数据资源。这些基础数据资源有的来自平台运行过程,有的来自平台外部社会共享数据,并将伴随共享制造的全过程动态变化。只有对这些基础数据进行整合并建立统一的平台基础数据库,才能从根本上解决信息孤岛和信息不一致等问题,通过对基础数据的分类管理,为平台主体的服务交易提供便利。

共享制造平台的核心价值之一是引导或促成不同类型的主体在平台上进行服务、技术、生产要素等类型资源的共享,因此平台需要提供交易管理功能,如设定交易模式、设计交易流程等。同时,为保证服务交易的公平、公正、公开、透明,还需要服务交易的监督管理。

不同于一般的电子商务平台,共享制造平台既要为制造服务的交易提供支持,也要对服务实施过程进行管理。由于服务实施过程本身是一个制造过程,平台需要通过线上线下的融合和服务集成对其注册与分类、交易、服务实施及监督管理等全周期流程进行智能运营管理。

综上所述,围绕资源整合、交易管理及服务实施管理等核心价值,共享制造平台的总体功能框架如图 3.5 所示,它主要包括四大功能模块,即注册与分类管理、交易管理、智能运营管理和监督管理。同时,平台采集服务实施过程中的实时信息，为智能运营管理奠定基础。监督管理接口与相关政府部门的监管系统相连，从而为政府部门的监管提供信息支撑。

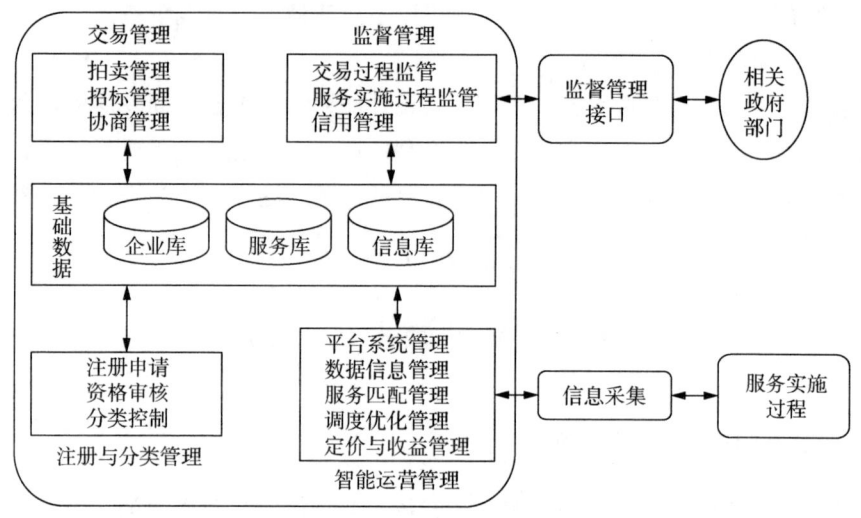

图 3.5 共享制造平台的总体功能框架

3.4.2 注册与分类管理

注册管理是对申请加入平台的企业和个体的身份、资质、信用等信息进行审查，并决定是否同意其申请的审批过程。分类管理是根据各类主体的资质情况确定其在平台上所能从事的业务范围，并进行分类控制，即确定各主体所能共享的制造服务类型并赋予其相应的权限。注册与分类管理是保证共享制造平台有序运行的基础，也是平台基础数据生成和积累的重要源泉[7]。

注册与分类管理主要包括主体注册申请、资格审核及分类控制等。首先，平台需提供不同的注册申请入口，让企业和个体提交详细信息进行登记备案。其次，平台对企业的相关资质等级进行审查核验，并对个体的执业资格、从业资格及职业资格等进行审查核验。最后，平台根据审查核验结果，结合主体社会信用记录，决定是否允许其加入平台，并根据其资质情况确定其在平台上的业务范围及权限，实现对主体的分类管理与控制。

3.4.3 交易管理

交易管理主要是指对交易过程的管理，包括对拍卖交易过程、招标交易过程、协商交易过程的管理。交易管理的主要内容包括制定交易规则、设定交易流程、监督交易过程等。

1. 拍卖管理

拍卖是共享的一种交易模式，主要分为三个阶段。

(1) 准备阶段

拍卖者对自己可以进行共享的资源或服务等进行准备，设计一定的拍卖流程，选定特定的时间和地点进行拍卖。

(2) 正式拍卖

正式拍卖是在规定的时间和地点，买主根据自己的意愿进行喊价，直到没有竞价者进行竞争，即以最高价购买。

(3) 成交交货

拍卖成交后，买主即在成交确认书上签字，拍卖行分别向委托人和买主收取一定比例的佣金，佣金一般不超过成交价的5%。

2. 招标管理

招标管理主要是对服务需求方即招标企业进行资格审查，并允许其通过平台发布服务需求。服务需求方通过资格审查后，会通过平台制作并发布标书。不同类型的制造任务标书文件内容不同。一般来说，标书文件的基本信息包括投标须知、合同条件、合同协议条款、投标报名日期和投标截止日期等。

3. 协商管理

虽然共享制造平台交易机制中引入了多种交易模式，但协商交易的地位仍然举足轻重，因为协商可以看作平台交易系统中最基本的交易模式，其他的交易模式都可以以协商设定为标杆来进行定义。因此，交易系统要求协商过程必须具有高度的灵活性、自治性和可控性。同时，协商过程还需要与有多个参与者的异构系统进行交互，所以自动协商过程还需要独立于平台。当协商参与者同意进行协商时，交易系统会创建一个协商实例，并对该实例进行监控和管理。平台在此充当服务市场的功能，可以根据流程定义调用和管理各个活动，同时，作为协商活动的第三方，它也是过程管理功能最好的执行者。买卖双方在协商过程中不断发送提议，直到至少一方选择接受对方的提议，或者协商到达终止时间[8]。

3.4.4 智能运营管理

智能运营管理是指在共享制造平台上，以制造服务实施过程的信息采集为基础，通过服务匹配实现各参与方之间的共享合作，进而对平台进行的全方位的智能化运营管理。

1. 平台系统管理

平台系统的核心管理模块包括功能管理、层次管理、权限管理、用户管理、系统参数配置等。在功能管理中，要能动态配置平台功能信息，能随时调整配置功能信息；在层次管理中，能根据工作需要添加、删除或修改层次信息；在权限管理中，能为不同层级的管理员分配不同的操作权限，以保证系统的灵活性及安全性；在用户管理中，可以为用户指定所属角色，以便于用户享受该角色的权限配置；对系统参数进行配置，以保证整个平台的平稳运行。

2. 数据信息管理

数据信息管理是将平台上的所有相关数据信息汇集起来并进行分类，包括企业信息、服务信息、交易信息、资源管理、项目任务管理等，对这些信息进行智能化管理，并保证数据信息的可靠性和安全性。

3. 服务匹配管理

制造服务推荐和匹配是共享制造平台的核心功能。制造服务推荐和匹配指通过识别和分析用户的个性化制造需求，利用服务推荐算法在共享制造服务系统中筛选可能满足需求的制造服务，以推荐服务列表的形式展现给用户，从而进行服务组合创建[9]。制造服务与需求的匹配问题是共享制造平台要解决的关键问题之一。制造服务与需求匹配的目的是能够在复杂繁多的共享制造服务中匹配出服务需求者所需要的服务，高精度的匹配能够实现制造资源服务的高效共享，提高资源的利用率[10]。

4. 调度优化管理

共享制造平台上不同的制造服务提供商共享了各类制造资源。不同于消费型电商平台，共享制造平台需要组合不同的制造服务，以满足用户的个性化需求，这使得制造服务的管理变得复杂。面对不同用户的服务需求和偏好，需要实现制造服务的调度优化，以满足不同的性能指标约束。作为共享制造系统的核心功能，制造服务调度在优化资源配置和运营管理方面发挥着重要作用。

5. 定价与收益管理

共享制造平台是一个典型的多边市场，制造服务的价格会直接影响在平台注册的各类主体数量和平台交易量。因此,在不同的定价机制下平台运营商面临着定价决策问题,即如何制定合理的制造服务价格以提升平台收益。面对不同的细分用户市场,定价与收益管理功能可以为不同的制造服务制定合理的价格并随时更新,以应对市场变化,最终实现收益最大化。

3.4.5 监督管理

共享制造平台的监督管理主要由平台全过程、协同式的动态监管和第三方监管机构如政府职能部门的联合监管共同实现。平台监管功能设计需要综合考虑多方面因素,建立系统化的监管功能体系。

共享制造平台的监督管理体系是一个层次性的功能体系,是以信用管理为基础,由交易过程监管和服务实施过程监管构成的监管体系。监管体系的基础是实时采集有关服务交易和服务实施活动的监管信息,其核心是建立在各参与主体信用数据库基础上的信用管理。另外,平台的监管功能应能与有关政府职能部门的监管平台对接,实现监管信息的共享和监管的协同。

(1) 交易过程监管

交易过程监管主要是指交易数据记录归档与交易行为识别。交易数据记录归档是交易全流程信息的动态记录和电子归档,以实现交易过程的留痕追溯。交易行为识别是指对交易主体在交易过程中的合法、非法行为进行辨识和判断,以确定各主体交易行为的合理性。交易行为识别是平台进行交易过程监管的重要功能,它能为提高各政府监管部门的监督效率提供有力的支撑。

(2) 服务实施过程监管

服务实施过程监管主要是对供需双方的行为进行监管。共享制造平台发展的基础即所有权与使用权的分离可能会带来复杂的责权结构,使得供给主体和需求主体的利益关系变得复杂,供给者和需求者的责任边界和权益保障是监管机制建设的核心。要实现平台长期、可持续的发展,政府监管部门应充分认识共享制造发展的趋势,鼓励适当的技术、模式、业务等创新,坚持包容性监管原则,促进共享制造平台长期稳定发展。

(3) 信用管理

信用管理是能够完整地保障经济良性运行的社会治理机制。在共享制造平台中必须有一个有效、合法的制度框架,用于规范平台中各主体的服务交易及服务实施过程中的行为,从而提升存量资源的利用效率,提升资源配置的整体水平,促进共享经济更好地发展。不论是交易过程的监管还是服务实施过程的监管,监管的结果都将作为主体信用评价的重要数据来源和依据,而信用数据反过来又会成为监管的依据和参考。

3.5 小　　结

共享制造平台作为互联网平台在共享制造领域的创新应用及创新商业模式，是"互联网＋"时代重构制造业价值链的实施载体。平台运行机制是指平台的各要素间所必须遵循的一系列相互关联的规则程序及由这些规则程序形成的整体秩序。

本章首先针对共享制造平台运行机制进行分析，主要包括平台内部结构及应用规则，结合身份规则、边界规则、选择规则、偿付规则及其协同关系，探讨几个重要问题及其所对应的具体运行机制，接着提出并设计了驱动机制、分类与推荐机制、交易机制、合作机制、保障机制与定价机制等平台运行机制，以协调平台内外各主体及服务间的合作关系，然后从平台长远发展的角度提出共享制造平台商业模式的概念，并围绕价值主张、价值创造、价值传递和价值实现等核心要素对共享制造平台的商业模式进行了详细分析和设计，最后提出共享制造平台的总体功能框架，主要包括注册与分类管理、交易管理、智能运营管理、监督管理等功能，围绕以上四个核心功能对具体的功能要素组成和流程进行了分析。

参 考 文 献

[1] 张玉明，朱艳丽，张馨月. 制造业资源共享服务平台运行机制——基于淘工厂的案例研究 [J]. 中国科技论坛，2020 (9)：59-71.

[2] 吴笑青. 外汇市场交易模式和交易机制的选择 [J]. 浙江金融，2004 (10)：8-10.

[3] 许丽媛，刘士军，潘丽. 基于同步提议的服务交易协商方法 [J]. 华中科技大学学报（自然科学版），2012，40 (S1)：372-378.

[4] 韩艳艳. 共享经济背景下 K 公司平台商业模式创新研究 [D]. 济南：山东大学，2020.

[5] 徐晋. 平台经济学 [M]. 上海：上海交通大学出版社，2013.

[6] 纪慧生，陆强，王红卫. 商业模式设计方法、过程与分析工具 [J]. 中央财经大学学报，2010 (7)：87-92.

[7] 李玉存，刘连臣，张龙，等. 协同电子商务平台用户管理模型的建立 [J]. 计算机集成制造系统，2002，8 (3)：169-172.

[8] 李敏. 云服务平台中的服务协商算法及交易过程管理研究 [D]. 济南：山东大学，2014.

[9] 郝予实，范玉顺. 基于场景识别的云制造服务推荐 [J]. 计算机集成制造系统，2020，26 (8)：2007-2019.

[10] 张伟. 云制造环境下制造服务匹配研究 [D]. 镇江：江苏科技大学，2018.

第4章　共享制造模式扩散与应用决策

4.1　共享制造模式扩散问题描述与框架

4.1.1　共享制造模式扩散问题描述

目前，共享经济已成为我国经济的重要组成部分[1]。随着共享经济的进一步发展，共享经济模式在生产制造领域展现出了独特的生命力[2]，制造业在云计算、人工智能、大数据、5G等新型信息技术的推动下也焕发出了新的生机和活力。我国已经连续11年成为世界第一制造业大国，但在一些尖端、精密的技术和产品等方面却处于被动的局面。为了突破制造业的发展困局，充分释放中国作为制造业大国和数字大国的叠加、聚集、倍增效应，还需要加快共享经济与制造业的融合，推动制造业向着数字化、网络化和智能化的方向不断发展，为全新的生产形态和生产模式提供强有力的技术支撑。共享制造模式是共享经济向制造领域的渗透融合。作为制造业创新应用的重要形式，共享制造服务模式在成本、可用性和灵活性方面更具优势[3,4]，它是供给侧进行结构性改革、推动传统制造企业转型升级的有效途径[5]。

为了加快创新融合，提升制造业的发展质量，2019年工业和信息化部印发了《关于促进共享制造健康发展的指导意见（征求意见稿）》《关于加快培育共享制造新模式新业态　促进制造业高质量发展的指导意见》等文件，明确了共享制造的战略目标和指导方略。在此之后还出台了《工业互联网创新发展行动计划（2021—2023年）》《工业和信息化部办公厅关于推动工业互联网加快发展的通知》等政策，目的都是改善工业互联网的发展环境，引导企业向共享制造平台聚集，提升企业"上云""上平台"的意识和积极性。为了支持和引导共享制造的发展，各省市也纷纷出台了各种政策。2018年11月，山西省出台《"企业上云"行动计划实施细则（试行）》。2020年5月，四川和重庆两地经济和信息化部门签署了《成渝工业互联网一体化发展示范区战略合作协议》。2021年3月，辽宁省印发了《辽宁省进一步推进服务型制造发展工作方案》。

在这样的背景下,中国企业开始积极探索共享制造服务模式,制造企业的业务正在向共享制造服务平台转移集合,其中具有代表性的共享制造模式主要有两种:一种是共创型共享制造模式,如由中国航天科工集团有限公司打造的世界首批工业云平台——航天云网云制造平台;另一种是交易中介型共享制造模式,如海尔的海创汇、阿里巴巴淘工厂等[2]。整体而言,中国的共享制造呈现出政府支持、企业积极参与的态势,制造业的产能共享正在快速发展[6]。截至2020年6月,全国具备行业及区域影响力的工业互联网平台已经超过70个,连接工业设备数量达4000万套,工业互联网平台服务工业企业近40万家。截至2020年11月,工业互联网产业联盟成员单位达到1778家[7]。这说明,共享制造正逐渐被中国企业所接受。尽管如此,当前工业互联网基础设施发展仍不够成熟,中国制造企业的信息化和数字化基础比较薄弱,难以为制造业产能共享发展提供有力的技术支撑。虽然制造领域已经出现了部分共享制造平台,但是产能共享覆盖率和共享制造服务平台渗透率不足。因此,针对我国现有的制造环境,了解共享制造服务模式如何扩散、不同的扩散渠道及扩散方式对最终的推广应用效果有何影响显得尤为重要。

基于这些问题,本章将从制造企业的角度考察不同利益相关者之间的交互机制,对企业间的复杂关系进行建模,对个体决策如何影响群体扩散、企业内外部影响因素、横向和纵向企业之间的相互影响如何影响企业的实施行为进而影响整个行业共享制造服务模式的扩散进行深入的研究,从全局的角度描述制造企业对共享制造服务模式的动态选择过程。利用所建立的模型,制造企业可以作出正确的决策,政府部门也可以以此为参考来制定和完善政策,以促进共享制造服务模式的扩散,从而促进制造业转型升级。

4.1.2 共享制造模式扩散模型框架

1. 共享制造模式扩散系统框架

同一行业或同一地区的企业之间竞争与合作等关系的存在促进了组织间的联结,企业之间的联系越来越紧密,关系变得日益复杂。企业之间的交流与互动日益频繁,企业日常经营活动受外部因素的影响也越来越大。企业个体是由企业内部基本属性和决策机制组成的复合体,企业群体间也存在着复杂的交互关系。在共享制造服务模式下,企业之间的相互影响既包括同一产业或区域内服务企业、平台、用户等组成的供应链系统之间的纵向合作关系,也包括同一水平层次上同类型企业之间的平行竞争关系。图4.1为共享制造服务模式扩散的影响机制示意图。同样，信息的传递过程不仅涉及同一水平企业间的横向传递，还涉及目标企业及其上下游企业所在供应链上的纵向传递。基于信息传递过程，笔者认为共享制造服务模式在企业间的扩散方式主要有垂直扩散和水平扩散两种。垂直扩散指的是通过服务企业和用户等共享制造参与方之间的合作，共享制造服务模式在供应链的上下游企业之间扩散的过程。水平扩散指的是在政策法规、企业合作、竞争及用户市场需求等因素的驱动下，共享制造服务模式在企业间普及和推广的过程。

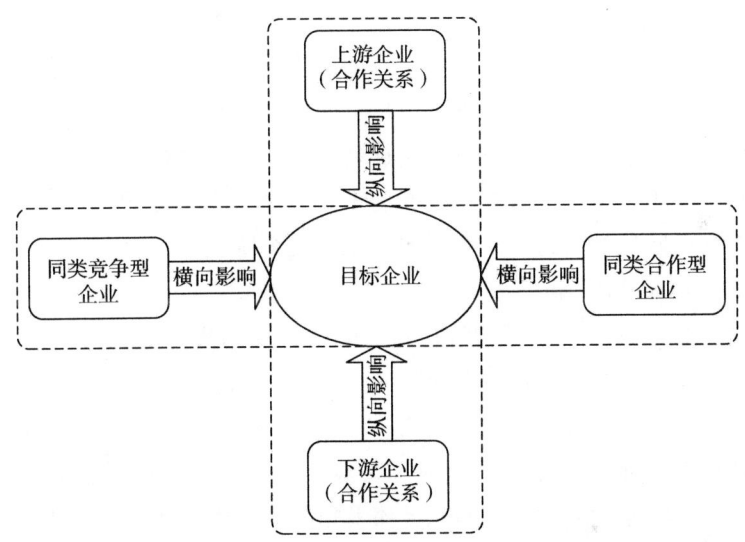

图 4.1　共享制造服务模式扩散的影响机制示意图

在政府、市场、媒体等外部影响因素的驱动下，共享制造服务模式的相关信息通过各种媒介传播到企业群体之中。由于企业间竞争、合作等关系的存在，传统制造服务企业能够很快了解到相关信息，企业信息结构随着时间的推移不断更新。图 4.2 显示了企业间信息的传递过程。

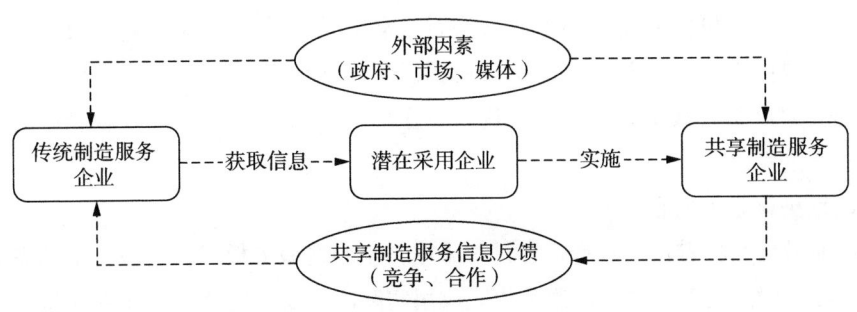

图 4.2　企业间信息的传递过程

2. 共享制造扩散研究框架

随着商业竞争的不断加剧,制造企业建设协同、灵活的基础设施,以促进企业与其他相关组织或单位之间的合作和信息共享变得越来越重要[8]。共享制造服务模式通过强调企业间的协作和社会范围内资源的共享极大地提高了集团、行业和区域范围内的制造资源利用率。在这种模式下,用户既可以向平台贡献自己的制造资源和能力,也可以利用平台上已有的资源、能力和知识进行制造活动,还可以根据自己的需求动态地构建不同的虚拟组织和社区[9,10]。这种典型的特征也就意味着共享制造服务平台是一种集合式的多主体、动态性的制造资源共享服务交易平台。这种多租户的环境也就要求尽可能地推动整个供应链、某一个行业乃至整个区域内的企业全部共享自己的制造资源与能力。平台上的企业数量越多越有助于信息、资源、能力的共享,越有助于制造业高质量发展的实现。而共享制造的发展有一个阶段性的过程,主要包括以下三个阶段。

(1) 信息获取阶段

企业间的竞争被认为是影响新技术扩散的重要因素[11]。在激烈的竞争环境下,制造企业尤其是中小型制造企业都面临着不同的生产管理问题,而大型企业则面临明显的产能过剩等问题,在政策、社会关系等各种因素的驱动下,企业开始主动或被动地从外部环境中了解到"共享"这一理念。部分企业对这种新模式、新业态产生浓厚的兴趣,开始积极探索相关的应用实践,并希望通过这种模式的应用帮助企业解决所面临的问题[12]。在这一过程中,企业获得了一些基本信息,对共享制造有了初步的了解。

(2) 效益评估阶段

传统制造服务企业在获取相关信息后成为潜在采用者。面对共享制造强大的吸引力,一些企业率先采用了这一新模式,这加剧了市场竞争。而其余企业通过对内外部影响因素的分析,开始考虑这种新模式带来的可能收益和涉及的成本,并对不同模式下可能获得的预期收益进行比较,来决定是否采用这种新模式[13]。这一过程取决于企业内部特定的决策机制。图4.3所示为企业采用共享制造模式的内部决策机制。其中,预期收益代表企业决策的增量效应,它影响了扩散过程中采取一定策略的企业数量[14]。

(3) 决策采纳阶段

企业最终面临着两种选择,即是否采用共享制造服务模式。这是一个动态且持续的学习过程。随着共享制造服务模式应用实践的发展,它逐渐被企业所接受。然而,并不是所有的企业都愿意共享自己的制造资源与能力。一些企业可能会因为成

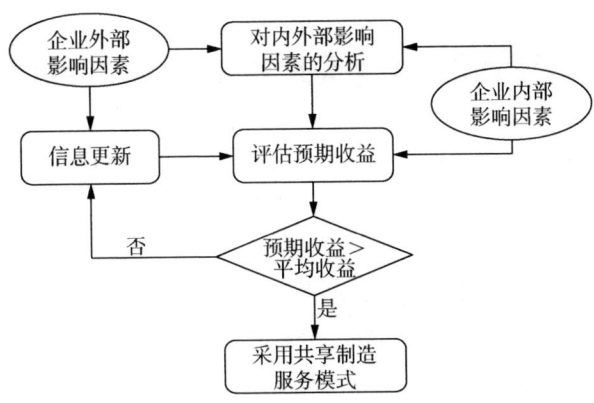

图 4.3 企业采用共享制造模式的内部决策机制

本增加、商机减少、可获得的优质资源减少而决定暂时退出或不进入平台[13]。此外,共享制造服务模式的应用还不够成熟,缺乏具体的行业标准。相关的风险和不确定性如安全性等都导致企业犹豫不决[11,15]。但随着企业间的合作范围变广、合作强度变高、关系类型变得越来越复杂,共享制造服务平台的规模终将趋于稳定。

基于共享制造服务模式的三阶段扩散过程,结合扩散的影响机制、企业间信息的传递过程及企业内部决策机制,给出了共享制造服务模式扩散的系统框架,如图 4.4 所示。

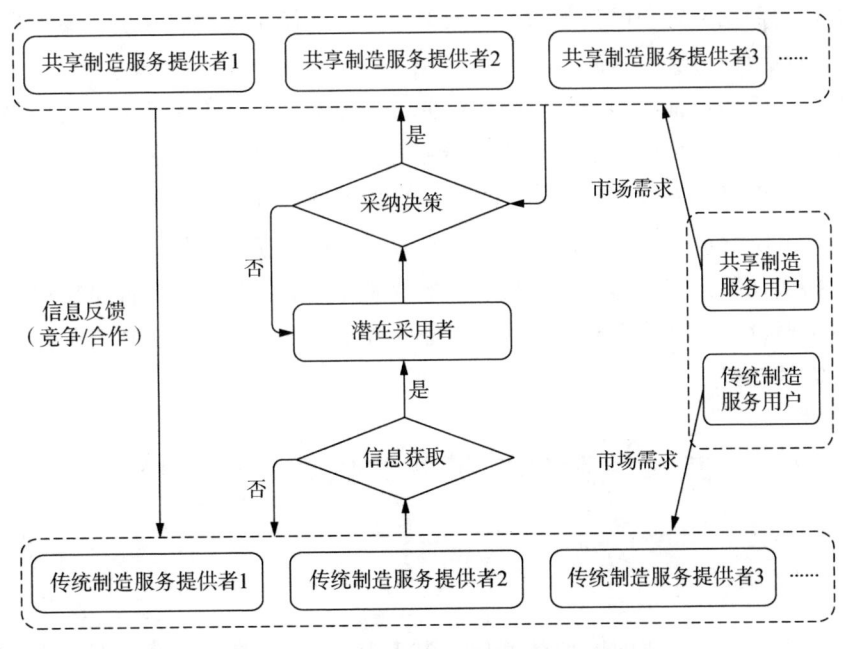

图 4.4 共享制造服务模式扩散的系统框架

4.2 共享制造模式扩散的演化博弈分析

共享制造服务模式的扩散及实践是随着时间的推移，在各种不同因素的影响下逐渐被制造企业采纳的过程。由于扩散过程是一个多因素共同作用的长期、复杂的系统，以往的扩散模型远不能表示各利益相关者的复杂关系。为了更有效地了解推动共享制造服务模式扩散的决定性因素，本章采用演化博弈理论来探讨其扩散过程。通过演化博弈模型的建立，分析不同利益参与者之间的博弈关系和决策行为，并定义扩散速率。

企业在采用共享制造服务模式后，既可以作为制造服务的提供者，还可以作为制造服务的需求者。通过共享制造平台，企业可以有效地降低在寻找制造资源及出售制造资源时的成本，提高资源的利用率。无论是以何种角色加入共享制造服务平台，企业都需要将自身的制造资源与能力开放共享给平台上的其他企业，以此来实现制造服务过程中的协同运行。这就意味着企业需要考虑是否共享自己的制造资源与能力。加入共享制造服务平台意味着企业可以通过平台来购买自己缺少的制造资源与能力，将复杂的、无法完成的制造环节交给有能力的企业，以此来减少成本，降低技术风险。企业通过出售闲置的资源与能力也可以获得额外的收益。但是企业进入平台需要承担一定的成本，包括改造成本、后期的运维成本及在出售和购买资源时向平台支付的费用等。不仅如此，企业还需要承担技术外泄、信息泄露等安全风险。

为了更方便地描述制造企业间的服务需求关系，假设两种类型的制造服务提供者提供的是同质性的服务，包括制造服务过程中用到的各种硬资源和软资源，这些制造资源可以方便地通过物联网等信息技术进行封装和发布。随着信息技术的发展，共享制造服务平台的规模不断扩大，平台中资源的服务与需求也越来越多，如何实现服务与需求之间的精准匹配就成为共享制造服务平台面临的主要问题。本书假设共享制造服务平台具有较好的服务能力，能够实现制造服务资源与需求的高效匹配。

4.3 共享制造模式扩散演化博弈模型的建立

4.3.1 基本假设

假设制造企业所在的市场区域内一共有 N 个企业提供同类型的制造服务，

其中包括共享制造服务企业与传统制造服务企业。市场中的所有企业面临两种策略的选择，(S_1, S_2) =（采用共享制造服务模式，不采用共享制造服务模式）。在此之前，已经有一部分企业采用了共享制造服务模式。为了提高社会资源的利用率，促进共享制造服务模式的发展，政府会对共享制造服务模式下的服务提供者及需求者进行价格补贴。虽然政府积极鼓励制造企业采用共享制造服务模式，但不同类型的企业存在着差异，一部分企业愿意实施，另一部分企业对这种模式持有质疑态度。假设采用共享制造服务模式的企业群体所占的比例为 x，不采用的企业群体所占的比例为 $1-x$。

用户市场存在两种类型的消费者，包括共享制造服务模式的需求者和传统制造服务模式的需求者。虽然共享制造服务模式有巨大的优势，但在实施的过程中仍然面临着很多问题。对于我国很多中小型企业来说，自动化尚没有完全实现，直接过渡到信息化，在此基础上又要实现共享制造是不太实际的。因此，用户对共享制造的接受意愿不同，用户接受意愿越强烈，越倾向于共享自身的制造资源与能力。

无论是制造服务的提供者还是需求者，要实现共享制造，都需要付出一定的成本。对于制造服务提供者来说，除了需要付出改造成本外，还需要向平台缴纳一定的佣金。对于用户（制造服务需求者）来说，要获取平台上的制造服务资源，需要支付一定的费用。

最终企业是否采用共享制造服务模式是由成本效益比较的结果决定的，这显然需要进行深入的成本效益分析，以此来激励和说服利益相关者[16]。企业的收益主要是由市场、价格及成本决定的，对于不同模式下的制造服务企业，服务的价格、成本等是不同的。为了从一个更为动态和全面的角度来刻画博弈双方的策略适应过程，需要建立一个政府参与下的企业间共享制造服务模式扩散的演化博弈模型。为了简化公式的表达，采用表4.1中的符号表示模型结构。

表 4.1 共享制造服务模式扩散的模型符号及其含义

变量类型	符号	含义	变量类型	符号	含义
水平变量	N_C	共享制造服务企业数量	速率变量	Z_R	认知率
	N_P	潜在采用者的数量		A_R	采用率
	N_T	传统制造服务企业数量			

续表

变量类型	符号	含义	变量类型	符号	含义
辅助变量	T	用户总数	辅助变量	N	总的企业数
	N_{CU}	共享制造服务用户数量		N_{TU}	传统制造服务用户数量
	P_{CU}	共享制造服务用户比例		I_E	信息交换率
	P_C	共享制造服务的价格		P_T	传统制造服务的价格
	C_C	共享制造服务的成本		C_T	传统制造服务的成本
	S_U	对共享制造平台用户的补贴		S_P	对共享制造服务企业的补贴
	x	共享制造服务企业比例		$1-x$	传统制造服务企业比例
	AR_C	共享制造服务企业平均收益		AR_T	传统制造服务企业平均收益
	AER_C	共享制造服务企业平均预期收益		AER_T	传统制造服务企业平均预期收益
	$\overline{AR}$	所有企业的平均收益		D_E	企业差异度
	R_C	共享制造服务企业收益		R_T	传统制造服务企业收益
	R_P	共享制造服务平台收益		DR_T	考虑时间的动态变化率
	D_R	动态变化率		I_{UA}	用户接受意愿
	C	企业间的接触率		P_I	感兴趣的企业比例
	U_{MF}	共享制造服务平台用户的会员费用		C_R	共享制造服务平台收取的佣金比例

4.3.2 演化博弈模型

在激烈的竞争环境下，企业为了实现长期的生存和稳定的发展，都要追求利润的最大化。因此，在面对决策时，企业会倾向于选择利益更大的策略。在本书中，参与博弈的企业个体会在其所在的企业群体中以相同的概率随机抽取一个企业来对比其与后者的收益情况。根据比较结果，企业会反思自己的策略并再次做出选择。企业收益受到内外部因素的共同影响，内部因素主要是制造服务的成本与价格，外部因素包括用户市场和政府补贴。传统制造服务企业的收益函数和平均收益函数为

$$R_T = (P_T - C_T)N_{TU} \tag{4.1}$$

$$AR_T = \frac{R_T}{N_T + N_P} \tag{4.2}$$

共享制造服务企业的收益受共享制造服务平台佣金比例、共享制造服务价格、成本、共享制造平台用户数量及政府补贴的影响。共享制造服务平台的收益由两部分组成：向共享制造服务企业收取的佣金及共享制造服务平台用户支付的会员费用。共享制造服务企业的收益、平均收益及共享制造服务平台的收益分别为

$$R_C = (P_C - C_C + S_P)N_{CU}(1 - C_R) \tag{4.3}$$

$$AR_C = \frac{R_C}{N_C} \tag{4.4}$$

$$R_P = (P_C - C_C)N_{CU}C_R + U_{MF}N_{CU} \tag{4.5}$$

考虑到企业间的差异，使用正态分布的随机变量 D_E 对企业收益的差异性进行描述。共享制造服务模式和传统制造服务模式下的企业平均预期收益分别为 $AER_C = AR_C + D_E$ 和 $AER_T = AR_T + D_E$。所有企业的平均预期收益为

$$\overline{AR} = x AER_C + (1-x) AER_T \tag{4.6}$$

目标企业策略改变的条件概率由收益差值与自身收益之比决定。当该比值为正时，目标企业将改变现有的策略；为负时，则会坚持原有的策略选择。条件概率如式（4.7）所示，式（4.8）和式（4.9）则分别给出了采用共享制造服务模式和采用传统制造服务模式企业策略的动态变化率。

$$\Phi(AER_i - AER_j) = \begin{cases} (AER_i - AER_j)/AER_i, & AER_i - AER_j < 0 \\ 0, & AER_i - AER_j \geqslant 0 \end{cases} \tag{4.7}$$

$$\dot{x}_C = x\Phi(AER_C - AER_T)(1-x) \tag{4.8}$$

$$\dot{x}_T = x\Phi(AER_T - AER_C)(1-x) \tag{4.9}$$

最终的扩散速率 $\dot{x}$ 由式（4.10）所示的复制动态方程表示：

$$\dot{x} = x[\Phi(AER_C - AER_T) - \Phi(AER_T - AER_C)](1-x) \tag{4.10}$$

4.4 共享制造模式扩散系统动力学模型

系统动力学是研究企业在不同情境下行为模式的有效工具[17]。在本节中，首先对系统动力学进行简单介绍，分析用户市场、企业收益和扩散过程三个子模块的因果回路图，然后利用相关软件建立演化博弈-系统动力学模型，再对企业间共享制造服务模式的扩散进行分析；阐述采用共享制造服务模式前后需要考虑的所有因素，同时给出相关的成本效益评估，确定企业是否适合采用共享制造服务模式；在讨论如何建立扩散模型之后将进行数值研究。

4.4.1 系统动力学简介

1. 系统动力学解决问题的步骤

系统动力学主要关注系统的整体性、动态性及反馈性。借助相关的计算机软件，通过建立反馈环及变量间的函数关系式，可以更好地刻画和描述系统内部不同因素间的依赖关系，模拟系统的发展及变化趋势。根据系统动力学的理论及方法，系统动力学模型的建立主要包括以下几个步骤。

（1）明确研究问题，确定建模目标

首先要认清研究的现实问题，结合对实际问题的综合分析，明确系统目标，然后根据研究目标收集相关的资料及数据。

（2）确定系统的模型边界

根据建模目的明确研究系统的基本结构及所需的变量，确定系统模型的边界，去除与研究无关的因素，尽可能地简化系统。

（3）因果关系分析

确定了系统结构及研究所需的变量后，要确定系统内部不同变量间的反馈关系，再对不同模块或者整个系统的反馈结构进行探索，找出系统内部存在的反馈环，构建整体因果回路图。

（4）建立研究模型

基于因果回路图及变量的含义定义不同变量的类型，然后根据变量类型对各个参数进行赋值、量化，并用方程式描述变量间的关系，但要注意保持量纲的一致性。在确定了整个系统模型的方程后，建立存量流量图，也就是系统的研究模型。

（5）模拟仿真

利用收集到的数据对模型中的常量进行初始值的设定。确定初始化的条件，包括模拟运行的初始时间、总的运行时间及模拟的时间步长。

（6）模型测试检验

对已建立的模型进行仿真模拟，观察模型是否有效，模型结构是否合理，量纲是否一致。针对存在的问题对模型进行修改，然后再次对模型进行检验，直到最终确定正式的模型。

（7）模拟运行及结果分析

通过更改模型结构及参数值，对模型进行灵敏度分析，根据模拟运行结果得出研究结论，并针对存在的问题提出解决的办法。

系统动力学解决问题的步骤如图 4.5 所示。

2. 系统动力学的特点

1) 一些规模较大的系统可能涉及几十个乃至几百个变量，面对如此复杂的系统，如何快速梳理不同要素间的作用关系成为一个难题。系统动力学通过因果回路图及反馈环的建立可以对各要素间的复杂关系进行模拟，有助于迅速确定系统的因果关系及组成机制。

2) 系统动力学将定性分析与定量分析相结合，弥补了采用单一方法时存在的弊端。两者的有机结合可以更为综合地描述系统动态反馈的特点，有利于协调和优化系统各要素间的复杂关系，对掌握系统的非线性特征及变化趋势有重要的作用。

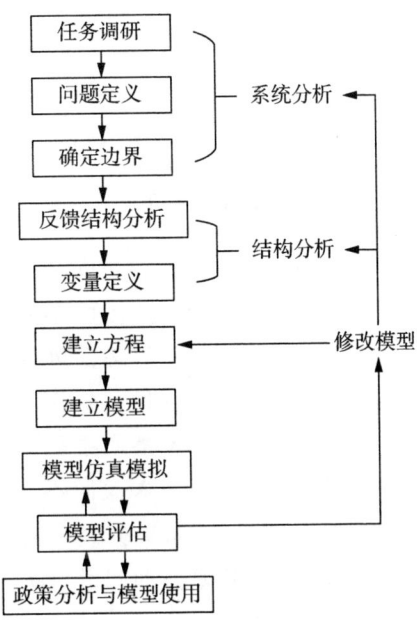

图 4.5 系统动力学解决问题的步骤

3) 可以用来处理数据不足或不精确的问题。系统动力学以系统内部各要素间的因果关系为连接，构建了多重的反馈结构，这使得系统问题的分析对参数并不敏感。缺少的数据可以根据实际情况进行适当的估计，只要参数在合理的范围内，系统将保持原来的变化趋势，因此更有利于对系统变化趋势、延迟、周期性特点等问题进行研究。

4) 可以更为直观地了解不同因素的影响。利用相关计算机软件建立系统动力学模型后，可以通过更改不同影响因素的数值来观察系统的整体变化趋势，有利于对关键因素进行识别与把握。此外，还可以帮助研究对象模拟不同的决策行为，为决策方案的选择提供一定的参考依据。

3. 系统动力学的适用性

1) 在采用共享制造服务模式的过程中，涉及众多变量及多方参与者的影响。这是一个长期的、动态变化的过程，且扩散过程随时间呈现一定的规律性。因此，共享制造服务模式的扩散问题具备应用系统动力学方法的特征。

2) 是否采用共享制造服务模式受到企业内外部环境等各种因素的影响，这些因素在整个系统中呈现出非线性、不连续、随时间变化的特点，而且不同变量间又存在着相互作用的关系。利用系统动力学进行模型仿真可以更直观地了解变量间复杂的作用关系及系统的动态变化趋势。

3）在进行仿真的过程中，很多变量的参数是难以精确获得的，只能进行定性的描述。对于这些变量，可以根据变量间的相互作用关系，利用已有的数据对变量参数进行模拟，根据模拟结果对目标参数进行合理有效的估计。

4.4.2 因果回路图的建立

系统动力学的核心思想是反馈，由于反馈关系的存在，变量组成了各种关系的回路。通过构建因果回路图可以更好地描述系统内部的复杂反馈结构。因果回路图的主要组成方式是反馈环，包括正反馈环和负反馈环两种。为了显示不同回路的极性，需要用不同的回路标识符标出。系统动力学中一般用字母 B 和 R 代表回路的极性，其中正反馈回路（自增强回路）用字母 R 表示，负反馈回路（稳定回路）用字母 B 表示。因果回路图中的箭头表示两个连接变量的因果关系和方向，箭头上的符号（+或-）表示关系的极性。正极性（+）表示自变量对因变量产生的是正向的影响，即同增同减；负极性（-）表示自变量对因变量产生的是反向的影响，即你增我减。如果在一个反馈环中存在偶数个负极性关系，则该回路为正反馈回路；如果存在奇数个负极性关系，则该回路为负反馈回路。

1. 用户市场子模块因果回路图

用户市场子模块描述了采用不同制造服务模式时用户的比例情况。其中，共享制造服务平台用户的比例主要受到价格、补贴、用户接受意愿和用户会员费用的影响。当 $2U_{MF}=(P_T-P_C+S_U)I_{UA}$ 时，用户从共享制造服务企业和传统制造服务企业获得的效用相同。本书只考虑 $0<U_{MF}/[(P_T-P_C+S_U)I_{UA}]<1$ 时的情况，此时用户对两种类型的制造服务都有需求。用户市场子模块因果回路图如图 4.6 所示。其中，共享制造服务平台用户的市场比例表示为

$$P_{CU}=1-\frac{U_{MF}}{(P_T-P_C+S_U)I_{UA}} \quad (4.11)$$

共享制造服务平台用户和传统制造服务用户的数量分别为

$$N_{CU}=T\cdot\left[1-\frac{U_{MF}}{(P_T-P_C+S_U)I_{UA}}\right] \quad (4.12)$$

$$N_{TU}=\frac{TU_{MF}}{(P_T-P_C+S_U)I_{UA}} \quad (4.13)$$

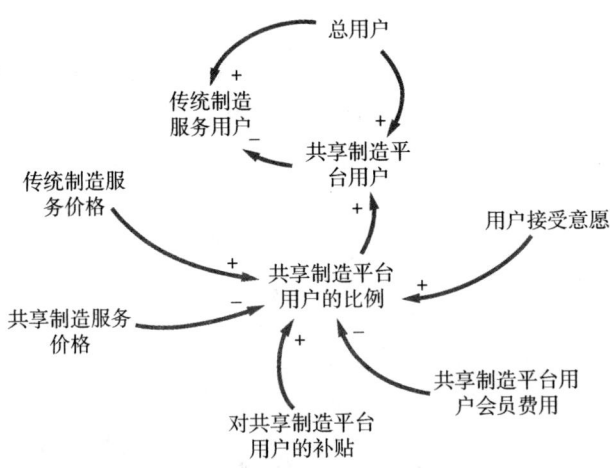

图 4.6 用户市场子模块因果回路图

2. 企业收益子模块因果回路图

　　成本效益分析被认为是创新被采纳的主要影响因素[13]。成为潜在采用者之后，企业将结合创新扩散过程中其他关联企业自身的偏好和经验，通过对不同模式下可获得的预期收益进行比较来决定是否采纳创新。基于这一观点，本书以制造企业为对象，针对不同产业模式描述了制造企业的收益结构，并进行了比较，如图 4.7 所示。企业收益主要包括传统制造服务企业的收益和共享制造服务企业的收益两种。两者的收益主要取决于价格、成本和市场。对于采用共享制造服务模式的企业，除上述主要影响因素外，还需要向共享制造服务平台支付一定比例的佣金。由于两种情况的收入模块框架相似，此处只对共享制造服务模式下企业的收入框架进行描述。

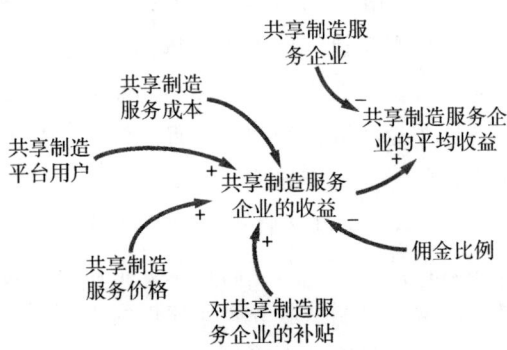

图 4.7 企业收益子模块因果回路图

3. 扩散子模块因果回路图

图 4.8 为扩散子模块因果回路图，一共包括五个正反馈环和一个负反馈环。正反馈环分别为：

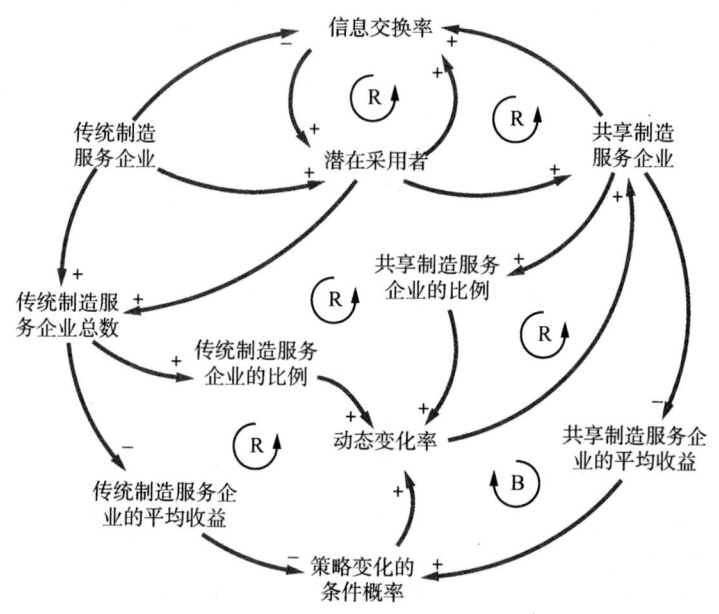

图 4.8　扩散子模块因果回路图

1) 信息交换率±→潜在采用者±→信息交换率。信息交换率的提高促进了企业间的信息交流，使得越来越多的企业开始了解什么是共享制造服务模式，于是潜在采用者数量增加，潜在采用者数量的增加又促进了企业间的信息交流。

2) 信息交换率±→潜在采用者±→共享制造服务企业±→信息交换率。信息交换率的提高促进了企业间的信息交流，使得越来越多的企业开始了解共享制造服务模式，潜在采用者数量增加。潜在采用者越多，可能采用共享制造服务模式的企业也就越多。共享制造服务企业数量的增加使得了解共享制造服务模式的企业数量增加，于是促进了企业间的信息交流。

3) 共享制造服务企业±→共享制造服务企业的比例±→动态变化率±→共享制造服务企业。由于企业总数保持不变，共享制造服务企业数量的增加使得共享制造服务企业的比例提高。随着共享制造服务企业比例的增加，动态变化率增大，采用共享制造服务模式的企业数量也随之增加。

4) 信息交换率±→潜在采用者±→传统制造服务企业总数±→传统制造服务企

的比例⇒动态变化率⇒共享制造服务企业⇒信息交换率。信息交换率的提高使得潜在采用者的数量增加,传统制造服务企业总数是传统制造服务企业和潜在采用者数量之和。传统制造服务企业所占的比例增大,会正向影响动态变化率,动态变化率的增大又促进了共享制造服务企业数量的增加,提高了信息交换率。

5) 信息交换率⇒潜在采用者⇒传统制造服务企业总数⇒传统制造服务企业的平均收益⇒策略变化的条件概率⇒动态变化率⇒共享制造服务企业⇒信息交换率。其中,策略变化的条件概率是采用共享制造服务模式与采用传统制造服务模式策略变化条件概率的差值。信息交换率的增大导致潜在采用者数量增加,于是传统制造服务企业的总数增加。但随着传统制造服务企业总数的增加,企业的平均收益会减少。平均收益的减少导致策略变化的条件概率增大,又促进了动态变化率的增大,随后共享制造服务企业数量增加,信息交换率也随之增大。

负反馈环为:共享制造服务企业⇒共享制造服务企业的平均收益⇒策略变化的条件概率⇒动态变化率⇒共享制造服务企业。市场规模一定,共享制造服务企业数量的增加导致共享制造服务企业的平均收益减少,平均收益的减少导致策略变化的条件概率减小,策略变化的条件概率又会正向影响动态变化率,于是动态变化率减小,共享制造服务企业的数量也逐渐减少。

4.4.3 共享制造模式扩散系统动力学建模

1. 基本假设

为了更好地理解共享制造服务扩散系统,作出如下假设:
1) 制造服务提供者与制造服务需求者的总数都是不变的。
2) 在演化博弈过程中,每个企业只能选择一种策略,随着时间的推移及其他企业策略的改变,企业会对策略进行重新选择。
3) 考虑到共享制造服务平台企业间的竞争及共享制造服务模式的优势,假设共享制造服务的价格比传统制造服务的价格低,共享制造服务模式下的用户会获得成本上的优势。
4) 企业通过不同策略的收益差值与自身收益之比来确定策略变化的条件概率。
5) 假设政府会对不同的对象进行补贴,主要包括共享制造服务企业和共享制造服务模式下的用户。
6) 用户被划分为共享制造服务用户和传统制造服务用户两类,不同用户对制造服务的需求分布是一致的。

2. 模型建立

基于以上分析，利用 VENSIM.DSS 软件建立了共享制造服务模式扩散的系统动力学模型，该模型由3个水平变量、2个速率变量、10个常量和19个辅助变量组成，如图4.9所示。共享制造服务模式在企业间的扩散过程经历了信息获取、效益评估和决策采纳三个阶段。传统制造服务企业在获取有关共享制造服务模式的信息后成为潜在采用者。企业对共享制造服务模式认知速率的大小用认知率表示，它主要受到三个因素的影响，分别是接触率、信息交换率及感兴趣的企业比例。其中，企业间的信息交换率 I_E 表示为

$$I_E = \frac{N_C + N_P}{N} \tag{4.14}$$

认知率 Z_R 表示为

$$Z_R = \frac{N_T C (N_C + N_P) P_I}{N} \tag{4.15}$$

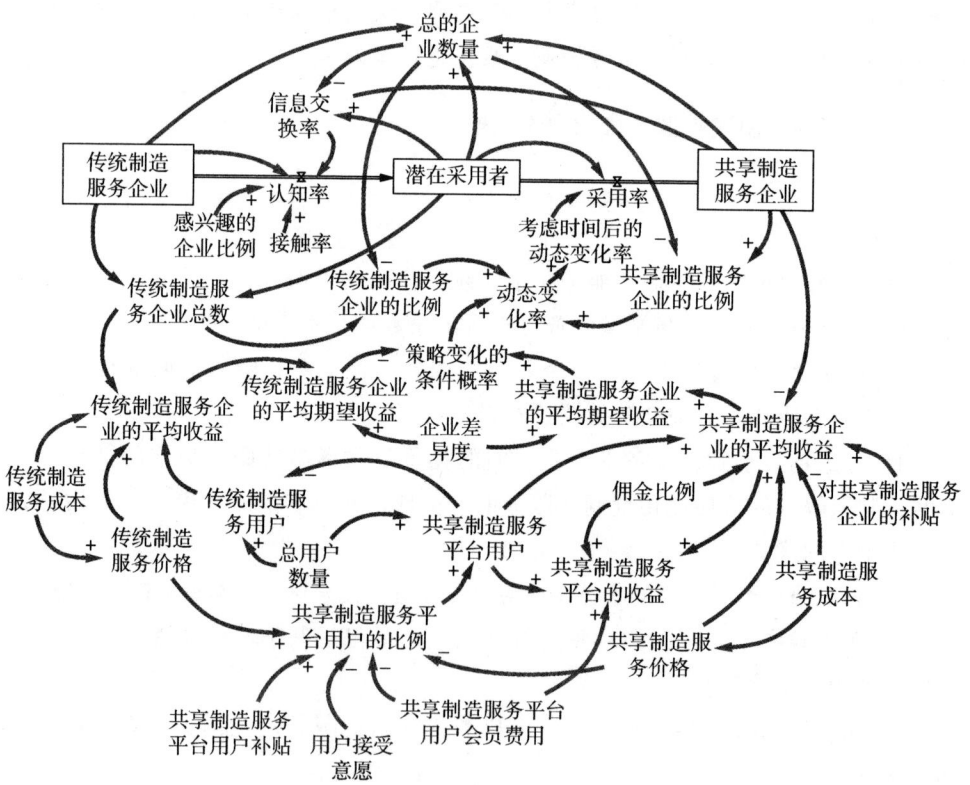

图4.9 企业间共享制造服务模式扩散的系统动力学模型

潜在采用者会通过不断的模仿和学习来改变策略。采用率表示的是单位时间内采用共享制造服务模式策略的企业数量，它受潜在采用者数量和动态变化率的影响。共享制造服务模式的部署需要一定的时间，且不同企业的资源和能力不同，部署时间也不同。假定部署周期为正态分布函数，最大部署时间为 3 年，平均部署时间为 1.2 年。所以，考虑时间后的动态变化率是动态变化率的时间延迟函数，采用率 A_R 表示为

$$A_R = N_P \cdot DR_T \tag{4.16}$$

4.5 系统仿真及结果分析

4.5.1 模型参数设定

为了了解共享制造服务模式的扩散机理，本书通过实地调研和 2019 年《山西统计年鉴》收集了山西省装备制造业的相关数据，以进行详细的数值研究。模拟运行的初始时间设置为 0 年。根据调查情况，将共享制造服务企业数量设置为 20 家，潜在采用者为 10 家。企业总数为 258 家，其中亏损企业 64 家。同时，排除了 14 家主要差异企业。最终，模拟企业总数为 180 家。为便于比较，收入单位设定为万元。初始情况下，政府不提供任何补贴。模拟周期设定为 30 年，模拟时间步长设定为 1 年。仿真分析初始模型参数见表 4.2。

表 4.2 初始模型参数

参数	初始值	参数	初始值
N_C/家	20	N_T/家	150
P_I	0.25	N_P/家	10
C	4	C_T/千元	1.5
S_P/千元	0	S_U/千元	0
T/家	2000	C_R	0.05
U_{MF}/千元	0.08	I_{UA}	0.7
C_C/千元	1.3	—	—

4.5.2 初始模型运行结果

初始模型运行结果如图 4.10 所示。根据图 4.10（a）中曲线的特征，发现共享制造服务企业的数量先逐渐增加，在第 5 年达到峰值 85 家，然后逐渐减少，从第 14 年开始稳定下来。最终，共享制造服务企业的数量稳定在 75 家。由

图4.10（b）可见，潜在采用者的数量先逐渐增加，然后趋于稳定，最后稳定在105家，即所有传统制造服务企业都成为潜在采用者。潜在采用者的采用率及策略变化的条件概率如图4.10（c，d）所示。

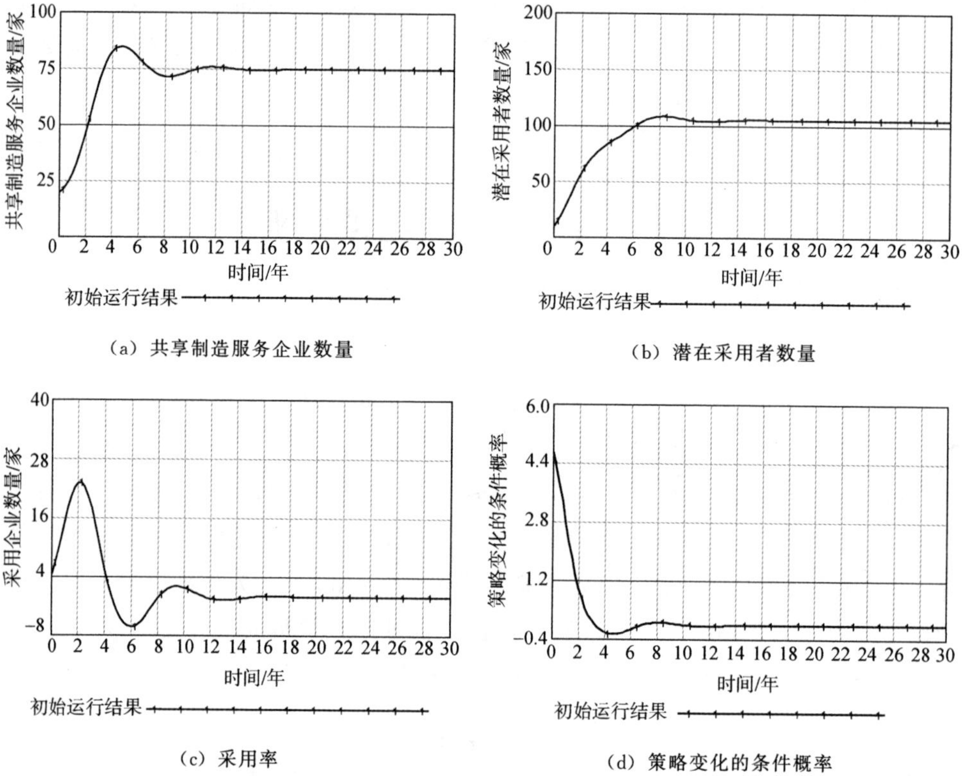

(a) 共享制造服务企业数量

(b) 潜在采用者数量

(c) 采用率

(d) 策略变化的条件概率

图4.10 共享制造服务扩散初始模型的模拟运行结果

4.5.3 对比分析

本节拟分析参数变化对共享制造服务模式扩散的影响。敏感性分析的参数包括共享制造服务平台佣金率、政府补贴、用户会员费和用户接受意愿。

1. 共享制造服务平台佣金率的影响

共享制造服务平台在共享制造服务供应链中占据着一定的主导地位[18]。在现实世界，共享制造服务平台会向服务企业收取一定的佣金以获取收益。本书将通过更改佣金率研究共享制造服务平台行为对扩散的影响。佣金率初始值为0.05，然后将这一数值分别设置为0.02、0.10和0.20。图4.11（a，b）显示了不同佣金率下服务企业数量和采用率随时间变化的曲线。从图4.11中可以看出，随着佣金率的提高，服务企业数量和采用率都在逐渐减少。共享制造服务企业数量从第 14 年开始逐渐稳定在了 76 家、75 家、73 家、67 家，潜在采用者的数量从第 12 年开始分别稳定在了 104 家、105 家、107 家、113 家。尽管平台收取的佣金多少对共享制造服务模式的扩散有一定的影响，但影响并不显著。

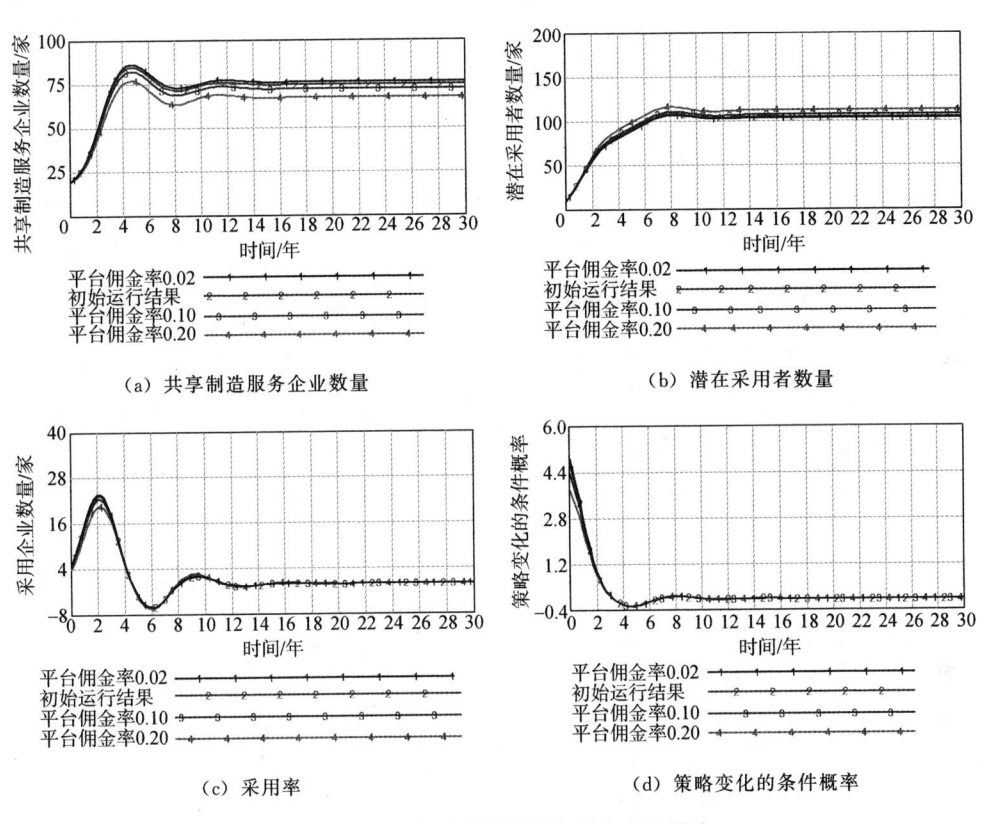

图 4.11　共享制造服务平台佣金率的影响

2. 不同补贴策略的影响

通过改变政府补贴系数，可得到不同补贴策略下共享制造服务企业数量和采用率情况。不同的补贴策略主要指的是针对共享制造服务平台用户和共享制造服务企业给予不同金额的补贴。补贴系数分别设定为 0.02、0.05 和 0.10。图 4.12 中的曲线展示了不同补贴系数对不同补贴对象的影响，其中图 4.12（a～d）描述了政府对共享制造服务企业的补贴对共享制造服务模式扩散的影响，图 4.12（e～h）描述了政府对共享制造服务平台用户的补贴对共享制造服务模式扩散的影响。在相同的补贴系数下，对共享制造服务企业的补贴使共享制造服务企业数量最终稳定在了 77 家、79 家、83 家，潜在采用者的数量稳定在了 103 家、101 家、97

家。对共享制造服务平台用户的补贴使共享制造服务企业数量最终稳定在了 84 家、95 家、109 家，潜在采用者的数量稳定在了 96 家、85 家、71 家。在没有任何补贴时，共享制造服务企业的数量维持在 75 家。对比可以发现，对共享制造服务企业和共享制造服务平台用户的补贴在对共享制造服务模式扩散的影响上存在显著差异。在相同的补贴系数下，对共享制造服务平台用户的补贴作用效果更好，且随着补贴系数的增大，效果越来越显著。

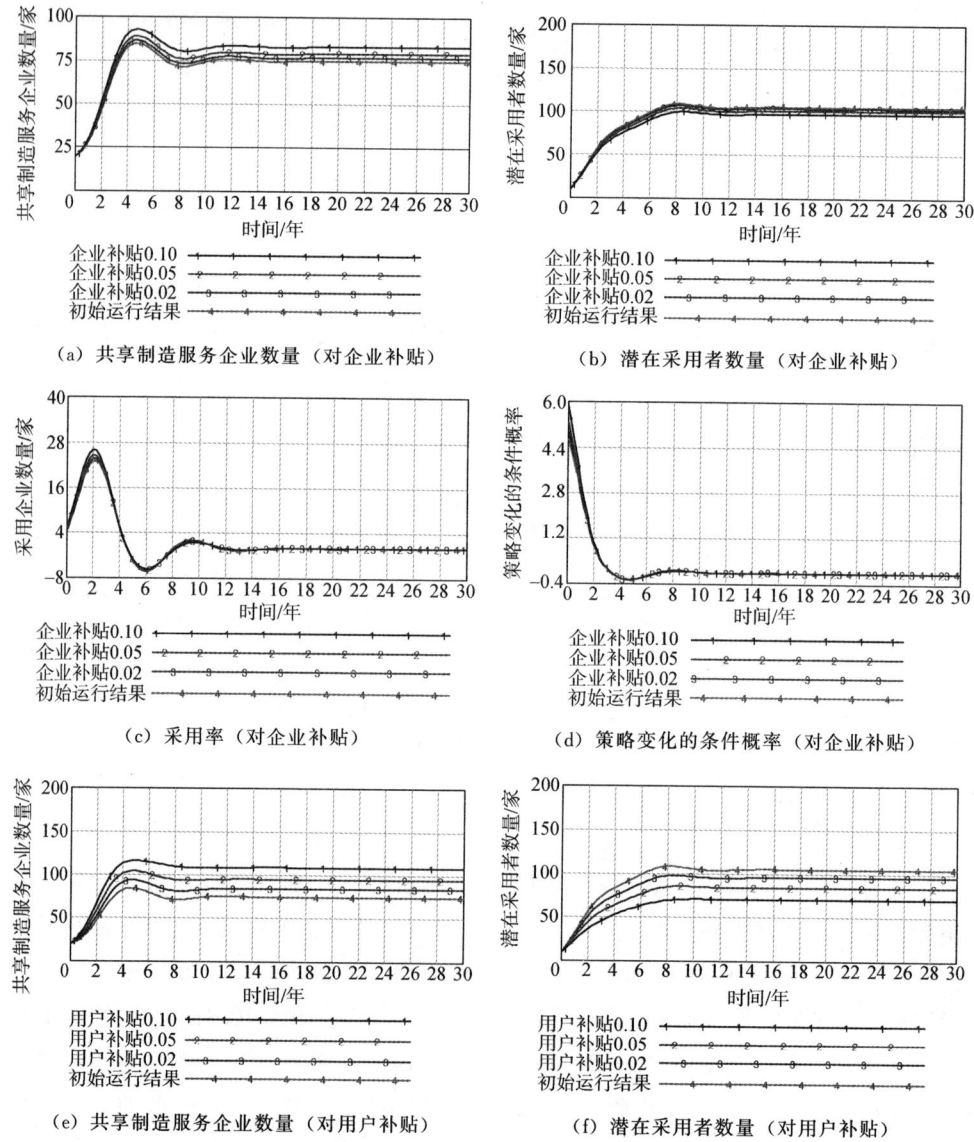

图 4.12　不同补贴策略的影响

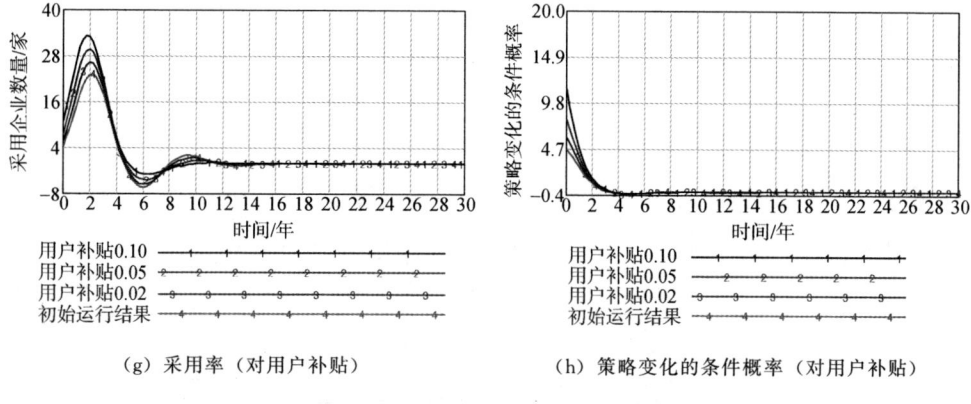

(g) 采用率（对用户补贴）   (h) 策略变化的条件概率（对用户补贴）

图 4.12　不同补贴策略的影响（续）

3. 用户会员费用的影响

考虑用户加入共享制造服务平台时支付的会员费对各个变量的影响。用户会员费用的初始值为 0.08 千元，将费用值按照 0.02 千元的幅度从 0.04 千元依次增加到 0.10 千元，观察运行结果的变化情况，如图 4.13 所示。从图 4.13（a，c）中可以较直观地看出，用户会员费对共享制造服务企业的数量和采用率有着显著的影响。随着用户会员费用的增加，共享制造服务平台的企业数量逐渐减少，分别稳定在了 127 家、101 家、75 家和 50 家。同样，随着费用值的增加，共享制造服务平台用户的数量越来越少，大部分潜在采用者并未采用共享制造服务模式，导致了潜在采用者的数量逐渐增加，潜在采用者的数量分别稳定在了 53 家、79 家、105 家和 130 家，如图 4.13（b）所示。

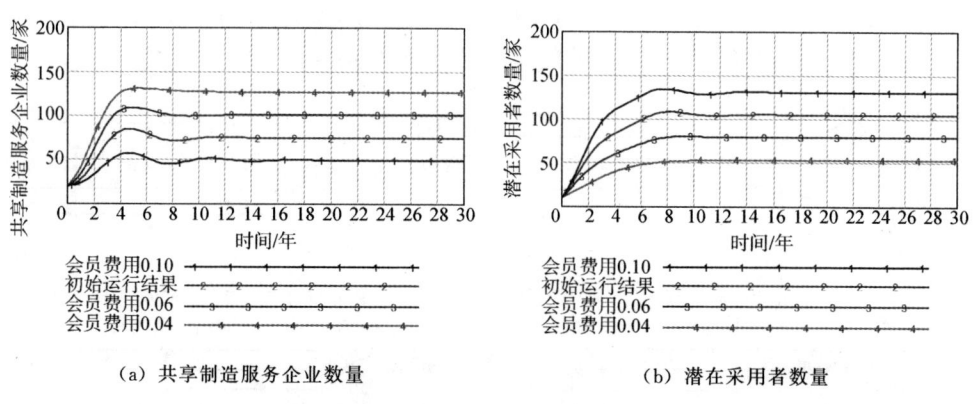

(a) 共享制造服务企业数量   (b) 潜在采用者数量

图 4.13　用户会员费用的影响

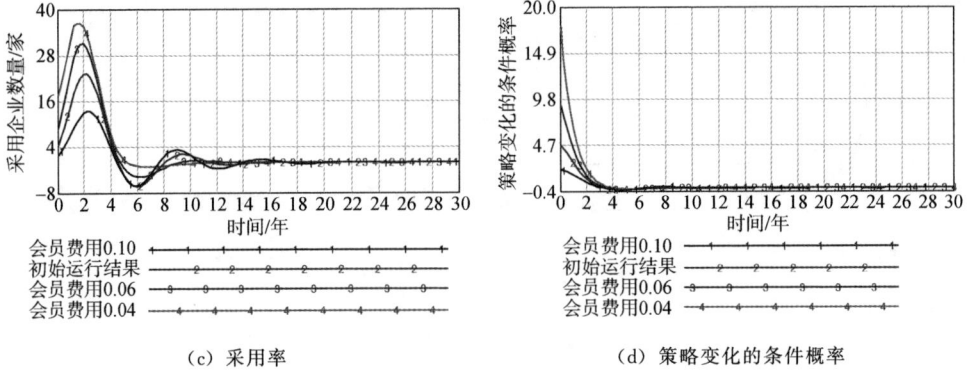

(c) 采用率   (d) 策略变化的条件概率

图 4.13　用户会员费用的影响（续）

4. 用户接受意愿的影响

分析用户接受意愿对共享制造服务模式扩散的影响。将用户对共享制造服务模式接受意愿的值以 0.1 的间隔从 0.5 增加到 0.8，结果如图 4.14 所示。从图 4.14（a）中可以看出，随着用户接受意愿的增加，共享制造服务企业的数量也在增加，第 5 年峰值时企业数量分别达到了 39 家、67 家、85 家和 97 家，在第 14 年左右分别稳定在了 35 家、58 家、75 家和 88 家。潜在采用者数量、采用率和策略变化的条件概率的变化情况也类似，结果如图 4.14（b～d）所示。可见，用户对共享制造服务模式的接受意愿对共享制造服务模式的扩散有积极的影响。但不同于之前的研究结果，可以发现随着用户接受意愿值的增加，其影响作用越来越小，而随着该数值的降低，影响作用越来越大。这是由于用户接受意愿直接影响着共享制造服务平台的用户数量，随着共享制造服务平台企业数量的增加，平台规模逐渐接近饱和，影响的作用必然越来越小。

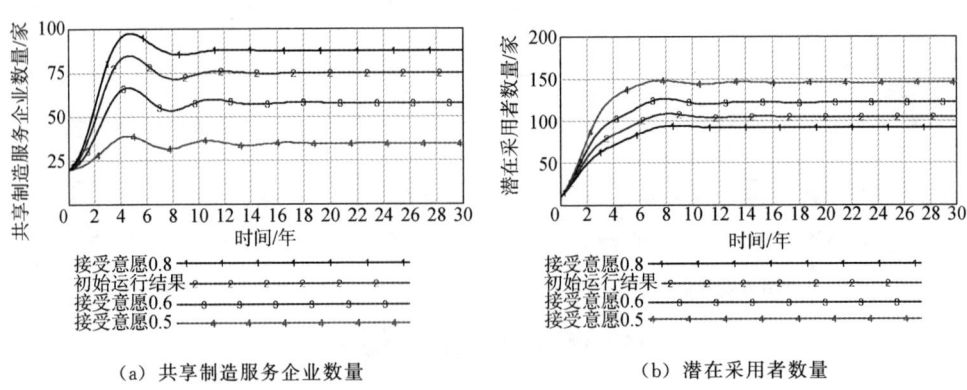

(a) 共享制造服务企业数量   (b) 潜在采用者数量

图 4.14　用户接受意愿的影响

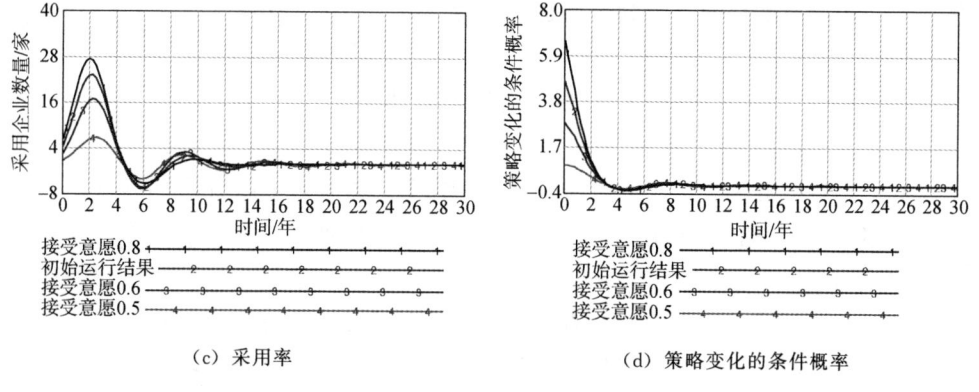

(c) 采用率　　　　　　　　　　(d) 策略变化的条件概率

图 4.14　用户接受意愿的影响（续）

4.5.4　结果分析

根据上述分析可以得出以下结论：

1) 共享制造服务模式的扩散呈现出新技术扩散的特点。其扩散的过程与 S 形曲线相似，符合创新扩散理论的扩散趋势。共享制造服务企业的数量随着共享制造服务模式经济效益的变化而变化。初始阶段，共享制造服务模式下的企业收益高于传统制造服务企业，此时共享制造服务企业数量急剧增加。之后，随着竞争的加剧，共享制造服务企业数量达到饱和，共享制造服务企业的收益低于传统制造服务企业，于是共享制造服务企业数量在达到峰值后逐渐减少，最终趋于稳定。

2) 在鼓励企业采用共享制造服务模式的过程中，政策支持和补贴发挥了积极作用。如图 4.12 所示，对共享制造服务企业和共享制造服务平台用户的补贴都促进了共享制造服务模式的实施，而且随着补贴金额的增加，企业对共享制造服务模式的采用率也会增加，但在相同的补贴金额下，对不同对象的补贴产生的效果却不同。通过对比可以看出，对共享制造服务平台用户的补贴效果更好。因此，政府可以制定适当的鼓励政策，激励企业及用户采用共享制造服务模式。

3) 制造服务的需求者对共享制造服务模式的扩散有着显著的影响。用户进入共享制造服务平台时支付的会员费用和用户对共享制造服务模式的接受意愿是改善市场需求的重要参数，如图 4.13 和图 4.14 所示。服务需求者的数量决定了市场的大小，通过降低会员费用，让更多的用户接受共享制造服务模式，可以有效地扩大共享制造服务模式的市场规模，而随着市场规模的增加，共享制造服务企业的数量也必然增加。因此，为了吸引更多的制造服务需求者，共享制造服务平台运营商可以适当降低平台用户的会员费用，同时加大共享制造服务模式的宣传力度，让更多的用户了解共享制造的优越性。

4.6 小　　结

共享制造服务模式的扩散及应用是随着时间的推移，在各种不同因素的影响下，其逐渐被制造企业采纳的过程。为了更好地了解推动共享制造服务模式扩散的决定性因素，本章首先采用演化博弈理论探讨了其扩散过程。通过演化博弈模型的建立，分析了不同利益参与者之间的博弈关系和决策行为，并定义了扩散速率。然后对系统动力学进行了简单介绍，分析了用户市场、企业收益和扩散过程三个子模块的因果回路图，并利用相关软件建立了演化博弈－系统动力学模型，对企业间共享制造服务模式的扩散进行了分析，阐述了采用共享制造服务模式前后需要考虑的所有因素，通过成本效益评估即可确定企业是否适合采用共享制造服务模式。在讨论了如何建立扩散模型之后，进行了系统仿真，并分析了参数变化对共享制造服务模式扩散的影响，得出了相关的结论。

参 考 文 献

[1] 程宣梅，朱述全，陈侃翔，等．共享经济视角下企业市场进入的内在机制研究———项基于共享出行行业的定性比较分析［J/OL］．（2021－04－20）［2021－09－20］．https：//kns.cnki.net/kcms/detail/12.1288.f.20210419.1623.015.html.

[2] 向坤，杨庆育．共享制造的驱动要素、制约因素和推动策略研究［J］．宏观经济研究，2020（11）：65－75.

[3] HE J，ZHANG J，GU X．Research on sharing manufacturing in Chinese manufacturing industry［J］．International Journal of Advanced Manufacturing Technology，2019，104（1）：463－476.

[4] 戴克清，蔡瑞林．共享式服务创新：制造业企业服务化转型突破路径研究［J］．科技进步与对策，2021，38（11）：1－8.

[5] 田琛．基于区块链的制造业产能共享模式创新研究［J］．科技管理研究，2020，40（11）：9－14.

[6] 国家信息中心．中国共享经济发展年度报告（2019）［R/OL］．（2019－03－01）［2021－08－20］．http：//www.sic.gov.cn/News/557/9904.htm.

[7] 中国互联网络信息中心．第47次中国互联网络发展状况统计报告［R/OL］．（2021－02－03）［2021－08－20］．http：//www.cac.gov.cn/2021－02/03/c_1613923423079314.htm.

[8] HE W，XU L．A state-of-the-art survey of cloud manufacturing［J］．International Journal

of Computer Integrated Manufacturing, 2015, 28 (3): 239-250.

[9] 李长云, 王宏起, 李玥. 基于经济控制论的云制造服务平台特性分析 [J]. 计算机集成制造系统, 2017, 23 (6): 1224-1233.

[10] ZHANG L, LUO Y, TAO F, et al. Cloud manufacturing: a new manufacturing paradigm [J]. Enterprise Information Systems, 2014, 8 (2): 167-187.

[11] OLIVEIRA T, THOMAS M, ESPADANAL M. Assessing the determinants of cloud computing adoption: an analysis of the manufacturing and services sectors [J]. Information & Management, 2014, 51 (5): 497-510.

[12] 马永红, 王展昭, 李欢, 等. 网络结构、采纳者偏好与创新扩散: 基于采纳者决策过程的创新扩散系统动力学模型仿真分析 [J]. 运筹与管理, 2016, 25 (3): 106-116.

[13] CHAO G, QU S, XIAO Y, et al. Diffusion mechanism simulation of cloud manufacturing complex network based on cooperative game theory [J]. Systems Engineering and Electronics, 2018, 29 (2): 321-335.

[14] OOI K B, LEE V H, TAN G W H, et al. Cloud computing in manufacturing: the next industrial revolution in Malaysia? [J]. Expert Systems With Applications, 2018 (93): 376-394.

[15] MISRA S C, MONDAL A. Identification of a company's suitability for the adoption of cloud computing and modelling its corresponding return on investment [J]. Mathematical & Computer Modelling, 2011, 53 (3-4): 504-521.

[16] HENZEL R, HERZWURM G. Cloud manufacturing: a state-of-the-art survey of current issues [J]. Procedia CIRP, 2018 (72): 947-952.

[17] TSAI J M, HUNG S W. A novel model of technology diffusion: system dynamics perspective for cloud computing [J]. Journal of Engineering and Technology Management, 2014 (33): 47-62.

[18] 杨欣, 曾珍香, 张舜, 等. 考虑碳排放与定价的云制造供应链协调机制研究 [J]. 工业工程与管理, 2019, 24 (1): 159-166.

第 5 章　共享制造服务双边匹配决策

5.1　制造服务双向语义匹配

共享制造环境下制造服务匹配是指根据用户个性化的制造任务需求，在种类繁多、功能多样的云制造服务池中进行搜索选择，以寻求最能满足需求的制造服务。目前，对制造服务匹配的研究是从满足制造任务功能需求和非功能需求的角度搜索匹配满意的制造服务。对于功能匹配，主要对输入、输出、前提集、结果集等参数进行分析，所应用的匹配方法主要有基于逻辑推理的匹配方法、基于非逻辑推理的匹配方法及二者混合的匹配方法。而对于非功能匹配，则以研究制造服务质量 QoS 的匹配为典型，依据各不同的 QoS 参数数据类型设计不同的相似度算法。基于上述方法，本节介绍一种制造服务双向匹配方法。

5.1.1　制造服务双向语义匹配模型

制造任务与制造服务的正反双向匹配包含两方面含义：①从服务搜索的正向出发，如何在众多服务中快速找到满足某种制造任务需求的候选制造服务；②从任务匹配的反向出发，如何基于制造服务的历史数据发现某制造服务适合完成的加工任务。基于制造任务与制造资源语义描述模型，其匹配模型如图 5.1 所示。

5.1.2　正向匹配方法

正向匹配过程是从用户制造任务需求的角度出发，寻求合适的候选制造服务。在对任务请求语义信息扩展后，应用 OWL-S 本体描述语言对其进行描述，以此作为服务匹配的基础。在进行服务功能的正向匹配时，针对制造服务的 Input (I)、Output (O)、Precondition (P) 和 Effect (E) 等参数的特征，应用不用的匹配度计算方法。

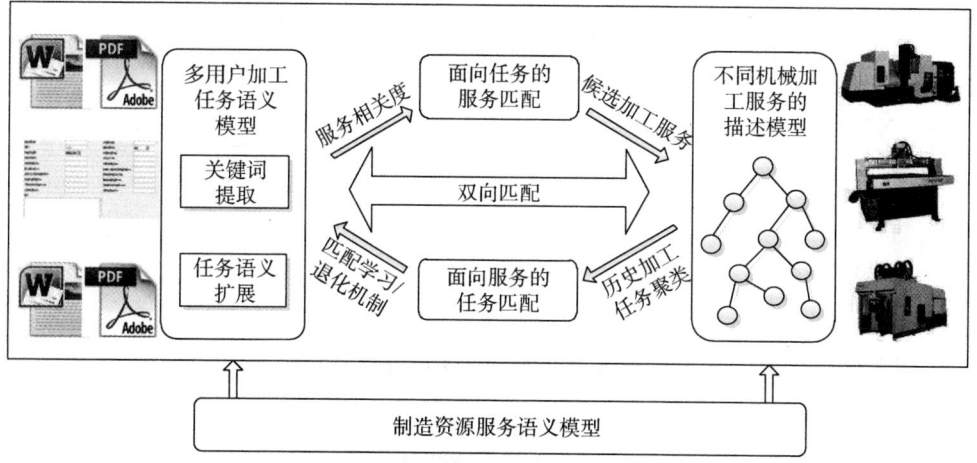

图 5.1　制造服务双向语义匹配模型

1. 基于概念相关度的 I/O 匹配

考虑本体概念间的多种语义关系，如同义关系、继承关系、整体部分关系。本节将两个概念的关联关系分为三种，分别是直接关联、间接关联和无关联，其中间接关联又包含传递关联、兄弟关联和祖先关联。

(1) 直接关联关系

两个概念 c_i 和 c_j 之间具有直接关联关系 $\text{direct}(c_i, c_j)$，是指在本体图中，c_i 和 c_j 之间有一条直接边连接，这条边代表了两个概念之间的语义联系，可以是可转化（equivalent-of）关系、类属（kind-of）关系，也可以是整体局部（part-of）关系。在计算直接关联关系概念相关度的时候综合考虑了概念之间的关系、概念的深度和概念的密度三个因素，其中 w 是概念间语义关系的权重，其计算公式为

$$\text{Rel}_{\text{dir}}(c_i, c_j) = \frac{w(c_i, c_j)\text{level\_depth}(c_j)}{\text{max\_depth}(c_j)} \tag{5.1}$$

其中，$w(c_i, c_j)$ 是概念 c_i 和 c_j 的关系权重；$\text{level\_depth}(c_j)$ 是概念 c_j 的层次深度，其计算方法是计算根节点到 c_i 路径上边的数目与 c_i 和 c_j 之间的边的数目之和；$\text{max\_depth}(c_j)$ 是概念 c_j 的最大深度，是指根节点到 c_j 最长路径中的节点数。

(2) 传递关联关系

如果概念 c_i 有多个子孙概念，c_j 是其中之一，则 c_i 和它的所有子孙概念之间是传递关联关系 $\text{transitive}(c_i, c_j)$。基于式 (5.1) 可以构建两概念间存在的传递关联关系的计算式，即

$$\text{Rel}_{\text{tra}}(c_i,c_j) = \frac{\sum w(c_i \rightarrow c_j)\text{level\_depth}(c_i)}{\text{level\_depth}(c_j)\sum |(c_i \rightarrow c_j)|} \tag{5.2}$$

其中，$\sum w(c_i \rightarrow c_j)$ 是从 c_i 到 c_j 所经过的路径的权重之和；$\sum |(c_i \rightarrow c_j)|$ 是概念 c_i 和 c_j 之间关系的数目。

(3) 兄弟关联关系

两个概念 c_i 和 c_j 之间具有兄弟关联关系 brother(c_i,c_j)，是指在本体图中，c_i 和 c_j 至少有一个共同的超概念，且 c_i 不是 c_j 的超概念，c_j 也不是 c_i 的超概念。兄弟关联关系需要考虑概念间的关系类型、最小共同父概念的最大深度及子孙概念的深度，依此，其计算式可以表示为

$$\text{Rel}_{\text{bro}}(c_i,c_j) = \frac{2\text{level\_depth}(c_p)}{N_i + N_j + 2\text{level\_depth}(c_p)} \tag{5.3}$$

其中，c_p 是 c_i 和 c_j 的最小共同父概念。

$$N_i = \left[\max\_depth(c_i) - \frac{\max\_depth(c_j)}{\text{level\_depth}(c_j)}\right] \times [2 - \text{Rel}(c_p,c_i)] \tag{5.4}$$

$$N_j = \left[\max\_depth(c_j) - \frac{\max\_depth(c_j)}{\text{level\_depth}(c_j)}\right] \times [2 - \text{Rel}(c_p,c_j)] \tag{5.5}$$

(4) 祖先关联关系

两个概念 c_i 和 c_j 之间具有祖先关联关系 ancestor(c_i,c_j)，是指在本体图中，c_i 和 c_j 至少有一个共同的子概念，且 c_i 不是 c_j 的超概念，c_j 也不是 c_i 的超概念。基于兄弟关联关系的计算式，可以得到具有祖先关联关系的两个概念的相关度计算公式为

$$\text{Rel}_{\text{anc}}(c_i,c_j) = \frac{\text{high\_depth}(c_{\text{ancestor}})}{N_i + N_j} \tag{5.6}$$

其中，c_{ancestor} 是 c_i 和 c_j 的最小共同子孙概念；$high\_depth(c_{\text{ancestor}})$ 表示概念 c_{ancestor} 的较高深度。在这里由于 c_{ancestor} 有两个祖先概念，所以它有两个深度，取两个深度值中较小的那个，表示较高深度。

2. 基于蕴含推理的 P/E 匹配方法

P/E 属性中的约束条件参数由能够被拆解为个体词和谓词的原子命题组成。这些原子命题中的个体词和谓词都来自 OWL 本体中定义的类或者属性。制造服务 P/E 属性的表达形式中通常包含约束条件，如"尺寸精度大于 8"。一般的约束条件可分为数值型约束条件和对象型约束条件，数值型约束条件可以采用通过定义判断规则，并进行规则推理的方法进行匹配，对象型约束条件可以通过领域

本体的语义推理进行匹配。

3. 面向服务功能的服务匹配算法

通常制造服务本体功能属性 Input，Output，Precondition，Effect 信息是不同参数概念的集合，基于上述介绍的概念相关度和蕴含关系推理的方法首先得到了具体的 Input，Output，Precondition，Effect 信息参数的匹配值，进而获得 Input，Output，Precondition，Effect 信息集合的匹配值。常用的方法是通过遍历任务需求和服务的各功能属性参数求最大、最小值，然而该方法忽略了全局性，当多个参数语义比较相似时容易出现错配，导致匹配的不准确。对此，本书中应用求二分图最优匹配图的方法解决该问题，其算法流程如下：

(1) 输入：任务需求的各功能属性参数集合 inR, outR, preR, effR；机械加工服务各功能属性参数集合 inP, outP, preP, effP

(2) 输出：Rel(MTR_Func Attr, MS_Func Attr)

(3) for Func = in, out, pre, eff;

(4) W(Func) = ϕ;

(5) 循环计算 $W_{Func}(i,j) = Rel(FuncR_i, FuncP_j), W(Func) = W(Func) \cup \{W_{Func}(i,j)\}$;

(6) 构建二分图 $G_{Func} = (FuncR \cup FuncP, E_{Func}, W_{Func})$;

(7) 应用 Kuhn-Munkres 算法获得 G_{Func} 的最优匹配图 $M = \{G_{Func}^*\}$;

(8) if size of(M) > 1

(9) $Rel_{Func} = \min(W_{Func}^*(k))$, where $k = \arg(var_{k=1 \to K}(W_{Func}^*(k))$ is smallest);

(10) else $Rel_{Func} = \min(W_{Func}^*)$;

(11) end if

(12) Rel(MTR_Func Attr, MS_Func Attr) += $Rel_{Func} \times weight_{Func}$;

(13) end for

(14) return Rel(MTR_Func Attr, MS_Func Attr);

5.1.3 反向匹配方法

通过正向匹配方法，当某一具体的制造任务需求 MT_i 匹配到多个候选加工服务时，可以结合每个候选加工服务任务执行的历史数据，对正向匹配的结果进行修正，即在反向匹配时，首先获得每个候选服务的历史加工任务信息，并应用概念相关度和蕴含关系推理方法对这些历史任务进行聚类,然后计算该加工任务与不同聚类中心的相关度,确定该任务归属的相似聚类,其相关度记为 $p=\max[\text{Rel}(\text{MT}_i,\text{cluster of histask}_j)]$。考虑到连续重复执行相同或相似制造任务的资源服务能够更好地完成该任务,即存在所谓的学习效应,而如果在一定时间间隔内没有执行相同或相似的任务,当再次执行时由于环境的变化存在退化效应,因此拟设计一种基于历史数据的反向匹配学习/退化机制,反映一种映射关系,即面向服务的任务匹配度 $=f$(任务相关度,时间,执行效果评价,候选服务,学习/退化效应),其反向匹配机制如图 5.2 所示。

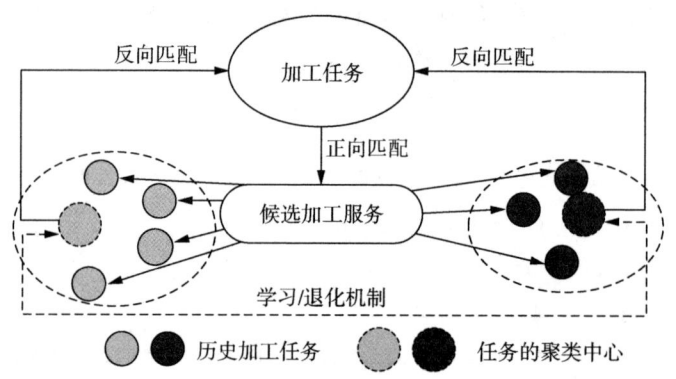

图 5.2　反向匹配机制

基于上述分析,在反向匹配时,存在学习效应的反向匹配度应该升高,而存在退化效应的匹配度应该降低,即匹配学习因子 $\alpha(t)$ 是满足 $\alpha:[0,+\infty)\rightarrow[1,1/p]$ 且 $\alpha(0)=1$ 的非递减函数,退化因子 $\beta(t)$ 是满足 $\beta:[0,+\infty)\rightarrow(0,1]$ 且 $\beta(0)=1$ 的非递增函数。在此,设计其匹配学习因子和匹配退化因子为

$$\alpha(t)=p^{-\sum_{t=1}^{T}a_t/T} \tag{5.7}$$

$$\beta(t)=\mathrm{e}^{-t/T} \tag{5.8}$$

其中,p 是加工任务 MT_i 与其归属的任务聚类间的相关度;T 是考察的历史周期;t 是距离现在的时间间隔;a_t 是距离现在第 t 个时间点上所执行任务的评价值,满足 $a_t\in[0,1]$。

基于正向匹配度和反向匹配度,将二者进行赋权求和,即可获得对每一个候选服务的语义匹配度值。

5.2 面向用户模糊偏好的制造服务匹配框架

在制造服务语义匹配的基础上进一步考虑其非功能性属性的匹配。共享制造环境下来自不同用户的多个制造任务粒度大、个性化需求高、服务资源规模大、关联性强,为了使共享平台能够对这些任务做出高效、快捷的匹配并给出后续的调度方案,需要建立一个任务和服务的相关描述,建立描述模型。多用户任务与制造服务的匹配过程是描述服务是否适合子任务的过程,用来保证匹配结果的全面性和精确性。通常情况下,对于分解后的每个子任务,共享平台需综合考虑制造服务各个维度的属性,对每个子任务进行一对多的匹配,最后通过线性加权得到整体匹配度。一般的制造服务属性包括基本属性、能力属性、实时状态属性和非功能性属性。其中,基本属性、实时状态属性的匹配主要用概念相似度方法,能力属性的匹配主要采取 Web 领域的语义匹配,而针对非功能性属性的匹配大部分研究都集中在用户 QoS 加权匹配上。一般的 QoS 匹配主要集中在多个维度的信息匹配,而且这些权重都是确切的值,很少有相关研究针对多用户模糊偏好进行制造服务匹配。因此,本节重点研究面向多用户偏好进行制造服务筛选,研究流程如图 5.3 所示。

多用户偏好导向的制造服务匹配过程为:首先,根据所有的制造任务的名称,获取与之概念相似或相同的制造服务集合。然后,共享平台根据用户对制造服务属性的各种偏好,利用对偶犹豫模糊理论将用户的偏好转化为对制造服务的满意度。最后,应用双边稳定匹配方法筛选出满足用户偏好的制造服务集合并反馈给用户。如果这些制造服务满足用户需求,则确定了用户满意的制造服务,否则,根据用户反馈继续匹配满足用户偏好的制造服务。

共享制造服务还要选择确定能够服务的潜在用户。首先,共享制造平台以对偶犹豫模糊理论为基础,收集用户偏好信息,建立目标用户信息库。该信息

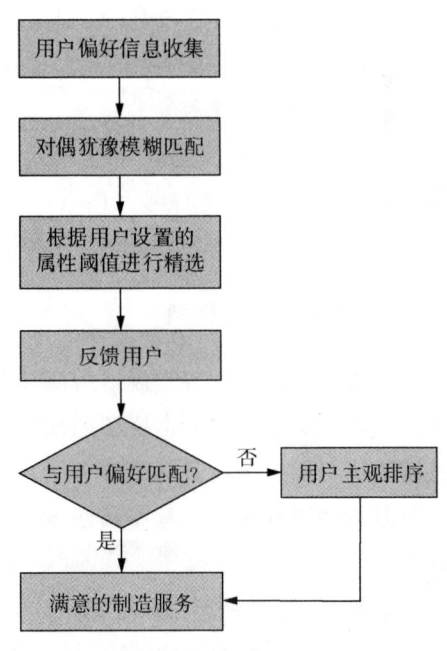

图 5.3 面向用户偏好的制造服务匹配过程

库要对用户信息的真实性进行检验，对于恶意或者不真实的用户信息选择删除。然后，对于目标用户信息库部分个性化阈值较高的用户，制造服务将对自身能力进行评估，若可能完成用户目标则继续进行服务，反之则放弃对其服务。最后，基于云计算、物联网、语义Web、高性能计算、嵌入式系统等技术的支撑，为确定的潜在目标用户人群进行服务准备。

该过程是一个共享平台和用户信息交互的过程，这种匹配机制能够提前筛选出满足用户偏好的制造服务，降低后续任务调度的复杂度，提高任务完成效率。因此，要完成这个过程，需要对服务和用户任务进行一对一映射，根据任务描述与服务描述进行精准匹配。

5.2.1 多用户任务描述模型

每个用户可能下达多个制造任务，每个制造任务可分解为多个子任务，并由分散在不同地理位置的制造单元进行加工服务。无论是任务管理还是制造服务管理，相关信息都以数据单元的形式存储在共享制造平台上，平台将这些数据作为检索依据。基于制造任务信息模型，在用户模糊偏好的基础上建立多用户任务信息描述模型。该模型包括四种属性，即基本属性、需求属性、标志信息和服务信息，这四种属性可由一个多元信息组表示，$T=\{T_b, T_r, T_c, T_o\}$。

基本属性 T_b 包括任务ID（MTid）、用户ID（MUid）、用户地址等。

需求属性 T_r 描述该任务的用户需求，包括交货期需求、价格需求、加工精度需求、服务质量需求等。

标志信息 T_c 标记该任务属于第几个用户的第几个任务及该任务的前继任务序号（Pre）和后续任务序号（Post）。

服务信息 T_o 记录该任务的子任务候选的制造服务编号集合。

5.2.2 制造服务描述模型

共享制造系统中的各类制造资源和制造能力被封装成各种制造服务，这些制造服务利用语义信息将制造资源的物理属性融合成虚拟属性，用于描述制造资源的各种属性。以机床设备加工服务为例，会有多种机床用来进行生产加工服务。制造服务包括四种属性：基本属性 S_b、能力属性 S_c、实时状态属性 S_s、非功能性属性 S_n。

基本属性 S_b 描述制造服务的一些基本信息，包括服务ID（CSid）、服务名（CSname）、供应商（CSprov）、制造商（CSmanuf）、服务周期（CScycle）、可服务产品类型（CSproduct）、地理位置（CSaddress）等。

能力属性 S_c 描述该服务是否可以满足各种生产任务的需求,从而为服务匹配提供技术性指标,包括结构特征、服务效率系数、质量等级、加工精度等。

实时状态属性 S_s 描述制造服务的实时服务状态,包括负载状态、任务序列和加工过程等。该属性能够被监控。

非功能性属性 S_n 也叫性能属性,能够为各种子任务加工提供可量化的评价信息,包括服务时间（Service Time）、服务成本（Service Cost）、通过率（Pass Rate）、服务质量（Service Quality）、可靠性（Reliability）、能耗（Energy Consumption）等。

5.2.3 制造服务双边匹配框架

制造服务双边匹配中存在参与匹配的两方主体集合。设用户的集合为 $U=\{U_1,U_2,\cdots,U_m\}$,其中 U_i 表示第 i 个用户,$i \in I=\{1,2,\cdots,m\}$；制造服务的集合为 $E=\{E_1,E_2,\cdots,E_n\}$,其中 E_j 表示第 j 个服务,$j \in J=\{1,2,\cdots,n\}$,其中 $m,n \geqslant 2, m \leqslant n$。

定义 5.1：双边匹配[1-3]

设 $\mu: U \cup E \rightarrow U \cup E$ 为一一映射,当且仅当 $\forall A_i \in A, \forall B_j \in B$ 满足以下三个条件：

(1) $\mu(U_i) \in E$;

(2) $\mu(E_j) \in U \cup E_j$;

(3) $\mu(U_i)=E_j$,当且仅当 $\mu(E_j)=U_i$。

称 μ 为双边匹配。

在定义 5.1 中,$\mu(U_i)=E_j$ 表示 U_i 与 E_j 在 μ 中匹配,此时称 (U_i,E_j) 为 μ-匹配主体对。由定义 5.1 中的条件（3）可知,若 (U_i,E_j) 为 μ-匹配主体对,则 (E_j,U_i) 也为 μ-匹配主体对。$\mu(E_j)=E_j$ 表示 E_j 在 μ 中未匹配,此时记 (E_j,E_j) 为 μ-匹配主体对。因此,双边匹配 μ 可表示为 $\mu=\mu_t \cup \mu_s$,其中 $\mu_t=\{(U_i,E_{f(i)})|i=1,2,\cdots,m\}$,$\mu_s=\{(E_j,E_j)|j=\{1,2,\cdots,n\}\setminus\{f(1),\cdots,f(m)\}\}$,$f(i) \in J$,且 $\forall k,l \in I, k \neq l$,有 $f(k) \neq f(l)$。

根据以上描述,基于偏好的 1-1 双边匹配问题如图 5.4 所示。在双边匹配 μ 中,由于 $m \leqslant n$,针对用户集合 U 中的每一个主体 U_i,制造服务集合中都存在不同的主体 E_j 与之构成一个 μ-匹配主体对,且制造服务集合中有 $n-m$ 个主体未匹配。

在基于偏好的双边满意匹配问题中,匹配结果的稳定性是需要考虑的重要因素。

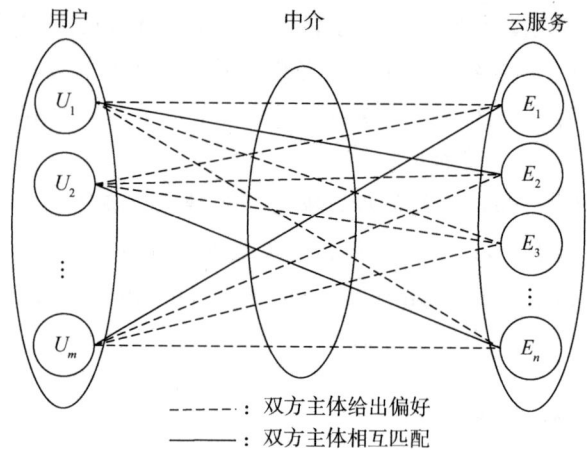

图 5.4　基于偏好的 1-1 双边匹配示意

定义 5.2：阻碍稳定对

对于 1-1 双边匹配 μ，α_{ij}，β_{ij} 分别表示 U_i 对 E_j、E_j 对 U_i 的满意度，若主体对 (U_i, E_j) 满足以下两种情况之一，则称主体对 (U_i, E_j) 为 μ-阻碍稳定对：

(1) $\exists U_i, U_l \in U, E_j, E_k \in E, \mu(U_i) = E_k, \mu(U_l) = E_j$，满足 $\alpha_{ij} > \alpha_{ik}$ 且 $\beta_{ij} > \beta_{lj}$；

(2) $\exists U_i \in U, E_j, E_k \in E, \mu(U_i) = E_k, \mu(E_j) = E_j$，满足 $\alpha_{ij} > \alpha_{ik}$。

定义 5.3：稳定匹配[3]

对于 1-1 双边匹配 μ，若不存在 μ-阻碍稳定对，则称 μ 为稳定匹配，即 μ 为具有稳定性的匹配，否则称 μ 为不稳定匹配。

可以看出，满足定义 5.2 中情况（1）和（2）的主体对 (U_i, E_j) 会使双边匹配 μ 不稳定，这是因为主体 U_i 与 E_j 都认为对方要优于目前所匹配的主体，从而产生抛弃目前所匹配的主体而相互"结合"在一起的动机。

基于偏好的稳定双边满意匹配问题可通过图 5.5 进行形象化的描述。

用户 U_i 对制造服务集合 E 中的每个主体均给出相应的匹配偏好信息，制造服务 E_j 对用户集合 U 中的每个主体也给出相应的匹配偏好信息。双边匹配是依据双方主体的匹配偏好信息，以尽量满足双方主体的偏好和要求为目标，确定合理的匹配结果。

针对基于偏好的稳定双边满意匹配问题，构建了解决该问题的研究框架，如图 5.6 所示。

在图 5.6 所示的解决基于偏好的稳定双边满意匹配问题的流程中，左边为主要的研究内容，右边是采用的相关理论和方法。该框架主要包括以下两个阶段的研究内容：

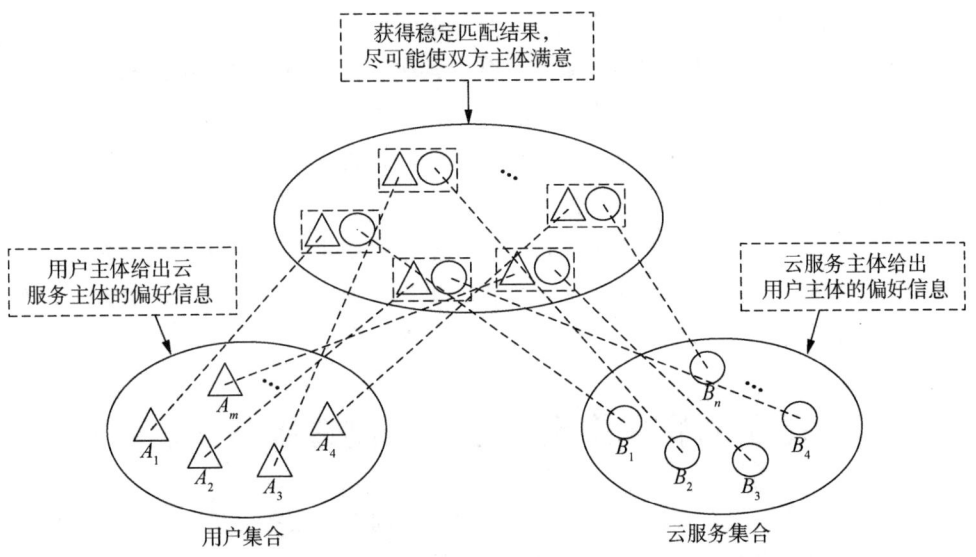

图 5.5 基于偏好的稳定双边满意匹配问题示意

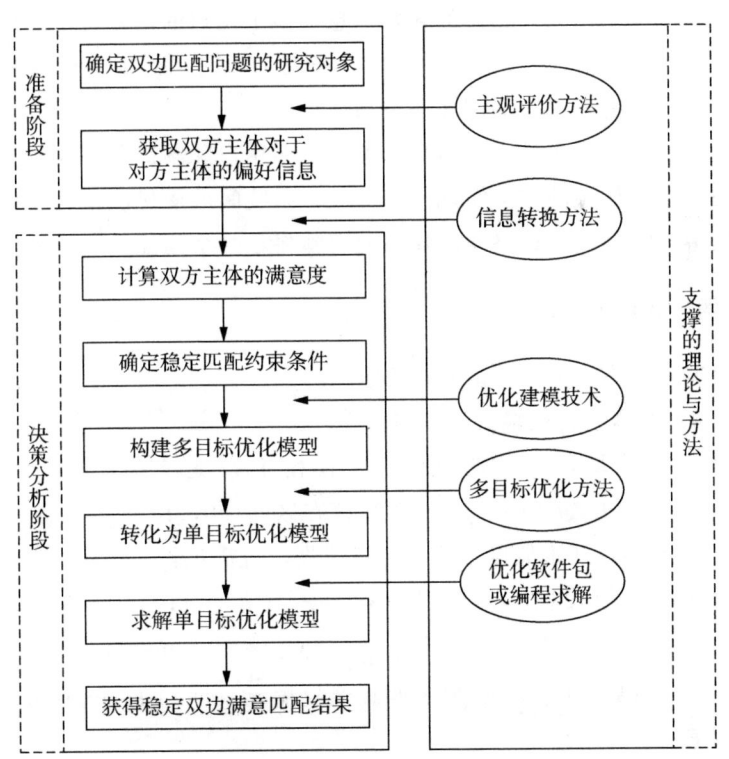

图 5.6 基于偏好的稳定双边满意匹配问题的研究框架

第一阶段为准备阶段。首先，根据具体的基于偏好的稳定双边满意匹配问题的研究背景确定用户集合和制造服务集合；其次，双方主体集合中的每个主体通过主观评价方法综合考虑多个指标因素，给出对方主体的匹配偏好信息。

第二阶段为决策分析阶段。在决策分析阶段，首先采用信息转化方法，依据双边主体偏好信息计算双方主体的满意度，然后依据双方主体给出的偏好信息确定稳定匹配约束条件，接着使用优化建模技术构建稳定双边满意匹配的多目标优化模型，再将多目标优化模型转化为单目标优化模型，最后通过模型求解获得最终的稳定双边满意匹配结果。

5.3 基于对偶犹豫模糊理论的制造服务双边匹配

用户向平台提交任务需求，同一个用户对不同制造服务提供的产品有不同的偏好，不同的用户对同一个服务的非功能性属性（产品质量、产品价格、服务水平、服务能力等）的偏好也是不同的。通常情况下，由于环境的不确定性及用户的认知模糊，很难给出用户具体的偏好信息，多个用户的偏好可由对偶犹豫模糊集（Dual Hesitation Fuzzy Sets，DHFS）来表示，它在处理偏好信息的模糊性和不确定性方面具有较好的通用性和灵活性[4-6]。

运用对偶犹豫模糊集理论能够全方位展示多用户和制造服务与制造任务之间的关系，通过模型优化的方法实现用户与服务系统间的最优决策，实现用户和服务系统间的最大满意度，最终匹配任务的实施将是整个匹配系统的最优解。

5.3.1 对偶犹豫模糊理论

下面给出对偶犹豫模糊理论的相关定义。

定义 5.4：对偶犹豫模糊集（DHFS）[7]

令 X 为非空论域，X 上的对偶犹豫模糊集 D 定义为：$D=\{\langle x,h(x),g(x)\rangle,x\in X\}$，其中，$h(x)$，$g(x)$ 为取值在区间 $[0,1]$ 的集合，分别表示在集合 D 中 $x\in X$ 的可能隶属度与非可能隶属度，且满足：

(1) $\gamma\in h(x),\eta\in g(x),0\leqslant\gamma,\eta\leqslant 1,0\leqslant\gamma^{+}+\eta^{+}\leqslant 1$；

(2) $\gamma^{+}\in h^{+}(x)=\bigcup_{\gamma\in h(x)}\max\{\gamma\},\eta^{+}\in g^{+}(x)=\bigcup_{\eta\in g(x)}\max\{\eta\}$。

则称 $d(x)=(h(x),g(x))$ 为对偶犹豫模糊元（Dual Hesitation Fuzzy Element，DHFE）。

定义 5.5：对偶犹豫模糊元的信息量[8,9]

设 $D=(h(x),g(x))$ 为对偶犹豫模糊元，其中 $h(x)=\{h_{\sigma(1)}(x),h_{\sigma(2)}(x),\cdots,$

$h_{\sigma(l)}(x)\}, g(x) = \{g_{\delta(1)}(x), g_{\delta(2)}(x), \cdots, g_{\delta(k)}(x)\}$,则 D 的信息量为

$$E_{\text{DHFE}}(D) = \frac{1}{l}\sum_{s=1}^{l} h_{\sigma(s)}^2(x) + \frac{1}{k}\sum_{t=1}^{k} g_{\delta(t)}^2(x) \tag{5.9}$$

D 的模可定义为

$$|D| = \sqrt{E_{\text{DHFE}}(D)} = \sqrt{\frac{1}{l}\sum_{s=1}^{l} h_{\sigma(s)}^2(x) + \frac{1}{k}\sum_{t=1}^{k} g_{\delta(t)}^2(x)} \tag{5.10}$$

定义 5.6：两对偶犹豫模糊元的相关性指标[8,9]

设 $D = (h_D(x), g_D(x))$ 和 $F = (h_F(x), g_F(x))$ 为两个对偶犹豫模糊元，其中 $h_D(x) = \{h_{D\sigma(1)}(x), h_{D\sigma(2)}(x), \cdots, h_{D\sigma(l)}(x)\}, g_D(x) = \{g_{D\delta(1)}(x), g_{D\delta(2)}(x), \cdots, g_{D\delta(k)}(x)\}, h_F(x) = \{h_{F\sigma(1)}(x), h_{F\sigma(2)}(x), \cdots, h_{F\sigma(l)}(x)\}, g_F(x) = \{g_{F\delta(1)}(x), g_{F\delta(2)}(x), \cdots, g_{F\delta(k)}(x)\}$，则 D 和 F 的相关性指标定义如下：

$$C_{\text{DHFE}}(D,F) = \frac{1}{l}\sum_{s=1}^{l} h_{D\sigma(s)}(x)h_{F\sigma(s)}(x) + \frac{1}{k}\sum_{t=1}^{k} g_{D\delta(t)}(x)g_{F\delta(t)}(x) \tag{5.11}$$

定义 5.7：对偶犹豫模糊元的余弦夹角

设 D 和 F 为两个对偶犹豫模糊元，D 与 F 的相关系数即余弦夹角可表示为

$$K_{\text{DHFE}}(D,F) = \frac{C_{\text{DHFE}}(D,F)}{\sqrt{E_{\text{DHFE}}(D)E_{\text{DHFE}}(F)}} \tag{5.12}$$

参考直觉模糊投影、犹豫模糊投影的定义[10,11]，下面给出对偶犹豫模糊投影的定义。

定义 5.8：对偶犹豫模糊元的投影

设 D、F 为两个对偶犹豫模糊元，则 D 在 F 上的投影定义为

$$P = |D| K_{\text{DHFE}}(D,F) = \frac{C_{\text{DHFE}}(D,F)}{\sqrt{E_{\text{DHFE}}(F)}}$$

$$= \frac{\frac{1}{l}\sum_{s=1}^{l} h_{D\sigma(s)}(x)h_{F\sigma(s)}(x) + \frac{1}{k}\sum_{t=1}^{k} g_{D\delta(t)}(x)g_{F\delta(t)}(x)}{\sqrt{\frac{1}{l}\sum_{s=1}^{l} h_{F\sigma(s)}^2(x) + \frac{1}{k}\sum_{t=1}^{k} g_{F\delta(t)}^2(x)}} \tag{5.13}$$

定义 5.9：理想对偶犹豫模糊元

令 $D^*(x_i) = (h^*(x_i), g^*(x_i))$ 为理想对偶犹豫模糊元，其中

$$\begin{cases} h^*(x_i) = \{\max_j h_{\sigma(1)}(x_{ij}), \max_j h_{\sigma(2)}(x_{ij}), \cdots, \max_j h_{\sigma(l)}(x_{ij})\} \\ g^*(x_i) = \{\min_j g_{\delta(1)}(x_{ij}), \min_j g_{\delta(2)}(x_{ij}), \cdots, \min_j g_{\delta(k)}(x_{ij})\} \end{cases} \tag{5.14}$$

则对偶犹豫模糊元 D 在理想对偶犹豫模糊元 D^* 上的投影为

$$P=|D|K_{\mathrm{DHFE}}(D,D^*)=\frac{C_{\mathrm{DHFE}}(D,D^*)}{\sqrt{E_{\mathrm{DHFE}}(D^*)}}$$

$$=\frac{\frac{1}{l}\sum_{s=1}^{l}h_{D\sigma(s)}(x)h_{D^*\sigma(s)}(x)+\frac{1}{k}\sum_{t=1}^{k}g_{D\delta(t)}(x)g_{D^*\delta(t)}(x)}{\sqrt{\frac{1}{l}\sum_{s=1}^{l}h_{D^*\sigma(s)}^2(x)+\frac{1}{k}\sum_{t=1}^{k}g_{D^*\delta(t)}^2(x)}} \qquad (5.15)$$

5.3.2 满意度计算方法

通过双方相互评价，可以给出双边主体的对偶犹豫模糊偏好信息。分别构造对偶犹豫模糊偏好信息评价矩阵 $\boldsymbol{D}_U=[d_{U_{ij}}]_{m\times n}$ 和 $\boldsymbol{D}_E=[d_{E_{ij}}]_{m\times n}$，其中，$d_{U_{ij}}$ 表示用户方的第 i 个匹配主体给出的对制造服务方的第 j 个匹配主体的对偶犹豫模糊偏好信息，$d_{E_{ij}}$ 表示制造服务方的第 j 个匹配主体给出的对用户方的第 i 个匹配主体的对偶犹豫模糊偏好信息。

基于对偶犹豫模糊理论的相关定义，利用 DHFE 将用户偏好转化为用户满意度的计算步骤如图5.7所示。

(1) 构建模糊偏好信息

共享平台从系统的历史交易记录中得到所有用户对每个制造服务的可能隶属度偏好和非可能隶属度偏好，从而可以得出所有子任务对制造服务的模糊偏好矩阵。

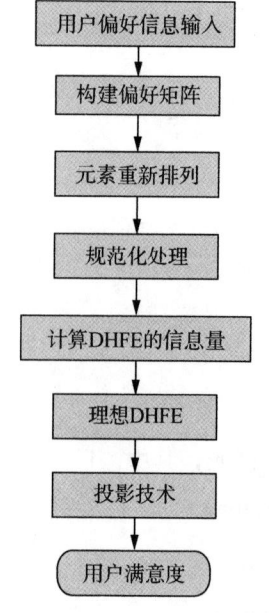

图5.7 用户满意度计算步骤

(2) 排序

对于给定的对偶犹豫模糊元 $D=(h(x),g(x))$，通常情况下，$h(x)$ 和 $g(x)$ 两个集合中元素的排列是无序的[9]，因此在规范化处理时需要将这些元素按照从大到小的顺序重新排列。令 $\sigma:(1,2,\cdots,m)\rightarrow(1,2,\cdots,m)$ 为一个排列，使得 $h_{\delta(s)}\geqslant h_{\delta(s+1)}$，其中 $s=1,2,\cdots,m-1$。令 $\delta:(1,2,\cdots,n)\rightarrow(1,2,\cdots,n)$ 为一个排列，使得 $g_{\delta(t)}\geqslant g_{\delta(t+1)}$，其中 $t=1,2,\cdots,n-1$。

(3) 规范化处理

在不同的对偶犹豫模糊元 $D=(h_D(x),g_D(x))$ 和 $F=(h_F(x),g_F(x))$ 中，集合 $h_D(x)$ 和 $h_F(x)$ 及 $g_D(x)$ 和 $g_F(x)$ 中所包含元素的个数可能不同。令 $l=\max\{l(h_D(x)),l(h_F(x))\}$，$k=\max\{k(g_D(x)),k(g_F(x))\}$，其中 $l(h_D(x))$，$l(h_F(x))$，

$k(g_D(x))$,$k(g_F(x))$分别表示$h_D(x)$,$h_F(x)$,$g_D(x)$,$g_F(x)$中元素的个数。无论是隶属度还是非隶属度，在通常情况下，乐观型决策者往往会选择每个集合中最大的元素添加到集合中，而悲观型决策者则会选择每个集合中最小的元素添加到集合中，使得$l(h_D(x))=l(h_F(x))$，$k(g_D(x))=k(g_F(x))$。本书采用乐观型决策者的决策立场，向所有DHFE中添加最大的元素。

（4）投影技术

由式（5.15）计算得到的投影值表示对偶犹豫模糊集D接近理想对偶犹豫模糊元D^*的程度，可以视为偏好信息的满意度[10]。因此，对偶犹豫模糊偏好信息评价矩阵$\boldsymbol{D}_U=[d_{U_{ij}}]_{m\times n}$和$\boldsymbol{D}_E=[d_{E_{ij}}]_{m\times n}$可以转化为双边主体的满意度矩阵$\boldsymbol{\alpha}=[\alpha_{ij}]_{m\times n}$和$\boldsymbol{\beta}=[\beta_{ij}]_{m\times n}$。

5.3.3 双边匹配模型的构建及求解

在匹配过程中，如果两个匹配主体之间的满意度优于各自匹配主体之间的满意度，则表明存在不稳定的匹配状态。随后，它们可能会退出当前的匹配状态[12,13]，相互选择，从而导致混乱，甚至完全终止匹配过程。因此，为了避免匹配过程中出现不稳定状态，根据满意度α_{ij}，β_{ij}和定义5.3，引入稳定匹配的约束条件：

$$x_{ij}+\sum_{k:\,\alpha_{ik}>\alpha_{ij}}x_{ik}+\sum_{l:\,\beta_{lj}>\beta_{ij}}x_{lj}\geqslant 1 \tag{5.16}$$

其中，x_{ij}为一个0-1变量，当U_i与E_j匹配时$x_{ij}=1$，否则$x_{ij}=0$；$\sum_{k:\,\alpha_{ik}>\alpha_{ij}}x_{ik}=1$表示$U_i$与其认为优于$E_j$的某个$E$方主体相匹配，否则$\sum_{k:\,\alpha_{ik}>\alpha_{ij}}x_{ik}=0$；$\sum_{l:\,\beta_{lj}>\beta_{ij}}x_{lj}=1$表示$E_j$与其认为优于$U_i$的某个$U$方主体相匹配，否则$\sum_{l:\,\beta_{lj}>\beta_{ij}}x_{lj}=0$。因此，若$x_{ij}=0$，即$U_i$与$E_j$在$\mu$中未匹配，则使式（5.16）成立必然要求$\sum_{k:\,\alpha_{ik}>\alpha_{ij}}x_{ik}$与$\sum_{l:\,\beta_{lj}>\beta_{ij}}x_{lj}$至少有一个等于1，也就是说，此时会存在"$U_i$与其认为优于$E_j$的某个$E$方主体相匹配，或者$E_j$与其认为优于$U_i$的某个$U$方主体相匹配"，即$U_i$与$E_j$不构成$\mu$-阻碍稳定对，这也就确保了$\mu$为稳定双边匹配。

综上所述，建立使满意度最大化、双边主体满意度差异最小化的多目标双边匹配优化模型：

$$\max Z_U=\sum_{i=1}^{m}\sum_{j=1}^{n}\alpha_{ij}x_{ij} \tag{5.17}$$

$$\max Z_E = \sum_{i=1}^{m}\sum_{j=1}^{n}\beta_{ij}x_{ij} \tag{5.18}$$

$$\min Z_{|U-E|} = \sum_{i=1}^{m}\sum_{j=1}^{n}|\alpha_{ij}-\beta_{ij}|x_{ij} \tag{5.19}$$

$$\text{s.t.} \sum_{j=1}^{n}x_{ij}=1, i\in I \tag{5.20}$$

$$\sum_{i=1}^{m}x_{ij}\leqslant 1, j\in J \tag{5.21}$$

$$x_{ij}+\sum_{k:\,\alpha_{ik}>\alpha_{ij}}x_{ik}+\sum_{l:\,\beta_{lj}>\beta_{ij}}x_{lj}\geqslant 1 \tag{5.22}$$

$$x_{ij}=0,1, i\in I, j\in J \tag{5.23}$$

式（5.17）~式（5.19）表示优化模型的目标函数，其中式（5.17）表示 U 侧主体满意度最大化，式（5.18）表示 E 侧主体满意度最大化，式（5.19）表示双边主体满意度差异最小化。式（5.20）和式（5.21）是双边匹配优化模型的约束条件，式（5.20）表示 U_i 必须与 E 侧的其中一个主体相匹配，式（5.21）表示 E_j 最多与 U 侧的其中一个主体相匹配。式（5.22）是稳定的匹配约束条件。在式（5.23）中，x_{ij} 为 0-1 变量，x_{ij} 为 1 代表主体 U_i 与主体 E_j 匹配，x_{ij} 为 0 则代表主体 U_i 与主体 E_j 不匹配。

在式（5.17）~式（5.23）中，目标函数具有相同的维数。在模型的求解过程中，令 w_1，w_2 和 w_3 为目标 Z_U，Z_E 和 $Z_{|U-E|}$ 的权重系数，满足 $0\leqslant w_1$，w_2，$w_3 \leqslant 1$，且 $w_1+w_2+w_3=1$。因此，多目标优化模型可以转化为单目标优化模型，用线性加权方法求解。

为了科学合理地确定模型中各目标的权重系数，提出了匹配相对竞争度。众所周知，经济理论表明，稀缺资源具有更强的竞争力，所以在双边匹配过程中，匹配主体较少的一方会占据优势地位。因此，引入匹配相对竞争度的概念[14]，同时考虑匹配权的性质差异特征[15]。匹配相对竞争度的定义和描述如下：

U 侧的匹配相对竞争度定义为 $w_U=\dfrac{n}{(m+n+|m-n|)}$，$E$ 侧的匹配相对竞争度定义为 $w_E=\dfrac{m}{(m+n+|m-n|)}$。因此，权重系数 w_1，w_2 可以分别用 w_U，w_E 表示，权重系数 w_3 可用 $1-w_U-w_E$ 表示。

基于上述分析，采用匹配相对竞争度，将满意度矩阵转换为匹配度矩阵。为此，提出并构造匹配度矩阵 $\boldsymbol{C}=[C_{ij}]_{m\times n}$。

$$C_{ij}=w_U\alpha_{ij}+w_E\beta_{ij}-(1-w_U-w_E)|\alpha_{ij}-\beta_{ij}| \tag{5.24}$$

通过应用式（5.24）将多目标优化模型转化为单目标优化模型：

$$\max Z = \sum_{i=1}^{m}\sum_{j=1}^{n}[w_U\alpha_{ij}+w_E\beta_{ij}-(1-w_U-w_E)|\alpha_{ij}-\beta_{ij}|]x_{ij}$$

$$= \sum_{i=1}^{m}\sum_{j=1}^{n}C_{ij}x_{ij} \tag{5.25}$$

$$\text{s.t.} \quad \sum_{j=1}^{n}x_{ij}=1, \ i\in I \tag{5.26}$$

$$\sum_{i=1}^{m}x_{ij}\leqslant 1, \ j\in J \tag{5.27}$$

$$x_{ij}+\sum_{k:\ \alpha_{ik}>\alpha_{ij}}x_{ik}+\sum_{l:\ \beta_{lj}>\beta_{ij}}x_{lj}\geqslant 1 \tag{5.28}$$

$$x_{ij}=0,1, i\in I, j\in J \tag{5.29}$$

式（5.25）～式（5.29）是分配问题的经典模型。对于经典分配模型的求解过程，研究人员开发了一些多项式时间算法，如匈牙利算法[16]和竞拍算法[17]。这些算法的时间复杂度和空间复杂度分别为 $O(n^3)$ 和 $O(n)$。采用现有的分配算法可以方便地求解式（5.25）～式（5.29）。该模型也可以应用数学优化软件如 LINGO 11.0 等来求解。

为了求解该模型，设计了匹配算法，该双边匹配模型的伪代码可以总结如下：

```
model:
sets:
U/1… m/;
E/1… n/;
link(U,E):C,X;
end sets
max = @sum(link:C * X);
@for(U(I):@sum(E(J):X(I,J)) = 1);
@for(E(J):@sum(U(I):X(I,J)) = <1);
the stable matching constraint:
```

$$x_{ij}+\sum_{k:\ \alpha_{ik}>\alpha_{ij}}x_{ik}+\sum_{l:\ \beta_{lj}>\beta_{ij}}x_{lj}\geqslant 1$$

and the satisfaction degree matrixes:

$\alpha = [\alpha_{ij}]_{m\times n}$ and $\beta = [\beta_{ij}]_{m\times n}$;

```
for(link:@bin(X));
end
```

通过上述伪代码可以合理地求解该模型，并获得双方主体的匹配结果。

5.3.4 双边匹配决策步骤

综上所述，设计了根据对偶犹豫模糊偏好信息应用双边匹配模型决策的步骤，如图 5.8 所示。

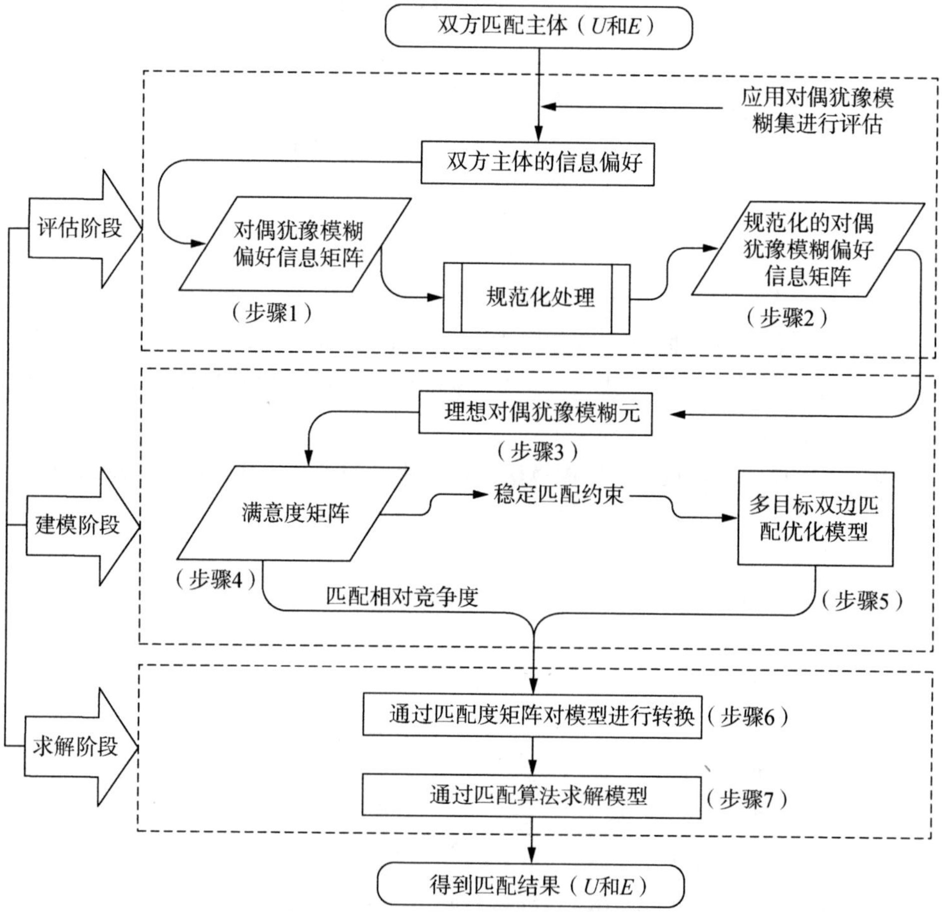

图 5.8 基于对偶犹豫模糊偏好信息的双边匹配模型决策步骤

具体步骤如下：

1) 令匹配双方主体进行互评，给出对偶犹豫模糊偏好信息，构造对偶犹豫模糊偏好信息评价矩阵 $\boldsymbol{D}_U = [d_{U_{ij}}]_{m \times n}$ 和 $\boldsymbol{D}_E = [d_{E_{ij}}]_{m \times n}$。

2) 将对偶犹豫模糊决策矩阵中的各对偶犹豫模糊元进行重新排序及长度处理，得到规范化的对偶犹豫模糊偏好矩阵 $\widetilde{\boldsymbol{D}}_U = [\tilde{d}_{U_{ij}}]_{m \times n}$ 和 $\widetilde{\boldsymbol{D}}_E = [\tilde{d}_{E_{ij}}]_{m \times n}$。

3）依据式（5.14），得到理想对偶犹豫模糊元。

4）依据式（5.15），将规范化的对偶犹豫模糊偏好矩阵转化为满意度矩阵，将 $\widetilde{\boldsymbol{D}}_U = [\widetilde{d}_{U_{ij}}]_{m \times n}$ 转化为 $\boldsymbol{\alpha} = [\alpha_{ij}]_{m \times n}$，将 $\widetilde{\boldsymbol{D}}_E = [\widetilde{d}_{E_{ij}}]_{m \times n}$ 转化为 $\boldsymbol{\beta} = [\beta_{ij}]_{m \times n}$。

5）依据所得满意度，考虑稳定匹配条件，建立优化模型。

6）根据匹配的相对竞争程度，通过应用式（5.16）将满意度矩阵转化为匹配度矩阵，将多目标优化模型式（5.17）～式（5.23）转换为单目标优化模型式（5.25）～式（5.29）。

7）求解优化模型，得出匹配方案。

5.3.5 算例分析

设 4 个用户 (U_1, U_2, U_3, U_4) 同时向共享平台提交了多个生产任务，这些任务可由 6 个企业 $(E_1, E_2, E_3, E_4, E_5, E_6)$ 共同完成。受环境和认知模糊的影响，用户可以对制造服务的各种维度的属性给出评价，如产品价格、供应能力、产品质量、服务水平、信誉水平等。通常情况下受认知的影响，用户对这些属性的评价并不能具体衡量。例如，用户 1 对制造服务 1 的可能隶属度为 $[0.7, 0.6, 0.5]$。下面给出满意度计算的具体过程。

第一步，每个用户对 6 个制造服务方（企业）给出对偶犹豫模糊偏好信息矩阵 $\boldsymbol{D}_U$，见表 5.1。每个制造服务方对 4 个用户给出对偶犹豫模糊偏好信息矩阵 $\boldsymbol{D}_E$，见表 5.2。

表 5.1 用户对制造服务方的对偶犹豫模糊偏好信息

变量	E_1	E_2	E_3	E_4	E_5	E_6
U_1	([0.7, 0.6, 0.5], [0.2, 0.1])	([0.5, 0.4], [0.4, 0.3])	([0.6, 0.5, 0.4], [0.2, 0.1])	([0.4, 0.3], [0.6, 0.4])	([0.5, 0.5, 0.3], [0.3, 0.2])	([0.6, 0.4, 0.3], [0.3, 0.3])
U_2	([0.6, 0.4], [0.2])	([0.4, 0.3, 0.2], [0.6, 0.4])	([0.6, 0.5], [0.4, 0.3])	([0.8, 0.6], [0.2])	([0.8, 0.8, 0.4], [0.2, 0.1])	([0.4, 0.4, 0.3], [0.6, 0.6])
U_3	([0.7, 0.6], [0.3, 0.2])	([0.6, 0.5], [0.3, 0.2])	([0.4, 0.3], [0.6, 0.5])	([0.7, 0.6, 0.4], [0.2, 0.1])	([0.6, 0.5, 0.3], [0.3, 0.2])	([0.7, 0.7, 0.5], [0.2, 0.2])
U_4	([0.7, 0.6], [0.2, 0.1])	([0.8, 0.7], [0.1])	([0.6, 0.5], [0.4, 0.3])	([0.3, 0.2], [0.6, 0.5])	([0.5, 0.3], [0.4, 0.2])	([0.7, 0.6], [0.3, 0.3])

表 5.2 制造服务方对用户的对偶犹豫模糊偏好信息

变量	E_1	E_2	E_3	E_4	E_5	E_6
U_1	([0.6, 0.5], [0.4, 0.3, 0.2])	([0.4, 0.2], [0.5, 0.3])	([0.8, 0.7, 0.6], [0.2])	([0.6, 0.5], [0.4])	([0.6, 0.5], [0.3, 0.1])	([0.7, 0.6], [0.2])
U_2	([0.7, 0.6], [0.2, 0.1])	([0.6, 0.5], [0.1])	([0.7, 0.6], [0.2, 0.1])	([0.7, 0.6], [0.3])	([0.4], [0.6, 0.5, 0.3])	([0.4, 0.3], [0.5, 0.3])
U_3	([0.6, 0.4], [0.3, 0.2])	([0.4], [0.6])	([0.5, 0.4], [0.3])	([0.2], [0.4, 0.3])	([0.4, 0.3], [0.5, 0.4])	([0.6, 0.5], [0.3, 0.1])
U_4	([0.4], [0.5, 0.4, 0.2])	([0.5], [0.4, 0.2])	([0.4, 0.3], [0.5, 0.3])	([0.6, 0.5], [0.3, 0.2])	([0.7, 0.6], [0.2])	([0.3, 0.2], [0.6, 0.5])

第二步，向每个对偶犹豫模糊元中添加最大的元素，使得 $l(h_D(x))=l(h_F(x))$，$k(g_D(x))=k(g_F(x))$，并降序排列，得到归一化矩阵，见表 5.3 和表 5.4。

表 5.3 用户对制造服务方的归一化的偏好信息

变量	E_1	E_2	E_3	E_4	E_5	E_6
U_1	([0.7, 0.6, 0.5], [0.2, 0.1])	([0.5, 0.5, 0.4], [0.4, 0.3])	([0.6, 0.5, 0.4], [0.2, 0.1])	([0.4, 0.4, 0.3], [0.6, 0.4])	([0.5, 0.5, 0.3], [0.3, 0.2])	([0.6, 0.4, 0.3], [0.3, 0.3])
U_2	([0.6, 0.6, 0.4], [0.2, 0.2])	([0.4, 0.3, 0.2], [0.6, 0.4])	([0.6, 0.6, 0.5], [0.4, 0.3])	([0.8, 0.8, 0.6], [0.2, 0.2])	([0.8, 0.8, 0.4], [0.2, 0.1])	([0.4, 0.4, 0.3], [0.6, 0.6])
U_3	([0.7, 0.7, 0.6], [0.3, 0.2])	([0.6, 0.6, 0.5], [0.3, 0.2])	([0.4, 0.4, 0.3], [0.6, 0.5])	([0.7, 0.6, 0.4], [0.2, 0.1])	([0.6, 0.5, 0.3], [0.3, 0.2])	([0.7, 0.7, 0.5], [0.2, 0.2])
U_4	([0.7, 0.6], [0.2, 0.1])	([0.8, 0.7], [0.1, 0.1])	([0.6, 0.5], [0.4, 0.3])	([0.3, 0.2], [0.6, 0.5])	([0.5, 0.3], [0.4, 0.2])	([0.7, 0.6], [0.3, 0.3])

表 5.4 制造服务方对用户的归一化的偏好信息

变量	E_1	E_2	E_3	E_4	E_5	E_6
U_1	([0.6, 0.5], [0.4, 0.3, 0.2])	([0.4, 0.2], [0.5, 0.3])	([0.8, 0.7, 0.6], [0.2, 0.2])	([0.6, 0.5], [0.4, 0.4])	([0.6, 0.5], [0.3, 0.3, 0.1])	([0.7, 0.6], [0.2, 0.2])
U_2	([0.7, 0.6], [0.2, 0.2, 0.1])	([0.6, 0.5], [0.1, 0.1])	([0.7, 0.7, 0.6], [0.2, 0.1])	([0.7, 0.6], [0.3, 0.3])	([0.4, 0.4], [0.6, 0.5, 0.3])	([0.4, 0.3], [0.5, 0.3])
U_3	([0.6, 0.4], [0.3, 0.3, 0.2])	([0.4, 0.4], [0.6, 0.6])	([0.5, 0.5, 0.4], [0.3, 0.3])	([0.2, 0.2], [0.4, 0.3])	([0.4, 0.3], [0.5, 0.5, 0.4])	([0.6, 0.5], [0.3, 0.1])
U_4	([0.4, 0.4], [0.5, 0.4, 0.2])	([0.5, 0.5], [0.4, 0.2])	([0.4, 0.4, 0.3], [0.5, 0.3])	([0.6, 0.5], [0.3, 0.2])	([0.7, 0.6], [0.2, 0.2, 0.2])	([0.3, 0.2], [0.6, 0.5])

第三步，根据式（5.14）可计算得到每个用户对制造服务各种属性的理想对偶犹豫模糊集，如 4 个用户对制造服务方的理想隶属度和理想非隶属度分别为 ([0.7,0.6,0.5],[0.2,0.1]),([0.8,0.8,0.6],[0.2,0.1]),([0.7,0.7,0.6],[0.2,0.1]),([0.8,0.7],[0.1,0.1])。

第四步，根据公式计算每个 DHFE 到理想模糊犹豫元的投影，得到双方主体的满意度矩阵，结果见表 5.5 和表 5.6。

表 5.5 用户对制造服务方的满意度矩阵

变量	E_1	E_2	E_3	E_4	E_5	E_6
U_1	0.63	0.54	0.53	0.48	0.49	0.50
U_2	0.57	0.41	0.63	0.76	0.70	0.48
U_3	0.71	0.61	0.48	0.59	0.52	0.66
U_4	0.67	0.76	0.59	0.32	0.44	0.69

表 5.6 制造服务方对用户的满意度矩阵

变量	E_1	E_2	E_3	E_4	E_5	E_6
U_1	0.61	0.37	0.73	0.66	0.60	0.68
U_2	0.67	0.56	0.69	0.71	0.51	0.44
U_3	0.56	0.50	0.52	0.31	0.46	0.59
U_4	0.48	0.54	0.45	0.61	0.68	0.37

由表 5.5 可以看出，每个用户对所有制造服务企业都有一个满意度排序，如用户 1 对云企业的满意度排序为 $E_1 > E_2 > E_3 > E_6 > E_5 > E_4$。假设用户 1 的满意度阈值为 0.50，$E_5$ 和 E_4 则被排除在外。因此，共享平台通过过滤筛选出满足用户满意度阈值的候选云服务集合，排序后输出给用户，作为匹配根据，用户在得到推荐结果后可以反馈调整并传输给共享平台。如果用户对候选集合不满意，则可以手动指定服务候选集合中的服务方，并将结果反馈给制造服务供应方。共享平台运营者得到满足用户偏好的候选制造服务集合，并进行进一步优化。

第五步，通过匹配的相对竞争度计算权重系数，通过式（5.24）构造匹配度矩阵，见表 5.7。$w_U = \frac{1}{2}$，$w_E = \frac{1}{3}$，$1 - w_U - w_E = \frac{1}{6}$。

表 5.7 匹配度矩阵

变量	E_1	E_2	E_3	E_4	E_5	E_6
U_1	0.52	0.37	0.48	0.43	0.43	0.45
U_2	0.49	0.37	0.54	0.61	0.49	0.38
U_3	0.52	0.45	0.41	0.35	0.40	0.52
U_4	0.46	0.52	0.42	0.32	0.41	0.42

第六步，根据式（5.25）～式（5.29）和满意度矩阵 $\alpha = [\alpha_{ij}]_{4\times 6}$ 和 $\beta = [\beta_{ij}]_{4\times 6}$，使用软件 LINGO 11.0 获得上述模型的匹配结果为：$Z=2.17$，$x_{11}=x_{24}=x_{36}=x_{42}=1$。

匹配结果可描述为 $\mu = \{(U_1,E_1),(U_2,E_4),(U_3,E_6),(U_4,E_2)\}$，即用户 U_1 与制造服务方 E_1 匹配，用户 U_2 与制造服务方 E_4 匹配，用户 U_3 与制造服务方 E_6 匹配，用户 U_4 与制造服务方 E_2 匹配。制造服务方 E_3 和 E_5 无匹配用户。

LINGO 代码如下：

```
model:
sets:
U/1..4/:;
E/1..6/:;
link(U,E):x,a,b,c;
end sets

data:
a = 0.63,0.54,0.53,0.48,0.49,0.50
    0.57,0.41,0.63,0.76,0.70,0.48
    0.71,0.61,0.48,0.59,0.52,0.66
    0.67,0.76,0.59,0.32,0.44,0.69;
b = 0.61,0.37,0.73,0.66,0.60,0.68
    0.67,0.56,0.69,0.71,0.51,0.44
    0.56,0.50,0.52,0.31,0.46,0.59
    0.48,0.54,0.45,0.61,0.68,0.37;
c = 0.52,0.37,0.48,0.43,0.43,0.45
    0.49,0.37,0.54,0.61,0.49,0.38
    0.52,0.45,0.41,0.35,0.40,0.52
```

0.46,0.52,0.42,0.32,0.41,0.42;
end data

```
max = @sum(link(i,j):x(i,j)*c(i,j));
@for(U(i):@sum(E(j):x(i,j)) = 1);
@for(E(j):@sum(U(i):x(i,j))< = 1);
@for(link(i,j):x(i,j) + @sum(E(k)|a(i,k)#gt#a(i,j):x(i,k)) + @sum(U(l)|b(l,j)#gt#b(i,j):x(l,j))> = 1);
@for(link(i,j):@bin(x));
end
```

5.4 小　　结

　　本章建立了面向多用户偏好的共享制造服务双边匹配模型。首先，提出制造服务双向语义匹配模型、正向匹配和反向匹配方法，为制造服务双边匹配奠定基础。然后，针对多用户多任务需求，建立制造服务和用户任务信息描述模型与制造服务双边匹配框架。最后，由每个用户对不同服务方的每一个匹配主体的对偶犹豫模糊偏好信息计算得出该用户的模糊偏好矩阵，再由投影技术计算出用户对制造服务的满意度，根据双边匹配模型筛选出符合用户需求的制造服务。这种匹配机制能够降低后续任务调度的复杂度，保障最终匹配结果的稳定性和可靠性。

参 考 文 献

[1] ECHENIQUE F. What matchings can be stable? The testable implications of matching theory [J]. Mathematics of Operations Research, 2008, 33 (3): 757-768.

[2] GALE D. The two-sided matching problem: rigin, development and current issues [J]. International Game Theory Review, 2001 (3): 237-252.

[3] 樊治平, 李铭洋, 乐琦. 考虑稳定匹配条件的双边满意匹配决策方法 [J]. 中国管理科学, 2014, 22 (4): 112-118.

[4] HAO Z, XU Z, ZHAO H, et al. Probabilistic dual hesitant fuzzy set and its application in risk evaluation [J]. Knowledge-Based Systems, 2017 (127): 16-28.

[5] LIANG D, XU Z, LIU D. Three-way decisions based on decision-theoretic rough sets with

dual hesitant fuzzy information [J]. Information Sciences, 2017 (396): 127-143.

[6] ZHOU W, XU Z. Portfolio selection and risk investment under the hesitant fuzzy environment [J]. Knowledge-Based Systems, 2018 (144): 21-31.

[7] ZHU B, XU Z, XIA M. Dual hesitant fuzzy sets [J]. Journal of Applied Mathematics, 2012, (22): 1-13.

[8] TYAGI S K. Correlation coefficient of dual hesitant fuzzy sets and its applications [J]. Applied Mathematical Modelling, 2015, 39 (22): 7082-7092.

[9] YE J. Correlation coefficient of dual hesitant fuzzy sets and its application to multiple attribute decision making [J]. Applied Mathematical Modelling, 2014, 38 (2): 659-666.

[10] XU Z, HU H. Projection models for intuitionistic fuzzy multiple attribute decision making [J]. International Journal of Information Technology & Decision Making, 2010, 9 (2): 267-280.

[11] 刘小弟,朱建军,刘思峰. 犹豫模糊信息下的双向投影决策方法 [J]. 系统工程理论与实践, 2014, 34 (10): 2637-2644.

[12] VANDE VATE J H. Linear programming brings marital bliss [J]. Operations Research Letters, 1989, 8 (3): 147-153.

[13] ZHONG L, BAI Y. Equivalence of two-sided stable matching [J]. Journal of Combinatorial Optimization, 2018, 36 (4): 1380-1387.

[14] 程磊,耿秀丽,赵灵玮,等. 云制造环境下指标协同效应的双边匹配方法研究 [J]. 软件导刊, 2021, 20 (2): 73-78.

[15] 张笛,孙涛,高明美,等. 多重偏好序下的复杂产品主制造商——供应商多阶段双边匹配方法 [J]. 计算机集成制造系统, 2018, 24 (3): 804-812.

[16] MUNKRES J. Algorithms for the assignment and transportation problems [J]. Journal of the Society for Industrial and Applied Mathematics, 1957, 5 (1): 32-38

[17] BERTSEKAS D. A new algorithm for the assignment problem [J]. Mathematical Programming, 1981 (21): 152-171.

第 6 章 面向多用户的共享制造服务调度优化

6.1 面向多用户的制造服务调度优化

共享制造系统中涉及用户、共享平台和制造资源提供者，用户可以随时向共享平台提交任务请求，图 6.1 展示了共享制造模式下多用户任务的调度框架。为了满足用户任务的调度需求，共享平台通常把不同时间段提交的任务划分到不同的调度窗口，在同一任务提交窗口内的用户任务被划分在相同的调度窗口。假设 N 个用户向平台同时提交多个制造任务，用户集合为 $U=\{U_1,U_2,\cdots,U_i,\cdots,U_N\}$，第 i 个用户有 J_i 个任务，其第 j 个任务可以分解为 L_{ij} 个子任务，且各子任务都可由在共享平台注册的 M 个制造服务执行。

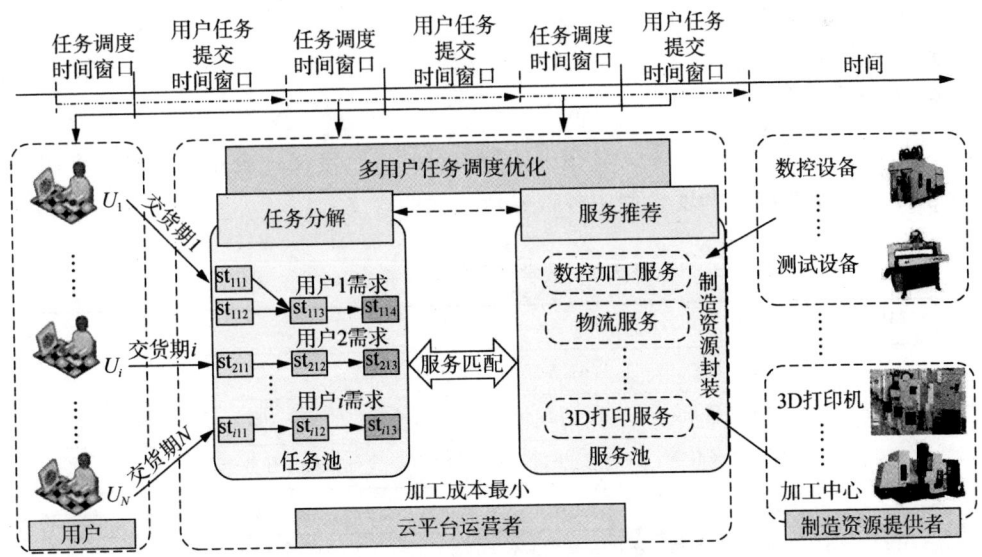

图 6.1 共享制造模式下多用户任务的调度框架

6.1.1 多用户需求导向的制造服务调度模型

1. 模型描述与假设

假设 N 个用户向共享制造平台同时提交多个生产任务,用户记为 $U = \{U_1, U_2, \cdots, U_i, \cdots, U_N\}$,第 i 个用户有 J_i 个任务,所有任务都可以分解为多个子任务,所有子任务都可由在共享制造平台注册的 M 个服务执行,分布式制造服务之间的距离为 $D_{mm'}$。共享平台需要在有限的时间内调度安排所有用户的子任务,使得用户的需求得到满足。本书考虑的假设条件如下:

1)用户提交的不同任务都在同一时间窗口下。

2)用户的所有任务之间是相互独立的,且每个任务都可分解为多个具有先后执行顺序的子任务。

3)每个制造服务可完成多种类型的子任务,但某一时刻仅能处理一项子任务。

4)每个子任务可选的服务有多种,但只能由一个服务执行,且一旦执行不可被打断。

5)所有服务和任务开始时刻为零。

6)每个子任务在不同服务上的服务时间、服务成本、准备时间、准备成本是不同的,并且提前已知。

2. 符号及定义

构建数学模型之前,需要对相应的数学符号进行定义,表 6.1 给出了多用户需求导向的制造服务调度模型中各符号所代表的含义。

表 6.1 数学模型符号及其含义

符号	含义
i	第 i 个用户,$i = 1, 2, \cdots, N$(N 表示用户的个数)
j	第 j 个任务,$j = 1, 2, \cdots, J_i$(J_i 表示第 i 个用户的任务个数)
l	第 l 个子任务,$l = 1, 2, \cdots, L_j$(L_j 表示第 j 个任务的子任务个数)
m	第 m 个服务,$m = 1, 2, \cdots, M$(M 表示共享平台上可用的服务个数)
st_{ijl}	第 i 个用户第 j 个任务的第 l 个子任务
OT_{ijl}^m	st_{ijl} 在第 m 个服务上的服务时间
$LT_{ij(l,l+1)}^{mm'}$	第 i 个用户第 j 个任务相继两个子任务的物流时间,$LT_{ij(l,l+1)}^{mm'} = D_{mm'} l_T$

续表

符号	含义
SUT_{ijl}^m	st_{ijl} 在第 m 个服务上的准备时间
OC_{ijl}^m	st_{ijl} 在第 m 个服务上的服务成本
$LC_{ij(l,l+1)}^{mm'}$	第 i 个用户第 j 个任务相继两个子任务的物流成本，$LC_{ij(l,l+1)}^{mm'}=D_{mm'}l_C$
SUC_{ijl}^m	st_{ijl} 在第 m 个服务上的准备成本
DC_i	第 i 个用户的任务延期成本
DT_i	第 i 个用户的任务交货期
ST_{ijl}^m	st_{ijl} 在第 m 个服务上的开始时间
FT_{ijl}^m	st_{ijl} 在第 m 个服务上的完工时间
AT_{ijl}^m	st_{ijl} 在第 m 个服务上的可用时间
TT_i	第 i 个用户所有任务的完工时间
CC_i	第 i 个用户所有任务的完工成本
$D_{mm'}$	第 m 和 m' 个服务之间的地理距离
D_{mu_i}	第 m 个服务和第 i 个用户之间的地理距离
l_C	单位距离的平均物流成本
l_T	单位距离的平均物流时间
b_i	第 i 个用户的单位延期成本
$Y_{ijl,abp}^m$	0-1 决策变量，若为 1，表示在第 m 个服务上 st_{ijl} 服务顺序在 st_{abp} 前，否则为 0
X_{ijl}^m	0-1 决策变量，若为 1，表示 st_{ijl} 在第 m 个服务上进行服务，否则为 0
H	一个无穷大的数

3. 目标函数和约束条件

平台管理者在制定调度策略时，一方面希望所有任务的完工时间最少，以此提高用户满意度，另一方面希望用户所有任务的总成本最低，以此获取最大的利润。因此，如何优化调度方案，使得两个目标值达到最小，成为生产过程中的关键问题。本节拟建立面向多用户需求的双目标数学模型来满足用户需求并提高共享平台经济效益。其中，完工时间由四部分组成，即服务时间、物流时间、准备时间、等待时间。总成本也由四部分组成，即服务成本、物流成本、准备成本、延期成本。由于模型是面向多用户的，模型建立过程中需要考虑用户的交货期需求。由于每个用户有一个交货期约束，当用户的交货期不能得到满足时，共享平台会承担一部分损失，相应的生产成本也会提高。

（1）完工时间

所有任务的完工时间由最晚交付给用户的任务的完工时间决定，可由式（6.1）表示：

$$\min \max_{i \in N} \mathrm{CT}_i = \min \max_{i \in N} \{ \max_{j \in J_i} [\sum_{m=1}^{M} X_{ijL_j}^m (\mathrm{FT}_{ijL_j}^m + D_{mu_i} l_\mathrm{T})] \} \quad (6.1)$$

每个任务的完工时间由最后一个子任务的完工时间决定，可由式（6.2）表示：

$$\mathrm{FT}_{ijl} = \mathrm{ST}_{ijl} + \sum_{m=1}^{M} \mathrm{OT}_{ijl} X_{ijl}^m \quad (6.2)$$

子任务开始时间由两部分决定：一是该子任务的前继子任务已经运输到服务地点，二是此时的服务上并没有其他需要服务的子任务或者服务的其他子任务已经完成，二者缺一不可。具体可由式（6.3）计算：

$$\mathrm{ST}_{ijl} = \max(\mathrm{FT}_{ij(l-1)} + \mathrm{LT}_{ij(l-1,l)}^{mm'} + \mathrm{SUT}_{ijl}^m, \mathrm{AT}^m) \quad (6.3)$$

（2）完工成本

所有用户的完工成本为所有用户的所有任务的完工成本之和，可由式（6.4）表示：

$$\min \mathrm{CC} = \min \sum_{i=1}^{N} [\sum_{j=1}^{J_i} \sum_{l=1}^{L_j-1} \sum_{m=1}^{M} \sum_{m'=1}^{M} X_{ijl}^m X_{ijl}^{m'} (\mathrm{OC}_{ijl}^m + \mathrm{LC}_{ij(l,l+1)}^{mm'})$$

$$+ \sum_{j=1}^{J_i} \sum_{m=1}^{M} X_{ijL_j}^m (\mathrm{OC}_{ijL_j}^m + D_{mu_i} l_\mathrm{C}) + \mathrm{DC}_i] \quad (6.4)$$

由于每个用户有多个制造任务，而这些制造任务只由一个交货期约束，如果交货期约束得不到满足，共享平台会承担延期成本，延期成本可由式（6.5）计算：

$$\mathrm{DC}_i = \max[0, b_i(\mathrm{TT}_i - \mathrm{DT}_i)] \quad (6.5)$$

此外，多用户需求导向的制造服务调度模型还需要满足如下约束：

$$\mathrm{FT}_{ijl} = \mathrm{ST}_{ijl} + \sum_{m=1}^{M} \mathrm{OT}_{ijl} X_{ijl}^m, \quad \forall \mathrm{st}_{ijl} \quad (6.6)$$

$$\sum_{m=1}^{M} (X_{ijl}^m \mathrm{ST}_{ijl}^m) \geqslant \sum_{m'=1}^{M} (X_{ij(l-1)}^{m'} \mathrm{FT}_{ij(l-1)}^{m'}) + \sum_{m=1}^{M} \sum_{m'=1}^{M} X_{ijl}^m X_{ij(l-1)}^{m'} \mathrm{LT}_{ij(l-1,l)}^{m'm},$$

$$\forall (\mathrm{st}_{ijl}, M) \quad (6.7)$$

$$\mathrm{ST}_{ijl}^m \geqslant \max(\mathrm{FT}_{ij(l-1)}^{m'} + \mathrm{LT}_{ij(l-1,l)}^{mm'}, \mathrm{FT}_{abp}^m), \forall (a,b,p),(i,j,l), m, m' \in M$$

$$(6.8)$$

$$\mathrm{FT}_{ijl} - \mathrm{FT}_{abp} + H(1 - X_{ijl}^m) + H(1 - X_{abp}^m) + HY_{ijl,abp}^m \geqslant \mathrm{OT}_{ijl},$$

$$\forall (a,b,p),(i,j,l), m \in M \quad (6.9)$$

$$\sum_{m=1}^{M} X_{ijl}^{m} = 1, \forall \, \mathrm{st}_{ijl} \tag{6.10}$$

式（6.6）表示任务开始时间和完工时间的约束。式（6.7）表示子任务的先后顺序关系，只有子任务的前序子任务都完工之后该子任务才能进行加工。式（6.8）表示运输约束，子任务只有同时满足两个条件时才能进行服务：一是该子任务已经运输到该服务，二是该制造服务上目前加工的子任务已经完成。式（6.9）表示子任务的先后关系。式（6.10）表示每个子任务只能在一个制造服务上进行加工。

6.1.2 多目标人工蜂群算法

1. 人工蜂群算法简介

人工蜂群算法[1]（Artificial Bee Colony Algorithm，ABC 算法）是一种模拟蜂群采蜜行为寻找最优解的启发式算法。作为一种群居性昆虫，单只蜜蜂的采蜜行为单一且低效，而蜂群之间团结合作、共同参与信息交流往往能够更快、更高效地适应周围的复杂环境从而获取蜜源。ABC 算法将蜂群中的蜜蜂分为三种类型：雇佣蜂（Employee Bees）利用食物源信息发现新的食物源，并以一定的概率与跟随蜂分享信息；跟随蜂（Onlooker Bees）根据雇佣蜂传递的消息在食物源附近搜索新的食物源并进行贪婪性选择；侦察蜂（Scout Bees）则在蜂巢附近寻找新的食物源。如果一个食物源在经过 Limit 次迭代后仍然未被更新，则需要寻找新的食物源代替原来的食物源，帮助问题跳出局部最优。ABC 算法具有收敛速度快、参数少、鲁棒性好、可以并行计算等优点，被广泛应用于各种工程问题[2,3]。

ABC 算法的主要任务是寻找和开采食物源，通过不同类型的蜂群之间的相互合作在食物源中寻找最优解，食物源的优劣是利用蜜源花蜜量的大小即适应度来评价的。雇佣蜂和跟随蜂主要负责全局搜索，侦察蜂负责对食物源附近进行深层次搜索以跳出局部最优。ABC 算法与蜜蜂行为对应的模型见表 6.2。

表 6.2 ABC 算法相关术语

蜜蜂行为	对应的模型	蜜蜂行为	对应的模型
蜂群采蜜行为	具体优化问题	食物源的花蜜量	优化问题中的适应值
食物源	问题的解空间	寻找食物源	优化求解过程
食物源的位置	解的位置	最大花蜜量	问题最优解

标准的 ABC 算法涉及三个参数：蜂群规模大小 NP，最大迭代次数 Maxit 及蜜源不被更新的最大迭代次数 Limit。设蜂群规模 NP 中，采蜜蜂和侦察蜂各占一半，都为 SN，优化问题的维度为 D，基本的实施步骤如下：

1）初始化参数，输入 NP，Maxit，Limit。

2）雇佣蜂阶段。每个雇佣蜂根据式（6.11）生成一个新解：

$$v_{ij} = x_{ij} + \phi_{ij}(x_{ij} - x_{kj}) \tag{6.11}$$

其中，$k \in \{1,2,\cdots,\text{SN}\}, j \in \{1,2,\cdots,D\}, k \neq i, \phi_{ij}$ 为区间 $[-1,1]$ 中的随机数。如果新解优于旧解，则替换旧解，否则保留旧解。

3）跟随蜂阶段。雇佣蜂完成搜寻过程后将食物源的信息分享给跟随蜂，跟随蜂则根据式（6.12）计算每个解的跟随概率。

$$P_i = \frac{\text{fit}_i}{\sum_{k=1}^{\text{SN}} \text{fit}_k} \tag{6.12}$$

首先生成一个在 0~1 之间均匀分配的随机数，如果雇佣蜂的跟随概率大于该随机数，则利用式（6.11）产生一个新解；如果新解的适应值优于旧解的适应值，则新解替换旧解，否则保留旧解。

4）侦察蜂阶段。跟随蜂完成搜寻过程后，如果一个解经过 Limit 次循环之后没有被进一步更新，则会产生一个新解替换它，防止算法陷入局部最优。侦察蜂的更新公式为

$$x_{ij} = x_{\min j} + \text{rand}(0,1)(x_{\max j} - x_{\min j}) \tag{6.13}$$

其中，$x_{\min j}$ 和 $x_{\max j}$ 代表第 j 个维度的最小值和最大值。

5）判断是否达到最大的迭代次数，是则退出循环，输出最优解，否则返回步骤2）。

2. 染色体编码与解码实现

多用户导向的制造服务调度模型有两个优化目标，传统的适应值不能对个体进行适应值评估，而原始的 ABC 算法的新个体产生公式适用于连续性问题，因此需要针对具体问题对算法的各个模块重新设计。在算法实施过程中，需要以染色体的形式针对具体问题进行编码，通过个体的交叉变异来实现染色体的信息交互，从而产生新个体，根据非支配关系和拥挤度计算进行个体选择，通过不断的迭代对目标空间进行有方向的搜索，从而找到最优解。

多用户需求导向的制造服务调度模型涉及两个子问题：服务选择和子任务排序。首先，需要为每个用户每个任务的每个子任务从可选的服务候选集中选择一个可用的制造服务。如果多个子任务同时选择了同一个制造服务，则需要对分配到同一个服务上的子任务进行排序。根据问题特性，采用实数编码方式对决策变量进行编码。染色体分为两部分：第一部分，为子任务选择服务；第二部分，对子任务进行排序。

假设有两个用户同时向共享制造平台提交了生产任务，第一个用户有 1 个任务，分解为 3 个子任务，第二个用户有 2 个任务，每个任务都可以分解为 3 个子任务，其染色体编码表示如图 6.2 所示。共享制造系统中有 5 个服务能够处理所有子任务，编号为 1~5。从图 6.2 中可以看到，染色体长度为子任务总数的 2 倍。对于服务选择部分，从左到右表示所有用户子任务编号，服务选择部分的每个基因位上的数字表示该子任务选择了编号为该数字的服务。例如，第五个数字 2 表示第二个用户的第一个任务的第二个子任务选择了编号为 2 的服务。其他基因位的表示方法类似。对于子任务排序部分，任务序号出现的次数等于该任务的子任务数，解码时根据染色体后半段从左到右依次扫描染色体，第几次出现的任务序号表示该任务的第几个子任务。例如，对图 6.2 所表示的服务选择与调度问题，基因串中的 3 个 1、3 个 2、3 个 3 分别对应三个任务的三个子任务。从左到右，第一个基因位上的 3 表示第二个用户的第二个任务的第一个子任务，第六个基因位上的 1 表示第一个任务的第一个子任务。用此种编码方式能够保证一个任务所分解的子任务之间的先后顺序。

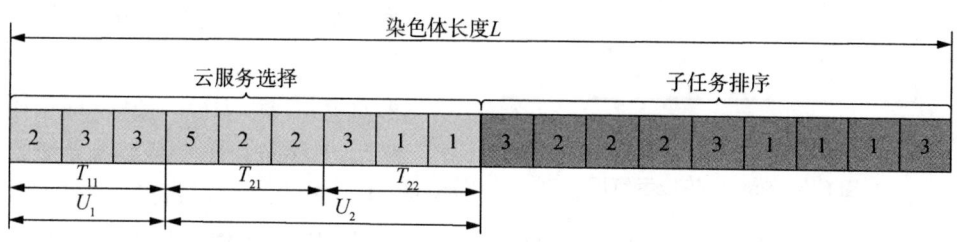

图 6.2　染色体编码

基于服务分配编码（染色体前半段）的基因串选择每个子任务所在的服务，然后按子任务排序编码（染色体后半段）的基因串确定每个服务上子任务的加工顺序。计算目标函数时的解码方法如下：按照子任务在任务中的顺序进行解码，根据服务分配编码依次找到序列上每个子任务相应的服务，然后将其安排在服务上，根据约束关系即可得到每个子任务的开始时间和完工时间。按此方式，所有子任务都能够找到其对应的目标函数值。

3. 外部存档维护机制

对于多目标优化问题，为避免优良个体的丢失，在演化过程中需要将非支配解保留下来，因此，在每一次迭代结束之后，需要对种群进行非支配等级排序，将非支配解集保存在外部文档中，并将支配解删除。为保障算法的运行效率，需要将存档内个体的数量限制在一定范围内，如果非支配解的个数大于这个阈值，用拥挤度距离裁剪存档，使存档内的个体数量保持在一个固定值。

(1) 非支配等级排序

将进化种群的所有个体利用帕累托（Pareto）支配关系划分为两类，即非支配解集和支配解集。将非支配解集中的个体赋予等级 1，并将支配解集作为候选解集；将非支配解集删除，再将候选解集划分为非支配解集和支配解集，将该非支配解集中的个体赋予等级 2。如此循环，直到所有个体都有自己的等级。图 6.3 给出了两个目标最小化问题的非支配等级排序的示意图。非支配等级排序的步骤如下：

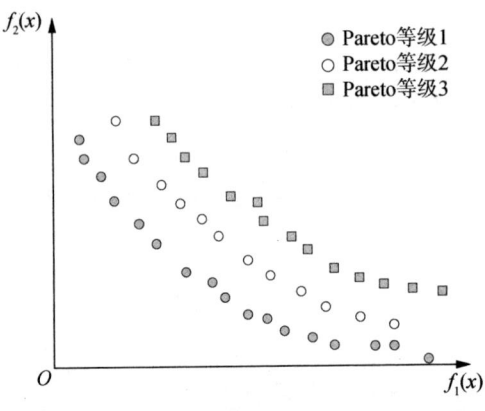

图 6.3 Pareto 等级示意图

第一步，将种群 P_t 中所有个体初始化，$n_p=0, S_p=\phi, p=1,2,\cdots,N$。

第二步，对种群 P_t 中的所有个体进行非支配判断。假设 $p \prec q, S_p = S_p \cup \{q\}, n_q = n_q + 1$；如果 $q \prec p, S_q = S_q \cup \{p\}, n_p = n_p + 1$。

第三步，初始化当前分层序号，令 $k=1$。

第四步，找出 P_t 中 $n_p=0$ 的个体 p，从 P_t 中移除，并将其加入分层集合 F_k 中，即 $F_k = F_k \cup \{p\}$。

第五步，判断 F_k 是否为空。如果不为空，则遍历 F_k 中个体 p 所支配集合 S_p 中的个体 l，令 $n_l = n_l - 1$ 并且 $k = k+1$，跳转到第二步；如果为空，则结束操作。

(2) 拥挤度计算

当种群中多个个体属于同一非支配等级时，为进一步区分个体之间的差异，采用非支配排序遗传算法 NSGA-II 的拥挤距离来维护种群的多样性，拥挤距离用来衡量各维度上前后两个个体的归一化距离之和。第 k 个个体的拥挤距离为

$$d_k = \sum_{m=1}^{M} \frac{|f_m^{k+1} - f_m^{k-1}|}{f_m^{\max} - f_m^{\min}} \tag{6.14}$$

第 6 章　面向多用户的共享制造服务调度优化

其中，f_m^{k+1} 和 f_m^{k-1} 分别表示个体 $k+1$ 和 $k-1$ 的第 m 维的目标函数值；$f_m^{\max}$ 和 $f_m^{\min}$ 分别表示种群中第 m 个目标函数的最大值和最小值；M 是目标函数的个数。计算 d_k 之前需要先将同一等级的前沿面按照目标函数进行降序排列，将排序后的同一非支配等级两个边界的个体拥挤度设置为 0 和 $+\infty$。拥挤距离越大，表示个体多样性越好。

4. 雇佣蜂阶段

种群产生之后，雇佣蜂负责对食物源进行搜索。针对多用户导向的制造服务调度模型，设计四种启发式搜索策略对当前解进行邻域搜索，以扩展种群演化方向，增加种群的多样性。这四种策略如下。

(1) 制造服务重新布置策略

在服务选择部分随机选择一个基因位，用可选服务集合中服务成本最小的服务进行替换。如果当前服务已经是服务成本最小的服务，可随机再选择一个基因位。

(2) 减少物流策略

如果一个相继的子任务能够在同一个服务上进行，必然会节省物流时间和成本。基于此设计新的变异策略：随机选择一个用户，逐步判断其所有任务的子任务是否可以在同一个服务上进行，如果可以，则将相继的两个子任务安排在同一个服务上，以减少物流时间和成本。

(3) 负载平衡策略

这是基于服务负载均衡的启发式策略。负载均衡能够使服务的工作量保持最小，从而使总完工时间最少。该策略保持染色体的后半段不变，对服务选择部分进行重新布置，布置策略如下：

1) 计算每个服务的最大完工时间（LFT^m），计算公式为

$$\text{LFT}^m = \max_{ijl}(\text{FT}_{ijl}^m X_{ijl}^m) \tag{6.15}$$

2) 计算每个子任务可选服务的选择概率，m 为子任务可选择的服务，A_{ijl} 表示能够完成第 i 个用户第 j 个任务中第 l 个子任务加工的制造服务集合：

$$p_{ijl}^m = \begin{cases} 0.99, & \text{LFT}^m = 0 \\ 1 - \dfrac{\text{LFT}^m}{\sum\limits_{k \in A_{ijl}} \text{LFT}^k}, & \text{其他} \end{cases} \tag{6.16}$$

3) 计算可选服务的被选择概率：

$$P_{ijl}^m = \dfrac{p_{ijl}^m}{\sum\limits_{m=1} p_{ijl}^m} \tag{6.17}$$

4) 采用轮盘赌的方法重新对服务进行选择。

(4) 遗传交叉策略

由于外部存档的个体存储着一些优良信息，在进化过程中应该让雇佣蜂与存档中的精英解进行信息分享，以此引导种群快速向 Pareto 前沿面收敛；同时，通过与不同的精英解进行信息分享，能够增大解的搜寻范围，增加解的多样性，避免算法过早陷入局部最优。服务选择部分采用均匀交叉操作，如图 6.4 所示，具体步骤如下：

① 随机选择 k_1 个基因位，将这些基因位上的数字传承给新个体。

② 其余基因位由精英个体相应基因位的数字填充，由此产生新的子代。

对子任务排序部分，一种基于引导的交叉算子可避免传统交叉过程所产生的非可行解。随机从外部存档中选择非支配个体作为引导个体 G，种群中每个个体与 G 交叉产生新个体。图 6.5 展示了基于顺序的交叉的具体操作过程：将任务标号随机分为两个集合，如 $J_1=\{2\}$ 和 $J_2=\{1,3\}$，染色体子代继承 G 中集合 J_1 所对应位置的基因，子代其余的基因位按照 G 删除已经继承的基因后所保留的基因以从前到后的顺序依次填充。这种操作方式能够保证交叉后产生的个体仍是满足子任务排序约束的个体。

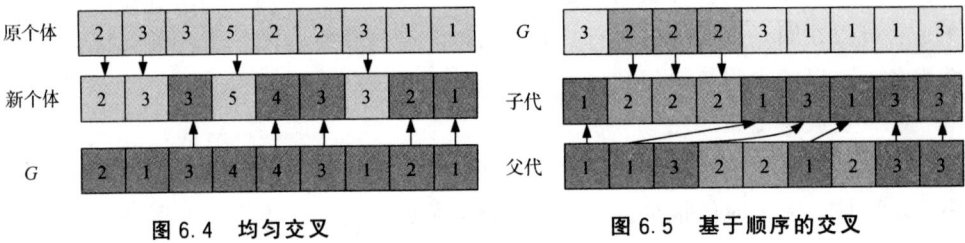

图 6.4　均匀交叉　　　　　　　图 6.5　基于顺序的交叉

算法 6.1 给出了雇佣蜂阶段的实施步骤，每只雇佣蜂随机采取四种策略中的一种对食物源进行搜索，产生新的解。如果新个体支配了原个体，则替换原个体；如果被旧个体支配，则保持旧个体不变；如果两个个体相互不支配，则将个体保存到临时种群 EP 中。

算法 6.1：雇佣蜂阶段

输入：食物源规模 SN、食物源开采计时 T、最大迭代次数 Maxit

输出：食物源（FS）、外部存档（E）、外部临时存档（EP）、T

令 EP = φ

for i = 1:SN

第6章 面向多用户的共享制造服务调度优化

  对 x_i 随机选择搜索方式，得到新个体 v_i
  if v_i 支配 x_i
   $x_i \leftarrow v_i$
   T(i) = 0
  else if v_i，x_i 不相互支配
   EP$\leftarrow v_i$
   T(i) = 0
  else
   T(i) = T(i) + 1
  end if
end for

5. 跟随蜂阶段

  传统的跟随蜂采用轮盘赌方法进行食物源的选择，而多目标场景下个体的适应值由非支配等级与拥挤距离决定，轮盘赌方法不再适用于食物源选择，因此跟随蜂阶段每个跟随蜂采用二元锦标赛选择法选取食物源进行搜索。二元锦标赛选择的步骤为：首先，从 N 个食物源中随机选择两个个体进行比较；然后，计算两个个体的非支配等级和拥挤度，当两个个体分属不同的非支配子集时，选择非支配等级更低的个体，当两个个体处于同一非支配等级时，选择拥挤距离更大的个体，由此选择出 N 个食物源。

  由于外部存档中保留着精英个体，借助生物遗传学中的个体交配机制和粒子群优化算法（Particle Swarm Optimization，PSO）信息融合的思想，从外部存档中随机选择优良个体对食物源进行搜索，产生新个体。由于相似的个体更有助于产生新的优良个体，根据个体所属非支配等级确定个体的相似度。通过染色体交叉，每个个体都继承了父母各自的一段基因，从而产生新个体。本书采用图 6.4 和图 6.5 所示的交叉方法产生新个体。

  跟随蜂阶段的实施步骤见算法 6.2。首先将种群与临时种群合并成一个新的种群，并计算非支配等级排序与拥挤距离，然后采用二元锦标赛方法选择食物源，并与基于引导的个体交叉方法产生新个体，如果新个体支配了原个体，则替换原个体，否则保持旧个体不变。

算法 6.2：跟随蜂阶段
  输入：食物源（FS）、存档（E）、临时存档（EP）

输出：食物源（FS）
令 t = 1
　FS,FontNo←非支配等级排序与拥挤距离计算（FS + EP）
　while t ≤ = Maxit
　　随机选择两个食物源进行二元锦标赛选择，产生 x_i
　　从 E 中随机选择一个精英个体 e
　　v_i←Ecross over（e,x_i）
　　if v_i 支配 x_i
　　　x_i←v_i
　　　T(i) = 0
　　else
　　　T(i) = T(i) + 1
　　end if
　　t = t + 1
　end while

6. 侦察蜂阶段

类似于基因突变，为防止早熟收敛，增加种群多样性，对食物源中的重复个体进行变异操作。基于问题的特征，设计的变异操作如图 6.6 所示。对于服务选择部分，随机选择一个变异点，从该子任务的可选服务序号中随机选择一个将其替换；对于子任务排序部分，随机选择两个基因位，然后交换它们的值，这样产生的后代不会破坏解的可行性。

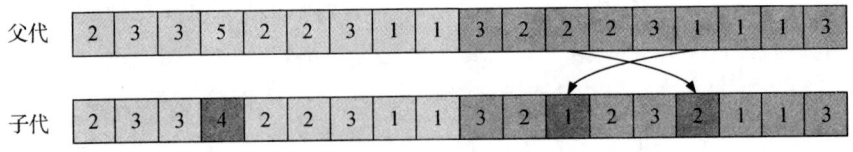

图 6.6　变异操作

7. MOHABC 算法框架

针对标准的 ABC 算法无法适用于离散的多目标优化问题的缺陷，本书基于标准 ABC 算法提出了一种混合多目标人工蜂群算法（MOHABC）求解该模型。MOHABC 算法的流程如图 6.7 所示，具体步骤如下：

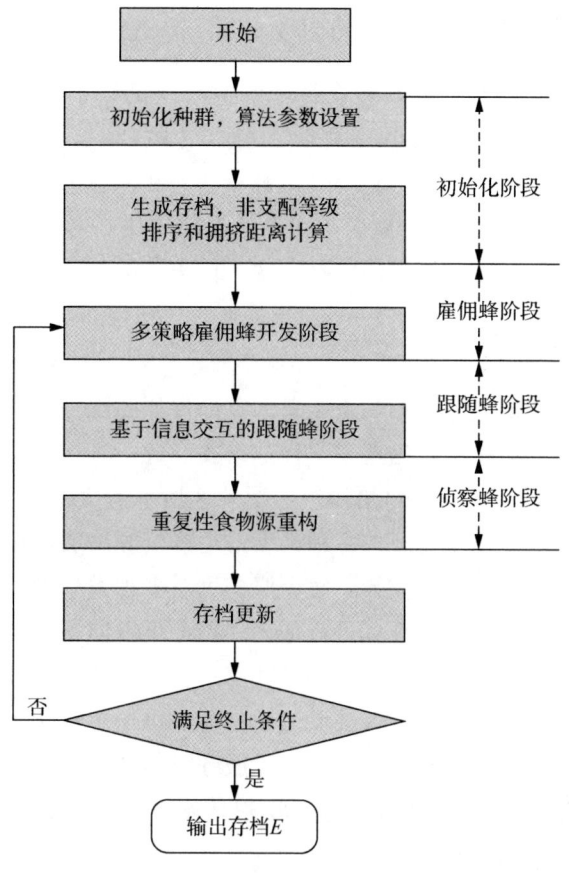

图 6.7 MOHABC 算法流程

1) 随机初始化，生成具有 N 个个体的种群 P_0，对 P_0 进行快速非支配等级排序，并将非支配解保存在外部存档 E 中，然后开始迭代，令 $t=1$。

2) 雇佣蜂阶段，对 FS 应用四种局部搜索策略，应用到 P_t 上，生成新的食物源 F。

3) 跟随蜂阶段，将基于信息共享的遗传操作（交叉、变异）应用到 FS 上，产生新的种群 O_t。

4) 侦察蜂阶段，对 O_t 内的个体，判断 T 是否大于 Limit，如果是，则新生成一个个体并替换原来的个体，否则保持不变。

5) 合并食物源与存档，$F \cup A$，更新存档。

6) 判断 t 是否大于阈值（最大迭代次数 Maxit），是则结束计算，否则转到第 2) 步。

6.1.3 仿真试验与结果分析

为验证算法的有效性和可行性，笔者所在团队设计了九组试验并进行了测试。算法的试验环境为 Intel Core i5-4210M，CPU 2.60GHz，4GB 内存，在 Windows 10 系统下采用 MATLAB 2018a 软件进行模拟试验，所有算法所有试验独立进行 20 次。将每次试验的最后一代个体保留下来，并融合到一起，重新进行非支配等级排序，得到每个算法的最终解，作为 Pareto 解。

1. 数据生成

本书调查了天津某大型水泥制造装备的零部件如磨辊轴承、回转窑齿轮、筒体、传动装置等的生产过程。这些零部件都需要经过一系列顺序操作才能完成由原材料到成品的转换，最后交付给用户。图 6.8 所示为 FAG 磨辊轴承的生产流程。共享平台将来自于多个企业的多种类型的生产资源封装成虚拟服务并发布在平台上，由于加工精度要求的差异，每个服务可对多种类型的子任务进行加工处理，但同一时间只能对一个子任务进行加工。用户可以向平台提交订单需求，通常这些需求都是由多个生产任务组成的。共享平台在收到订单任务后需要对每个任务进行分解，得到多个具有前后关系的子任务。由于个性化需求及任务加工精度不同，同种类型的子任务在不同的服务上服务时间和成本也是不同的。共享平台针对每个子任务的类型生成相应的可服务服务集合，然后进行优化选择与调度，生成满足用户需求的解。

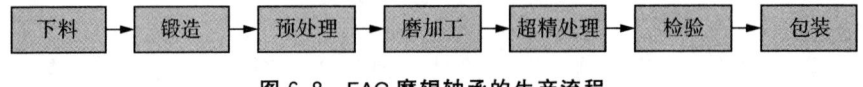

图 6.8 FAG 磨辊轴承的生产流程

为了验证上文提出的算法在求解模型方面的性能，课题组调查收集了九组数据进行模拟仿真。这些试验组具有不同的用户规模，分别为 1、2、3、5、7 个用户，每个用户有 3～5 个加工任务，这些任务根据加工需求的不同可分解为多个可顺序执行的子任务，这些子任务都可由某共享制造服务平台的多个制造单元（制造服务）完成，每个子任务可选择的服务个数为所有服务个数的 40%～80%，服务时间（单位为 h）、服务成本（单位为千元）、准备时间（单位为 h）、准备成本（单位为千元）和地理距离（单位为 km）的产生分别服从均匀分布 $U(5,20)$，$U(10,30)$，$U(2,5)$，$U(3,5)$，$U(200,500)$，$l_T = 0.004 \text{h/km}$，$l_C = 0.005$ 千元/km，所有用户的单位时间延期成本为 20 千元。各组试验的数据见表 6.3。

表 6.3　四组试验数据　　　　　　　　　　　单位：个

算例	用户数	任务数	每个任务的子任务数	服务数
1	1	5	7-8-6-6-8	10
2	2	2/3	7-8/6-6-8	10
3	2	2/5	6-8/8-6-8-6-8	15
4	3	2/3/4	6-7/8-10-8/6-8-10-7	12
5	3	3/5/4	6-7-8/10-8-8-7-8/10-10-10-8	15
6	5	均为 3	均为 6	20
7	5	均为 4	均为 6	15
8	7	均为 3	均为 7	30
9	7	均为 5	均为 10	50

2. 参数设置

为验证提出的混合算法的有效性，与四种多目标进化算法 EGA[4]、NSGA-Ⅱ[5]、SPEA2[6]、EMOABC[7]进行比较，算法参数设置见表6.4。

表 6.4　算法参数设置

算法	MOHABC	NSGA-Ⅱ	SPEA2	EMOABC	EGA
种群规模 N	100	100	100	100	100
最大迭代次数	100	100	100	100	100
交叉概率	0.8	0.8	0.8	0.8	—
变异概率	0.1	0.1	0.1	0.1	—
外部存档	100	100	100	100	—
Limit	20	—	—	20	—
模拟退火搜索次数	—	—	—	—	10
搜索概率	—	—	—	—	0.2
初始温度	—	—	—	—	0.8

3. 质量指标

反转世代距离（Inverted Generational Distance，IGD）反映了所得到的解的收敛性和分布。IGD的计算公式为

$$\text{IGD} = \frac{\sum_{v \in P^*} d(v, P)}{|P^*|} \quad (6.18)$$

其中，P 是不同算法获得的非支配解集，P^* 是真实 Pareto 前沿（Pareto Front，PF），$d(v,P)$ 是 P^* 中的 v 和 P 中所有点之间的最小欧几里得距离。IGD 值越小，意味着算法的综合性能越好。

超体积（Hypervolume，HV）是由前面的解决方案所覆盖的体积，计算公式为

$$\text{HV} = \sum_{i=1}^{N} V_i' \quad (6.19)$$

其中，V_i' 是关于参考点的第 i 个非支配解的超立方体。在所有的试验中，参考点都被设置为 $1.1Z^{\text{nad}}$，Z^{nad} 是极值点，是由各个目标上最大值的 Pareto 解集中的解组成的向量。采用 10 万个采样点的蒙特卡罗模拟方法，减轻了计算负担。由于研究问题的真实 PF 是未知的，P^* 是通过合并所有算法获得的非支配解并消除支配解得到的。

4. 算法性能比较

为直观比较算法的性能，给出 MOHABC 算法与四种比较算法在 9 组仿真试验下的最终 Pareto 解集的分布情况，如图 6.9（a～i）所示。从图 6.9 中可以看出，用 MOHABC 算法得到的最终解基本上能够支配其他几种多目标进化算法，这说明用该算法能够得到高质量的解。EGA 和 EMOABC 算法采用精英引导策略进行个体更新，容易陷入局部最优，而 MOHABC 算法采用多种混合策略，能够增加种群的多样性。NSGA-Ⅱ算法采用精英保留策略，能够大大提高求解效率，但是在演化过程中由于种群缺乏精英个体的引导，造成了种群解质量的下降。MOHABC 算法能够使用外部存档保留精英个体，减少了精英解的缺失，因此解的质量得到提升。四种启发式策略的应用也能够提高产生的优良个体的数量。SPEA2 采用单目标适应值进行个体质量评估，但是多样性评估策略会失效。总的来说，MOHABC 算法能够为该模型提供更多的精英解，能够为决策者提供更多更高质量的 Pareto 解集。

图 6.10 展示了每个算法经过 20 次运行得到的 HV 和 IGD 值的分布情况，其中 M、E、N、S、G 分别表示 MOHABC、EMOABC、NSGA-Ⅱ、SPEA2、EGA 五种算法。所有算法在计算统计值时都先进行归一化处理。从图 6.10（a）中可以看出，该混合算法的 IGD 值分布范围更加集中，并且相比于其他四种算法更小，证明了该算法具有良好的收敛性。从图 6.10（b）中的 HV 值分布可以

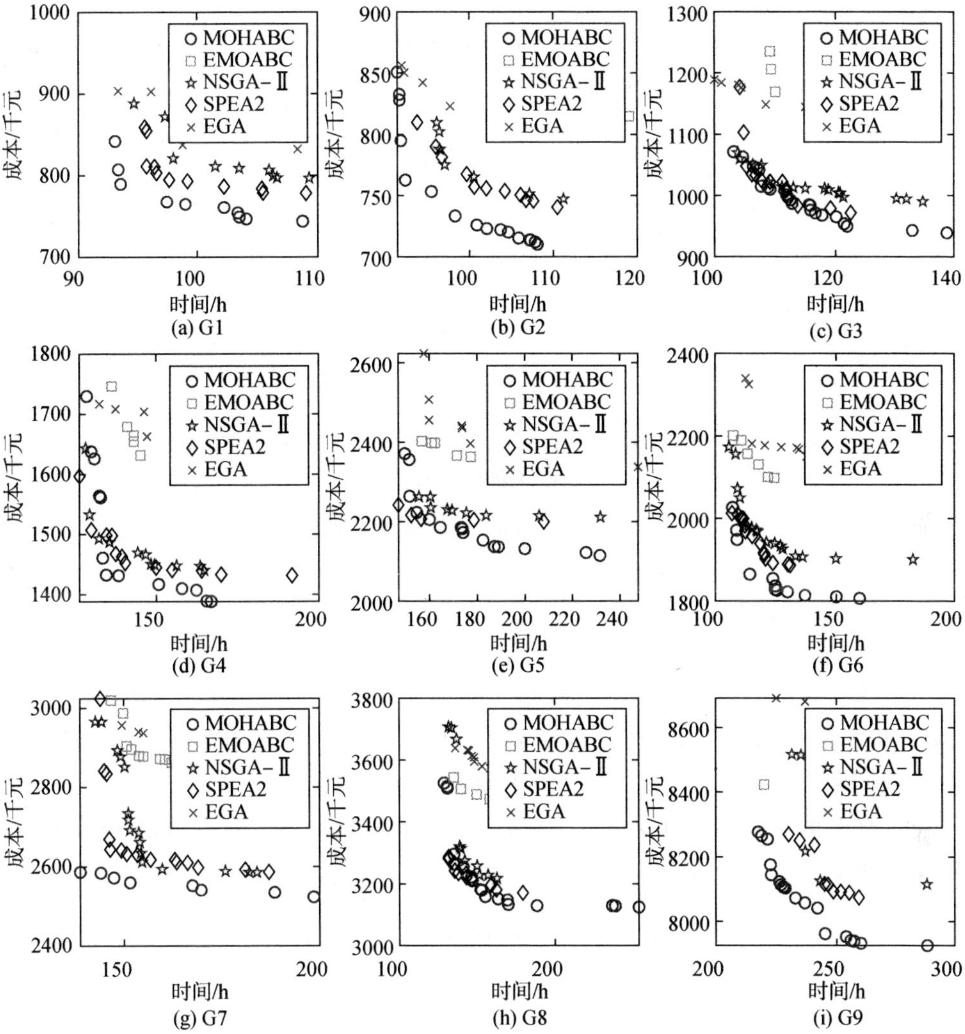

图 6.9 各组算例采用不同多目标进化算法获得的 Pareto 解集

得出，MOHABC 算法的中位数相比于其他算法更大，说明该算法的整体收敛性和多样性更好。总的来说，应用 MOHABC 算法能够得到更稳定、质量更高的 Pareto 解，因此能够为共享平台决策者提供更优的调度方案。

总的来说，该混合算法相比于其他四种算法无论在收敛性还是在分布性方面都具有良好的性能，仿真试验也证明了在多用户多种场景下能够得到满足用户需求且稳定高效的制造服务调度解，决策者可以从中挑选出最符合用户需求的调度方案作为最终的执行方案。

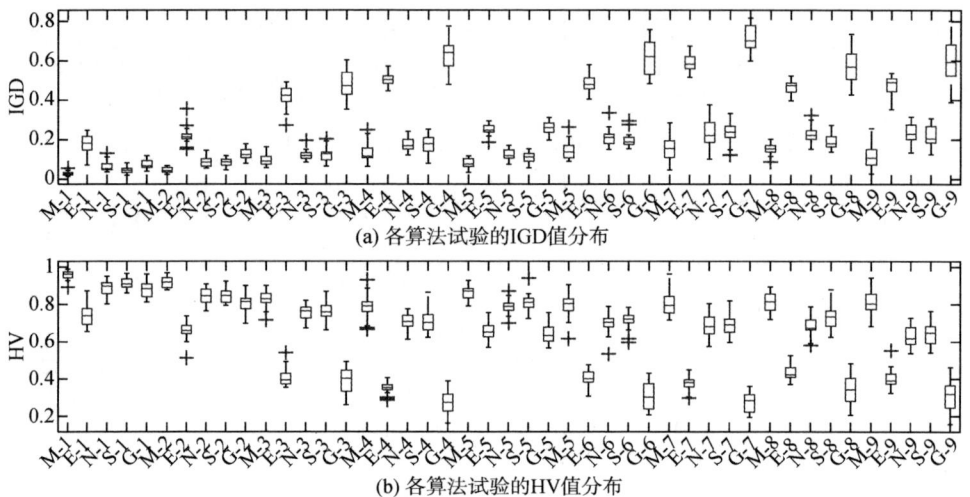

图 6.10 各指标分布的箱线图

5. 结果分析

以第二组试验为例分析该模型的优势。此时两个用户的交货期需求分别为 110h 和 120h。由 MOHABC 算法得到的最终 Pareto 解集及每个用户相应任务的完工时间和成本见表 6.5。从表 6.5 中能够看出，每个用户的完工时间都由该用户所有任务的最大完工时间决定，且都能满足交货期约束，目标函数则由所有用户的最大完工时间决定。

表 6.5 算例的 Pareto 解集

解	总时间 /h	总成本 /千元	用户 1 (110h) 任务 1 时间 /h	用户 1 (110h) 任务 1 成本 /千元	用户 1 (110h) 任务 2 时间 /h	用户 1 (110h) 任务 2 成本 /千元	用户 2 (120h) 任务 1 时间 /h	用户 2 (120h) 任务 1 成本 /千元	用户 2 (120h) 任务 2 时间 /h	用户 2 (120h) 任务 2 成本 /千元	用户 2 (120h) 任务 3 时间 /h	用户 2 (120h) 任务 3 成本 /千元
S1	91.47	850.70	86.78	180.09	91.47	199.84	88.42	161.39	85.40	145.38	90.91	164.01
S2	91.73	832.56	88.88	166.74	91.47	199.84	91.73	161.34	72.62	140.78	90.91	163.86
S3	91.74	827.98	88.88	166.74	91.47	199.84	82.65	161.25	91.74	136.09	90.91	164.05
S4	91.91	794.87	88.88	166.79	91.91	185.04	82.65	150.82	75.89	128.15	90.91	164.08
S5	92.44	762.74	75.67	160.64	91.46	200.07	81.07	118.79	89.07	136.44	92.44	146.81
S6	95.53	753.39	75.67	160.64	95.53	190.72	81.07	118.79	89.07	136.44	92.44	146.81
S7	98.30	733.20	80.93	151.81	98.30	187.87	88.18	120.73	74.26	116.85	93.44	155.95
S8	100.87	725.78	86.81	149.60	100.34	189.23	88.18	114.15	74.26	116.85	100.87	155.95
S9	102.08	722.91	86.81	149.60	102.08	186.36	88.18	114.15	74.26	116.85	100.87	155.95

续表

解	总时间/h	总成本/千元	用户1（110h）				用户2（120h）					
			任务1		任务2		任务1		任务2		任务3	
			时间/h	成本/千元	时间/h	成本/千元	时间/h	成本/千元	时间/h	成本/千元	时间/h	成本/千元
S10	103.72	721.96	86.81	149.60	102.08	186.36	87.33	114.21	74.26	116.90	103.72	154.89
S11	104.62	720.00	103.16	152.07	102.44	175.12	104.62	114.54	85.41	131.45	101.00	146.82
S12	105.85	715.18	91.86	154.02	105.85	158.04	85.67	120.48	105.26	124.26	98.07	158.39
S13	107.17	713.63	91.86	154.02	107.17	156.49	85.67	120.48	105.26	124.26	98.07	158.39
S14	107.26	713.55	93.20	149.53	104.53	169.57	82.97	127.63	101.13	127.10	107.26	139.72
S15	107.83	712.05	91.86	154.02	107.83	154.91	85.67	120.48	105.92	124.26	98.07	158.39
S16	108.10	710.13	86.81	149.60	108.10	173.58	88.18	114.15	74.26	116.85	100.87	155.95

最终的集成解及每个用户的完工时间和完工成本的分布如图 6.11 所示。从图 6.11 中可以看出，每个用户任务的完工时间和完工成本都具有一定的分布性，且两个目标函数之间有一定的矛盾性。每个用户的满意解的分布则没有一定的规律，只是在一定范围内波动。因此，在得到一系列 Pareto 解集后，共享平台决策者仍能够根据用户的要求从多组方案中选择用户满意度大的解。

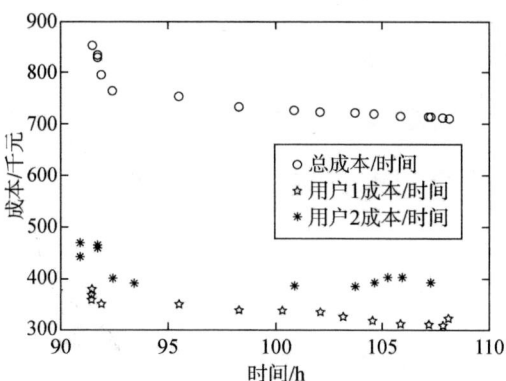

图 6.11 各个用户解的分布情况

MOHABC 算法能够提供多个 Pareto 解，由于用户偏好不同，共享平台决策者可根据用户不同的需求从中获得用户最满意的调度方案后实施。因此，当得知多个用户的偏好后，可以根据群决策理论从多个解中获得单个解。假设 A 是 Pareto 解集，P_1，P_2 和 P_3 是 3 个用户对时间成本的偏好，有

$$P_1 = \begin{bmatrix} 1 & 4 \\ 1/4 & 1 \end{bmatrix}, P_2 = \begin{bmatrix} 1 & 1 \\ 1 & 1 \end{bmatrix}, P_3 = \begin{bmatrix} 1 & 3 \\ 1/3 & 1 \end{bmatrix} \quad (6.20)$$

首先，将 A 按照式（6.21）进行归一化，得到归一化矩阵 $\overline{A}$：

$$f_i'(x) = \frac{Z_i^{\max} - f_i(x)}{Z_i^{\max} - Z_i^{\min}} \tag{6.21}$$

其中，$f_i'(x)$ 是归一化的目标函数值；$f_i(x)$ 是第 i 个维度的目标函数值；$Z_i^{\max}$ 和 $Z_i^{\min}$ 表示 A 中第 i 个维度的最大值和最小值。

然后，根据层次分析法（AHP）原理可以得到每个用户的权重，$w_1 = [0.8, 0.2], w_2 = [0.5, 0.5], w_3 = [0.75, 0.25]$。用户的集成偏好 $W = 1/3 \times (w_1 + w_2 + w_3) = [0.683, 0.317]$。

最后，可得综合评价矩阵 $E = \overline{A} \times W$。图 6.12 为完工时间最小时的甘特图，此时每个任务的完工时间（h）为 86.50，89.94，76.53，77.94，88.63，完工成本（千元）为 147.34，207.78，120.49，115.89，169.13。同一个用户的多个任务能够相互协调，同时，多个用户的任务之间又有一定的矛盾性。由图 6.12 可以看出，集成解集能够在一定程度上反映用户的偏好。

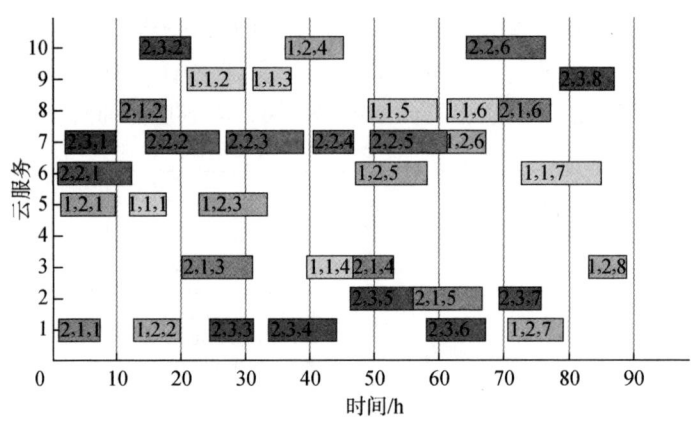

图 6.12　S1 的甘特图

为证明多用户导向的制造服务匹配（MU）模型相比于多任务导向的制造服务匹配（MT）模型的优势，表 6.6 给出了模型比较的用户需求。相比于多任务调度模型，多用户模型加入了更多的用户特征。假设有以下两个场景：

表 6.6　多任务与多用户导向的模型比较　　　　　　　　　　　　单位：h

任务	任务 1	任务 2	任务 3	任务 4	任务 5
多任务模型交货期需求	90	110	90	80	120
多用户模型交货期需求	110			120	

1) 多任务调度模型,该模型中每个任务都有一个完工时间需求。

2) 多用户导向调度模型,每个用户对多个任务仅有一个集成需求,如用户 1 对其两个任务有一个交货期需求 110h。

两个场景中每个任务都是相同的,且相应的服务个数、子任务个数、服务时间等相关参数都相同,不同的是多任务模型对每个任务有一个交货期需求,而多用户模型对多个子任务有一个集成需求。两种场景都采用 MOHABC 算法进行 20 次运行求解,最终的 Pareto 解集如图 6.13 所示,MT 模型得到 10 个 Pareto 解,MU 模型得到 16 个 Pareto 解。从图 6.13 中可以看出,MU 调度模型可得到更多的 Pareto 解集,可供共享平台进一步决策的调度方案更多。

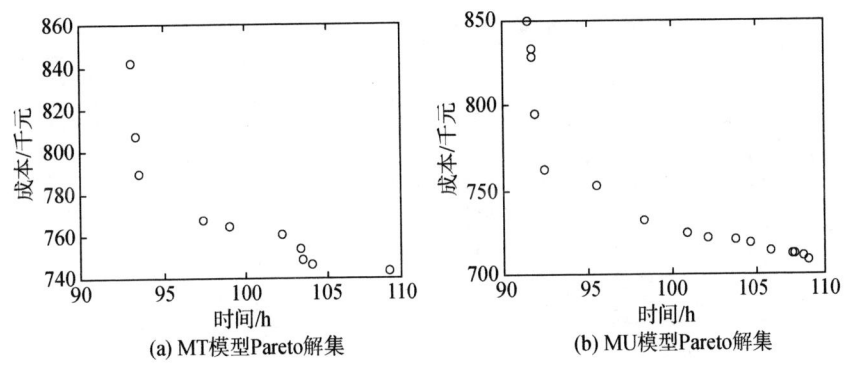

图 6.13 多任务与多用户调度模型比较

表 6.7 给出了每个任务相应的解集。与表 6.5 相比,由于同一个用户的多个任务之间能够相互协调,MU 模型仅需要保证用户的集成需求即可满足用户需求。MT 模型有更多的需求,每个任务需要确保在任务需求内完工才不会有延期成本的出现。例如,任务 4 的交货期需求仅为 80h,MT 模型得到的结果必须满足任务 4 的需求,才能够得到满意解。但是多用户模型松弛了该需求,由于将多个任务的最大需求作为用户的需求,所以任务 4 的交货期需求可以延长至 120h。每个用户的任务之间可以相互协调需求,决定调度的优化目标的是用户的需求,因此共享平台仅需要协调用户之间的矛盾,用户的某个任务不再需要满足单个任务的硬约束,从而增大了可行解的范围。MU 模型的最小完工时间为 91.47h,而 MT 模型的最小完工时间为 93.05h,这表明 MU 模型得到的解更宽泛。

由此可以看出,多任务导向制造服务调度模型是多用户导向制造服务调度模型的一种特殊形式,传统的多任务调度模型可以看作每个用户仅有一个任务的形式。多用户模型将多用户需求作为调度的优化目标,更具有普适性。这种形式下的调度模型更注重用户任务之间的合作与协调,优化过程集中在对用户需求方面的矛盾进行协调,而不需要考虑任务之间的矛盾性,因此具有更好的现实意义。

表 6.7 多任务模型的最终解

Pareto 解集	总时间 /h	总成本 /千元	任务 1 (90h) 时间/h	任务 1 成本/千元	任务 2 (110h) 时间/h	任务 2 成本/千元	任务 3 (90h) 时间/h	任务 3 成本/千元	任务 4 (80h) 时间/h	任务 4 成本/千元	任务 5 (120h) 时间/h	任务 5 成本/千元
S1	93.05	842.04	87.97	167.39	93.05	197.89	77.33	150.94	72.25	141.09	90.85	184.74
S2	93.32	807.42	87.45	173.55	93.32	187.86	76.60	147.63	77.88	155.30	90.21	143.09
S3	93.52	789.54	88.12	163.41	93.52	186.59	70.27	147.63	79.89	148.84	90.88	143.09
S4	97.42	767.64	90.16	159.26	97.42	173.64	72.70	130.65	79.91	146.12	94.61	156.33
S5	99.00	764.71	87.90	160.19	99.00	175.08	84.65	128.72	71.98	153.46	92.44	147.27
S6	102.22	760.75	88.85	157.79	102.22	181.51	84.65	128.72	78.69	149.76	93.89	142.98
S7	103.37	754.01	90.16	159.26	103.37	158.91	72.70	130.65	79.91	146.12	94.61	157.43
S8	103.49	748.89	87.90	160.19	101.62	159.27	84.65	128.72	71.98	153.46	103.49	147.27
S9	104.07	746.56	90.59	160.19	104.07	159.27	86.07	120.47	71.98	153.46	92.44	147.27
S10	108.76	743.56	88.85	157.79	108.76	164.32	84.65	128.72	78.69	149.76	93.89	142.98

6.2 考虑服务协同的多用户任务调度优化

6.2.1 问题描述

近年来,共享制造环境下面向多任务的制造服务组合与调度引起了广大研究者的关注[8,9],然而大部分研究都是从制造服务的服务质量属性方面进行建模与优化求解,对其他因素考虑较少。文献 [10] 从任务角度建立了以时间、成本和服务质量为优化目标的服务调度模型。文献 [3] 构建了以服务质量和能耗为目标的服务组合模型,并设计了一种多目标进化算法,获得一组非支配解,以满足不同用户的偏好。但是该模型只考虑了同质任务的组合问题,未考虑制造系统中的服务占用问题。文献 [11] 考虑了服务的可持续性因素,建立了双层多目标组合优化模型。文献 [12] 基于服务信任关系建立了多用户导向的服务组合模型,但是该模型中一个用户仅有一个任务。此外,曹文颖等[13]考虑了服务企业间的信任度,并将其引入云制造资源调度模型中。文献 [14] 研究了用户需求多样化的服务调度生产模型,并采用线性权重的方法对目标函数进行了归一化。

共享制造平台中制造资源的多样性、分散性、协同性等给制造资源的调度优化带来巨大挑战[15]。因此，服务调度优化目标不仅需要考虑服务的 QoS 属性，还要考虑制造服务的社会属性，以提高服务的协同性。现有研究对服务协同的考虑主要集中在服务组合方面。文献 [16] 提出了一种基于网络协同模式的服务质量评价模型，并采用人工基因的蜂群算法求解最优化组合问题。陈友玲等[17] 构建了制造服务组合协同效应的评价模型，采用蚁群算法（Ant Colony Optimization，ACO）进行求解。姜凯博等[18]针对制造服务评价优选问题建立了包含企业亲密度模型的指标全面量化的评价体系。但这些模型只考虑了服务组合问题的协同效应，并未考虑调度场景下制造服务的竞争问题。

协同配置分布式制造服务是共享制造生产模式的典型特征。现有的大多数文献从制造服务的 QoS 属性出发获得满足任务需求的服务调度方案，而忽略了调度过程中服务协同能力的影响。在分布式制造环境下，挖掘服务的社会属性能够有效提高服务的社会参与度和合作能力。本节将在共享制造平台服务调度框架下，面向多用户多任务需求，以平均用户满意度最大化、制造服务协同效应最大化为优化目标，构建面向多用户的制造服务双目标调度模型，进而在灰狼优化算法（Grey Wolf Optimizer，GWO）框架下引入模拟退火算法，以改进算法的求解性能，并通过试验验证模型的有效性和算法的高效性。

6.2.2 数学模型

基于 6.2.1 节中的问题描述，考虑分布式制造服务协同构建多用户任务调度的数学模型，在表 6.1 的基础上增加相关数学符号，见表 6.8。该模型以用户满意度和服务协同效应为优化目标，具体描述如下。

表 6.8 数学模型符号及其含义

符号	含义	符号	含义
T_{ij}	第 i 个用户的第 j 个任务	Q_i	第 i 个用户所有任务的服务质量
q_{ijl}^m	st_{ijl} 在第 m 个服务上的服务质量	U_i	第 i 个用户的满意度
T_i	第 i 个用户所有任务的完工时间	SE	协同效应
C_i	第 i 个用户所有任务的总服务成本	SL	用户提交的任务数量
$SI(i,j)$	第 i 个服务与第 j 个服务的亲密度	w_i^T, w_i^C, w_i^Q	第 i 个用户对时间、成本和服务质量的偏好
$CP(i)$	第 i 个服务的竞争力	U_i^T, U_i^C, U_i^Q	第 i 个用户对时间、成本和服务质量的满意度

1. 用户满意度

为了构建用户满意度指标，综合考虑三个 QoS 因素：完工时间、完工成本和完工质量。

1) 用户的完工时间由最晚交付给用户的任务完工时间决定，可由式（6.22）表示：

$$T_i = \max_{j \in J_i} \left[ST_{ijL_{ij}} + \sum_{m=1}^{M} X_{ijL_{ij}}^m (OT_{ijL_{ij}}^m + D_{mu_i} l_T) \right] \quad (6.22)$$

2) 用户的完工成本等于用户所有任务的完工成本之和，可由式（6.23）表示：

$$C_i = \sum_{j=1}^{J_i} \sum_{l=1}^{L_{ij}-1} \sum_{m=1}^{M} X_{ijl}^m \left[OC_{ijl}^m + \sum_{m'=1}^{M} (X_{ijl}^{m'} LC_{ijl,ij(l+1)}^{mm'}) \right] + \sum_{j=1}^{J_i} \sum_{m=1}^{M} X_{ijL_{ij}}^m (OC_{ijL_{ij}}^m + D_{mu_i} l_C) \quad (6.23)$$

3) 服务的质量合格率可以体现服务质量，可通过以往用户对制造服务的历史评分进行度量。由于每个用户有多个任务，将某用户所有任务的最小服务质量作为影响该用户服务质量的指标：

$$Q_i = \min_j \left[\prod_{l=1}^{L} \left(\sum_{m=1}^{M} q_{ijl}^m X_{ijl}^m \right) \right] \quad (6.24)$$

因此，第 i 个用户的满意度可表示为

$$U_i = w_i^T U_i^T + w_i^C U_i^C + w_i^Q U_i^Q \quad (6.25)$$

其中，w_i^T，w_i^C 和 w_i^Q 表示第 i 个用户对时间、成本和服务质量的偏好，且 $w_i^T + w_i^C + w_i^Q = 1$；$U_i^T$，$U_i^C$ 及 U_i^Q 为第 i 个用户对时间、成本和服务质量的满意度，其计算公式为

$$U_i^T = \begin{cases} \dfrac{T_{\max} - T_i}{T_{\max} - T_{\min}}, & T_{\max} \neq T_{\min} \\ 1, & T_{\max} = T_{\min} \end{cases} \quad (6.26)$$

$$U_i^C = \begin{cases} \dfrac{C_{\max} - C_i}{C_{\max} - C_{\min}}, & C_{\max} \neq C_{\min} \\ 1, & C_{\max} = C_{\min} \end{cases} \quad (6.27)$$

$$U_i^Q = \begin{cases} \dfrac{Q_i - Q_{\min}}{Q_{\max} - Q_{\min}}, & Q_{\max} \neq Q_{\min} \\ 1, & Q_{\max} = Q_{\min} \end{cases} \quad (6.28)$$

本节以平均用户满意度作为第一个优化目标，计算公式为

$$f_1 = \frac{1}{N}\sum_{i=1}^{N} U_i \tag{6.29}$$

2. 制造服务协同效应

制造服务的社会属性涉及合作与竞争两个方面。当服务需要合作完成两个相继的子任务时必然存在信息交流与互动，服务企业之间由于软硬件设施的不同势必会造成服务间合作关系的不同。同时，当多个服务都能够完成某项子任务时，存在竞争关系的服务会对同一个子任务进行抢夺，竞争力强的服务会获得该子任务订单。本书利用合作亲密度和距离亲密度衡量两个服务之间的合作水平。

（1）合作亲密度

服务间能够通过信息交流相互合作共同完成一项任务，在大数据环境下可以根据历史记录信息得到服务之间的合作次数。因此，合作亲密度 CF 可根据式（6.30）计算：

$$CF_{mm'} = 1 - e^{-\lambda \cdot CT_{mm'}} \tag{6.30}$$

其中，$CT_{mm'}$ 表示第 m 个服务与第 m' 个服务的合作次数；λ 为常量，表示合作紧密系数。

（2）距离亲密度

由于制造服务地理位置的分散性，地理距离越短越有助于减少子任务之间物流运输的阻塞[19]。利用式（6.31）将两个服务之间的地理距离映射为取值在 0～1 之间的距离亲密度：

$$DI_{mm'} = \begin{cases} 1.0, & D_{mm'} \leqslant D_S \\ 0.6, & D_S < D_{mm'} \leqslant D_M \\ 0.3, & D_M < D_{mm'} \leqslant D_L \\ 0, & D_{mm'} > D_L \end{cases} \tag{6.31}$$

其中，D_S，D_M 及 D_L 分别是衡量距离亲密度高、中、低的三个阈值常量。

综上，制造服务 m 和 m' 的合作水平 $SI_{mm'}$ 可由式（6.32）表示：

$$SI_{mm'} = c_1 CF_{mm'} + c_2 DI_{mm'} \tag{6.32}$$

其中，c_1，c_2 为权重，且 $c_1 + c_2 = 1$。

竞争属性指服务企业的市场竞争力，本书用市场占有率衡量企业的市场竞争力，表示为云企业某类产品或服务在一定时期内和一定区域内的市场销售中占同类产品或服务的比例，其计算公式为

$$CP_m = \frac{p_m}{P} \tag{6.33}$$

其中，p_m 为服务 m 的市场营业额；P 为能提供与服务 m 相同的服务的所有服务的营业额。

两个服务的竞争力差异越大，说明二者的协同效应越小，这时即使它们之间有很高的亲密度，服务协同性也会很差。因此，为更好地衡量服务间的协同效应，应该同时考虑服务 m 和 m' 之间的合作关系与竞争关系。协同效应 $SE_{mm'}$ 的计算公式为

$$SE_{mm'} = \frac{SI_{mm'}}{1+|CP_m - CP_{m'}|} \tag{6.34}$$

本书采用服务协同矩阵直观地表达不同制造服务之间的协同能力，矩阵中数值可根据以上的协同效应计算公式计算得出，所有数值均在 $0 \sim 1$ 之间。

作为第二个优化目标，所有用户任务的平均服务协同效应为

$$f_2 = \frac{1}{SL} \sum_{i=1}^{N} \sum_{j=1}^{J_i} \sum_{l=1}^{L_{ij}} \sum_{p=l+1}^{L_{ij}} \sum_{m=1}^{M} \sum_{m'=1}^{M} X_{ijl}^{m} X_{ijp}^{m'} SE_{mm'} \tag{6.35}$$

3. 模型约束

该模型的基本约束如下。

1) 子任务约束：同一任务的各子任务满足预先定义的加工顺序，某一子任务的前序子任务都完工之后该子任务才能进行加工。

$$ST_{ij(l-1)} + \sum_{m=1}^{M} X_{ij(l-1)}^{m} \left(OT_{ij(l-1)}^{m} + \sum_{\substack{m'=1 \\ m' \neq m}}^{M} X_{ijl}^{m'} D_{mm'} l_T \right) \leqslant ST_{ijl}$$
$$i = 1,2,\cdots,N; j = 1,2,\cdots,J_i; l = 2,\cdots,L_{ij} \tag{6.36}$$

2) 制造服务约束：同一个服务上加工的两个子任务加工时间不能重叠，如子任务 st_{ijl} 与 st_{abp} 都在一个服务上加工，且 st_{ijl} 的顺序优于 st_{abp}，则有

$$ST_{ijl}^{m} \geqslant \max \left(FT_{ij(l-1)}^{m'} + \sum_{m'=1}^{M} \sum_{m=1}^{M} X_{ijl}^{m'} X_{ijl}^{m} D_{mm'} l_T, FT_{abp}^{m} \right)$$
$$i = 1,2,\cdots,N; j = 1,2,\cdots,J_i; l = 1,2,\cdots,L_{ij};$$
$$a = 1,2,\cdots,N; b = 1,2,\cdots,J_a; p = 1,2,\cdots,L_{ab}; m,m' = 1,2,\cdots,M$$
$$\tag{6.37}$$

3) 完工时间与开始时间的约束：见式（6.38），每个用户任务的开始时间大于等于 0，用式（6.39）表示：

$$FT_{ijl} = ST_{ijl} + \sum_{m=1}^{M} OT_{ijl}^{m}, i = 1,2,\cdots,N; j = 1,2,\cdots,J_i; l = 1,2,\cdots,L_{ij} \tag{6.38}$$

$$ST_{ijl} \geqslant 0, i=1,2,\cdots,N; j=1,2,\cdots,J_i; l=1,2,\cdots,L_{ij} \quad (6.39)$$

4) 每个子任务只能在一个服务上进行加工,用式(6.40)表示:

$$\sum_{m=1}^{M} X_{ijl}^m = 1, i=1,2,\cdots,N; j=1,2,\cdots,J_i; l=1,2,\cdots,L_{ij} \quad (6.40)$$

6.2.3 GWO-SA 算法

任务调度问题是一个典型的非确定性多项式时间难题(Non-deterministic Polynomial-time hard, NP-hard)[20],为了获得更优的决策解,采用离散的灰狼优化算法[21]。由于参数少,收敛速度快,该算法目前已经被广泛应用于求解各类工程问题[22,23]。然而,原始的 GWO 是用于求解连续问题的,对于离散问题的求解并不能直接应用。因此,本书基于 GWO 的全局搜索性能和模拟退火(Simulated Annealing, SA)算法的局部搜索能力,在 GWO 算法框架下进行算法改进,设计了 GWO-SA 算法,该算法能增加解的多样性,提高解的质量。

1. 领导层级机制

GWO 的核心思想是找到种群中三个适应值最好的"灰狼"(α,β,δ),其他个体(ω)利用这些个体的引导对整个解空间进行搜索,这种利用优良个体信息的方式能够加快种群的收敛。在多目标优化问题中,个体的适应值可由支配等级表示,根据 NSGA-Ⅱ的支配等级计算和拥挤距离计算,可将种群划分为多个非支配层,因此 α,β,δ 可根据以下规则确定:

1) 如果种群只有一个非支配层,根据拥挤距离采用二元锦标赛机制选取三个个体作为 α,β,δ。

2) 如果种群包含两个非支配层,第一层随机选择一个个体作为 α,第二层利用拥挤距离计算采用二元锦标赛机制选取两个个体作为 β,δ。

3) 如果种群包含三个非支配层,分别从第一、二、三层随机选择一个个体作为 α,β,δ。

2. 捕食行为机制

原始的 GWO 每只 ω 狼随机选择领导个体进行追随,这种方式并不能确保一个好的搜寻方向。由于相似个体之间的信息交流往往更有利于生成优良个体,为了保持种群有一个良好的搜寻方向,本书设计的算法使每只 ω 狼可根据在当前种群中的非支配等级选择领导个体。新个体生成策略如下:

1) 如果 ω 狼在第一个非支配等级,则 $X_{new} = CR(X_\alpha, X)$。

2) 如果 ω 狼在第二个非支配等级,则随机(rand)选择领导个体。

$$X_{new} = \begin{cases} CR(X_\alpha, X), rand < 0.5 \\ CR(X_\beta, X), 其他 \end{cases} \quad (6.41)$$

3) 如果 ω 狼的非支配等级大于等于三，则随机选择领导个体：

$$X_{new} = \begin{cases} CR(X_\alpha, X), rand < 0.33 \\ CR(X_\beta, X), 0.33 \leqslant rand < 0.67 \\ CR(X_\delta, X), rand \geqslant 0.67 \end{cases} \quad (6.42)$$

根据问题特性，染色体的前后两部分分别应用两种不同的交叉操作。对子任务排序部分，采用优先工序交叉（Precedence Operation Crossover，POX）算法[24]。为增加种群多样性，防止算法陷入局部最优，服务选择部分采用自适应性交叉机制。首先定义一个个体 G 的引导概率 p_f，其计算公式为

$$p_f(t) = p_{fmax} - \frac{(p_{fmax} - p_{fmin})t}{Maxit} \quad (6.43)$$

其中，$p_f(t)$ 表示第 t 次迭代的领导个体引导概率；p_{fmin}、p_{fmax} 表示引导概率的最小值和最大值；Maxit 表示最大迭代次数。由公式（6.43）可以看出，个体的引导概率在逐渐减小，这有利于防止算法陷入局部最优。其计算步骤如下，具体交叉过程如图 6.14 所示：

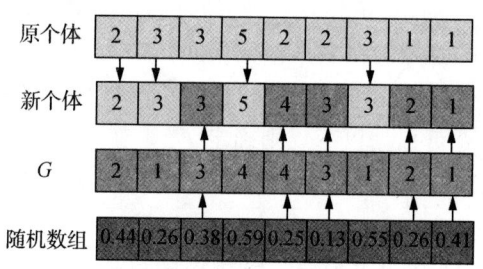

图 6.14 自适应性交叉

1) 随机生成一个 0～1 之间的数组。
2) 找到小于 p_f 的位置，将 G 相应位置的基因位传承给新个体。
3) 新个体其他基因位由原个体继承。

利用变异算子的局部搜索能力可以加速进化过程向最优解收敛，同时能够维持种群的多样性，防止过早的成熟收敛。基于问题特征，本书采用交换的变异算子：对于服务选择部分，随机选择一个变异点，从该子任务的可选服务序号中随机选择一个替换掉它；对于子任务排序部分，随机选择两个基因位，然后交换它们的值，这样产生的后代不会破坏解的可行性。

3. 模拟退火算法

领导个体的引导虽然会加快算法的收敛速度,但是个体的追随策略会使 GWO 陷入局部最优[23]。因此,本书采用以下三种策略作为模拟退火算法的状态转移方式进行局部搜索,从而提高解的多样性和解的质量。

(1) 服务最优配置

随机选择一个子任务,为其随机选择服务成本最小、服务时间最少或者服务质量最高的服务。

(2) 增加协同策略

随机选择一个用户,逐步判断该用户每一任务的所有子任务是否可以在同一个服务上进行,如果可以,则将相继的两个子任务安排在同一个服务上,以减少物流时间和成本,同时提高任务的协同能力。

(3) 负载平衡策略

该策略是基于服务负载均衡的启发式策略。保持子任务的排序不变,对服务选择部分进行重新布置,配置策略见 6.1.2 节。

进行交叉变异操作之后,采用一定的随机概率 p_r 对种群中的个体进行模拟退火搜索,增加解的多样性。冷却温度可表示为

$$T(t) = k \frac{T_0^2}{T_0^2 + t^2} \tag{6.44}$$

其中,k 为退火速度;t 表示当前迭代次数;T_0 为一个常数。由此可以看出,冷却温度是自适应的、非线性的、缓和的。

模拟退火算法的计算步骤如下:

1) 输入种群,模拟退火最大迭代次数为 Maxit,令 $t=1$,根据公式 (6.44) 计算冷却温度。

2) 判断是否达到最大迭代次数,是则结束计算,否则跳至步骤 3)。

3) 随机选择一种状态转移方式,生成新个体 x_{new}。

4) 比较新解 x_{new} 与旧解 x_{old} 的目标函数,根据支配关系和梅特罗波利斯 (Metropolis) 准则接受新解。如果 x_{new} 支配 x_{old},则用 x_{new} 替换掉 x_{old},跳出循环;如果 x_{old} 支配 x_{new},则转至步骤 2);如果两个个体之间相互不支配,则随机选择一个目标函数对两个个体进行比较,并按照 Metropolis 准则以公式 (6.45) 接受新解,返回步骤 2)。

$$p = \begin{cases} 1, & \exists m, f_m^{\text{new}} < f_m^{\text{old}} \\ \prod_{m=1}^{M} \exp\left(-\frac{f_m^{\text{new}} - f_m^{\text{old}}}{T}\right), & \forall m, f_m^{\text{new}} > f_m^{\text{old}} \end{cases} \tag{6.45}$$

GWO-SA 算法流程如图 6.15 所示。

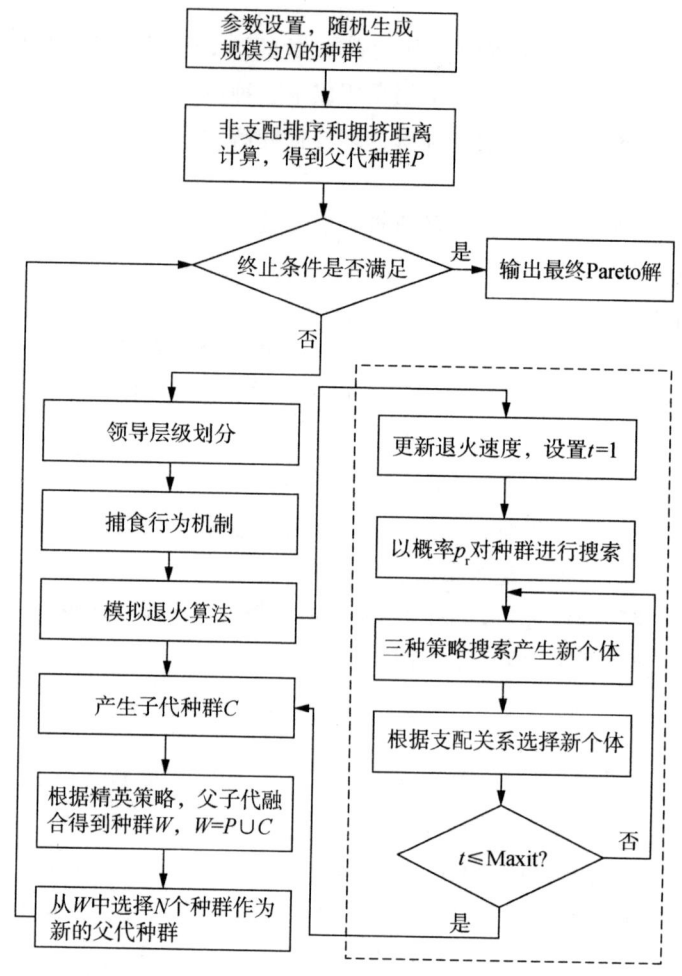

图 6.15 GWO-SA 算法流程

6.2.4 仿真试验与结果分析

1. 测试算例

以 6.1 节中的案例为背景，以面向三个用户的制造服务选择与调度算例对模型进行分析，服务时间（单位为 h）、服务成本（单位为千元）、服务质量分别服从均匀分布 $U(5,20)$、$U(10,30)$、$U(0.9,0.99)$，$l_T = 0.004 \text{h/km}$，$l_C = 0.005$ 千元/km。表 6.9～表 6.11 列出了可选服务之间的协同效应计算相关数据。取

D_S, D_M 及 D_L 分别为 100km, 300km 和 400km, c_1, c_2 的值为 0.8, 0.2, 得到服务的协同效应, 见表 6.12。比较以下两个模型下的结果。

模型一: 考虑两个优化目标（用户平均满意度和服务协同能力），即本节提出的服务选择模型。

模型二: 仅考虑一个优化目标（用户平均满意度），在本节所提出的 GWO-SA 算法基础上求解单目标制造服务选择与调度模型。

表 6.9 制造服务某一时期合作次数　　　　　　　　　　单位: 次

制造服务	1	2	3	4	5	6	7	8
1	—	20	33	7	24	26	28	32
2	20	—	16	33	27	25	41	30
3	33	16	—	25	24	18	17	16
4	7	33	25	—	25	23	11	16
5	24	27	24	25	—	15	15	18
6	26	25	18	23	15	—	12	15
7	28	41	17	11	15	12	—	22
8	32	30	16	16	18	15	22	—

表 6.10 制造服务地理距离　　　　　　　　　　单位: km

制造服务	1	2	3	4	5	6	7	8
1	0	239	241	355	363	460	469	433
2	239	0	308	473	250	287	477	439
3	241	308	0	289	443	491	225	493
4	355	473	289	0	367	224	241	252
5	363	250	443	367	0	206	479	432
6	460	287	491	224	206	0	221	276
7	469	477	225	241	479	221	0	361
8	433	439	493	252	432	276	361	0

表 6.11 制造服务竞争能力之差

制造服务	1	2	3	4	5	6	7	8
1	0	0.01	0.12	0.07	0.13	0.33	0.12	0.03
2	0.01	0	0.19	0.24	0.22	0.11	0.05	0.01
3	0.12	0.19	0	0.15	0.11	0.02	0.22	0.15
4	0.07	0.24	0.15	0	0.03	0.14	0.15	0.11
5	0.13	0.22	0.11	0.03	0	0.22	0.12	0.13
6	0.33	0.11	0.02	0.14	0.22	0	0.05	0.12
7	0.12	0.05	0.22	0.15	0.12	0.05	0	0.20
8	0.03	0.01	0.15	0.11	0.13	0.12	0.20	0

表 6.12 制造服务协同效应

制造服务	1	2	3	4	5	6	7	8
1	1.00	0.62	0.68	0.30	0.57	0.47	0.57	0.66
2	0.62	1.00	0.44	0.55	0.58	0.62	0.70	0.65
3	0.68	0.44	1.00	0.60	0.54	0.50	0.47	0.42
4	0.30	0.55	0.60	1.00	0.63	0.58	0.40	0.50
5	0.57	0.58	0.54	0.63	1.00	0.44	0.41	0.46
6	0.47	0.62	0.50	0.58	0.44	1.00	0.46	0.48
7	0.57	0.70	0.47	0.40	0.41	0.46	1.00	0.51
8	0.66	0.65	0.42	0.50	0.46	0.48	0.51	1.00

算法运行平台的参数为 Intel Core i5-4210M，CPU 2.60GHz，4GB 内存，在 Windows 10 系统下采用 MATLAB 2018a 软件进行试验，试验独立进行 20 次。种群大小设置为 100 个，最大迭代次数为 100 次，交叉概率为 0.9，变异概率为 0.1，$T_0=50$，$k=0.05$，Maxit $=5$，$p_r=0.1$，$p_{f\max}$ 和 $p_{f\min}$ 分别为 0.5、0.4。

模型一的最终 Pareto 解集如图 6.16 所示。共享制造平台运营者可以从多个解中权衡两个目标函数的重要性，选择合适的决策方案。以用户平均满意度最大的解为例（此时任务平均服务协同能力最弱），与模型二的最优解进行比较，试验结果见表 6.13。

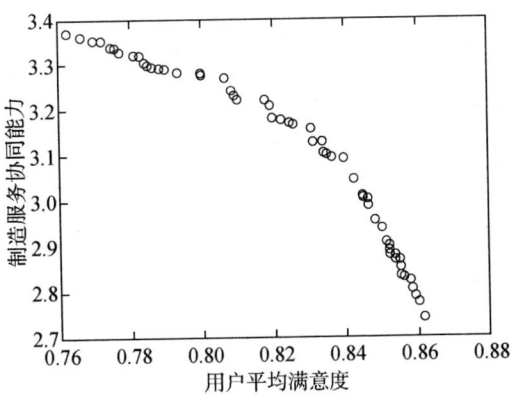

图 6.16 模型一最终 Pareto 解集

表 6.13 模型比较结果

任务	模型一 U	模型一 SE	模型二 U	模型二 SE
1	0.88	2.02	0.90	1.51
2	0.88	2.43	0.90	2.22
3	0.86	2.86	0.87	2.86
4	0.86	3.09	0.87	2.70
5	0.86	5.29	0.87	4.74
6	0.85	1.58	0.87	0.92
7	0.85	2.99	0.87	2.74
8	0.85	2.63	0.87	2.28
9	0.85	1.80	0.87	1.82
平均值	0.86	2.74	0.88	2.42

模型二由于过分追求 QoS 相关的满意度而忽略了服务之间的社会属性，虽然用户平均满意度最优，但是最优解的协同效应明显都普遍低于模型一，从而导致单目标情形下服务的协同能力明显偏弱。图 6.17 和图 6.18 展示了两个模型最优解的甘特图。与模型二相比，模型一虽然损失了一部分用户满意度，但由于考虑了服务的协同效应，任务 2 的第 2、3、5 个子任务在同一个服务上进行加工，任务 7 的第 2、3、4 个子任务也在同一个服务上进行加工，这种任务加工方式显然有利于减少物流运输，从而提高服务的协同能力及共享制造系统的可持续性。该结果也验证了所提出模型的可行性及有效性。

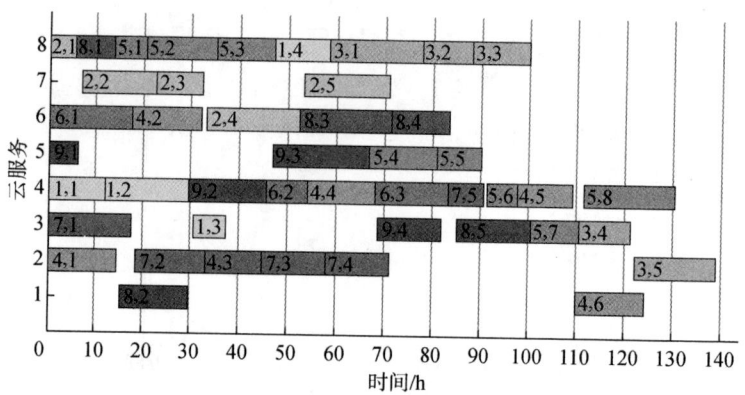

图 6.17　模型一用户满意度最优解甘特图

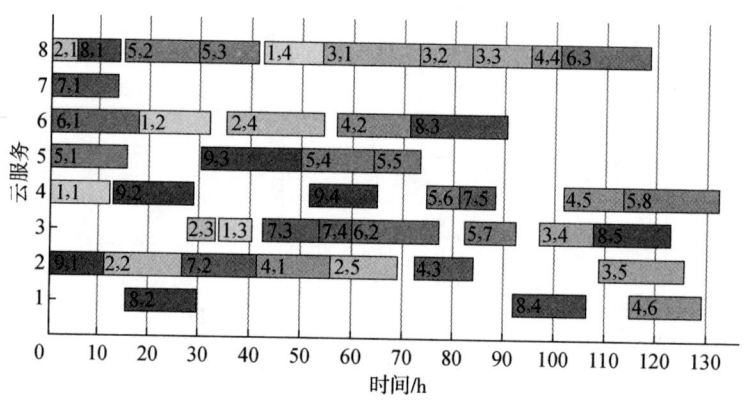

图 6.18　模型二用户满意度最优解甘特图

2. 算法性能分析

为了检验所提出算法的性能，设计四组试验算例来比较算法的性能，各组试验的数据见表 6.14。

表 6.14　四组试验数据

单位：个

试验算例编号	用户数	任务数	每个任务的子任务数	服务数
1	1	5	56658	12
2	3	2/3/4	45/568/3554	8
3	5	3/3/4/1/4	455/684/5745/3/4465	10
4	7	2/4/5/3/4/1/1	64/4345/55463/468/5664/7/5	12

每个任务可分解为顺序执行的多个子任务，每个子任务可选择的服务的个数为所有服务个数的 40%～80%，制造服务的相关数据服从本小节算例中的均匀分布，制造服务之间的协同效应服从 $U(0.6,1)$。为了验证混合算法的有效性，将该算法与五种求解相似问题的多目标进化算法 NSGA-Ⅱ[5]、SPEA2[6]、EMOGWO[25]、DPSO-SA[26]、IABC[27]进行比较，种群大小设置为 100 例，最大迭代次数为 100 次，交叉概率为 0.9，变异概率为 0.1，其他算法参数根据文献[5,6,25-27]设置。本节中混合算法部分参数设置见本小节算例。

由于问题本身的真实 Pareto 前沿无法获得，在测试中将所有算法的最终结果经汇总所求得的非支配解集作为真实 Pareto 解集。图 6.19 展示了所有算例中各个算法最终的 Pareto 解的分布情况。从图 6.19 中可以看出，六种算法中 GWO-SA 具有较好的支配性，解的分布更加均匀，尤其当问题规模较大时其展示出的性能更为明显。GWO-SA 在四组试验中都产生了高质量的解，说明该算法可产生更稳定、更有效的解。图 6.20 展示了 20 次试验中各个算例中六种算法 IGD 和

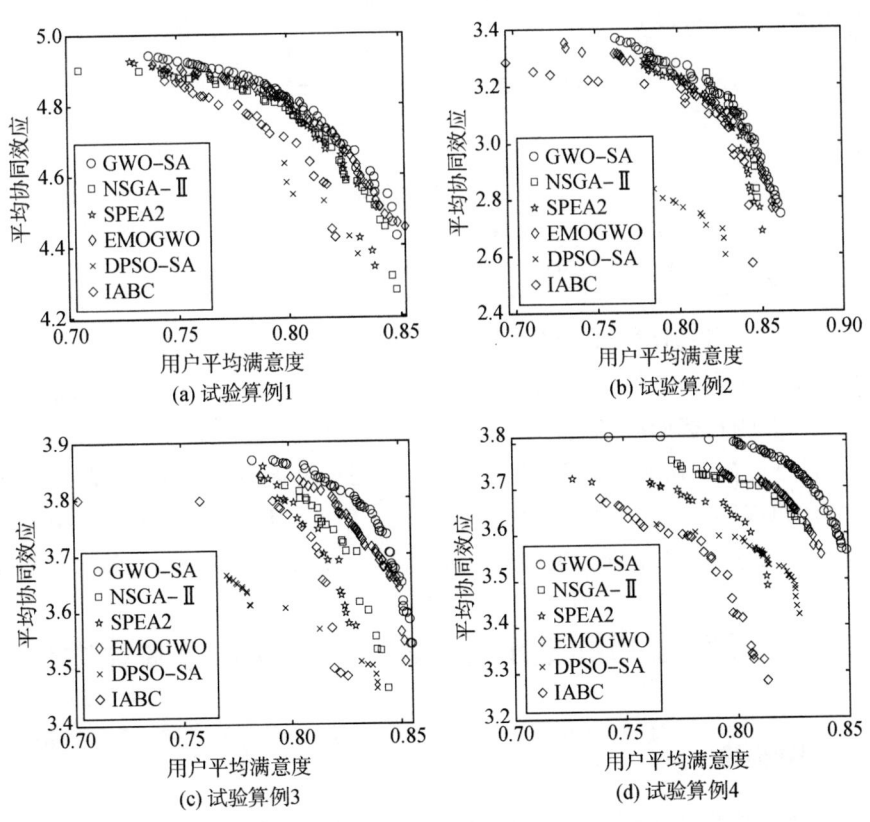

图 6.19　各算例 Pareto 解集

HV 的数值分布情况。从图 6.20（a）中可知，四组测试试验中，GWO-SA 的 IGD 值相比于其他五种算法更小，这说明 GWO-SA 更接近真实的 Pareto 前沿，具有更好的收敛性。另外，如图 6.20（b）所示，四组试验中，GWO-SA 的 HV 指标相比于其他五种算法具有更大的值，这反映了 GWO-SA 良好的多样性和收敛性。

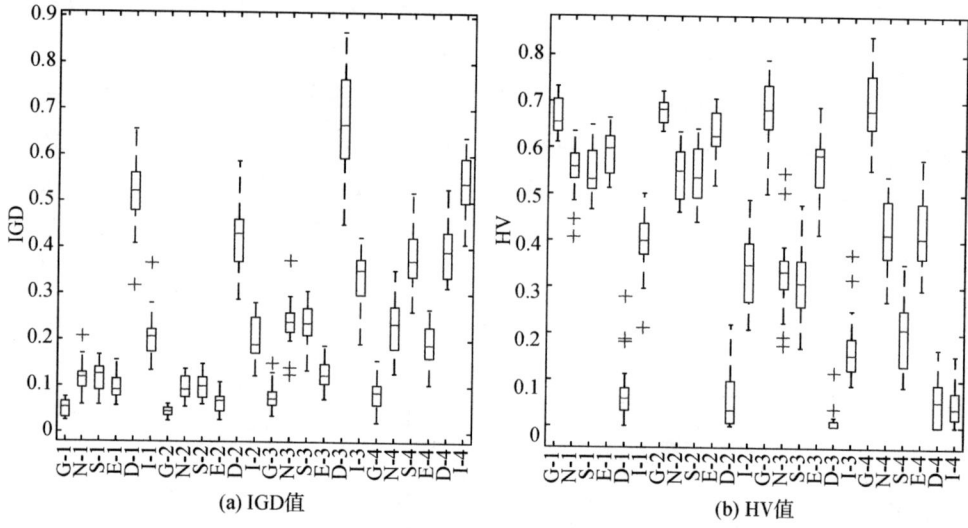

图 6.20　算法性能箱线图

注：G，N，S，E，D，I 分别表示算法 GWO-SA、NSGA-Ⅱ、SPEA2、EMOGWO、DPSO-SA、IABC。

以往制造服务选择与调度只考虑服务的 QoS 属性，本节将服务之间的竞争与合作协同效应引入制造服务调度模型中，构建了以用户平均满意度最大化、服务协同效应最大化为目标的服务选择与调度模型，设计了一种改进的灰狼算法 GWO-SA 对该模型进行优化求解，并分析了协同效应对调度策略的影响。仿真试验表明，本节提出的 GWO-SA 算法能够有效提高 Pareto 解的质量。考虑到共享制造平台中制造服务的动态性，在后期的工作中将研究动态环境下的服务选择与调度优化。

6.3　集成多方利益的超多目标制造服务调度优化

6.3.1　问题描述

共享制造是面向全社会资源共享的服务型制造模式，作为共享制造系统的核心功能，制造服务选择和调度在优化资源配置和满足用户需求方面发挥着重要作用。一般来说,共享制造系统中不同参与者有不同的利益目标。例如,用户主要关注的是服务质量,共享平台希望降低能源消耗,服务提供商希望提高制造效率等。因此,一个最优的调度方案不仅需要提升用户的满意度,而且需要提高资源利用率,以实现可持续性。然而,现有的研究大多将制造服务调度作为一个单目标、双目标或三目标优化问题来处理,忽略了共享制造的调度特性,如用户需求的协调、共享平台的利益和服务企业的效率。除了时间和成本等常见的优化目标外,共享制造系统还需要考虑更多的优化目标,如物流成本、服务稳定性、产品质量、服务评价、可持续性、可靠性等[28]。因此,将制造服务选择和调度问题作为一个超多目标优化问题(Many-Objective Optimization Problem,MOP),从多个角度来实现制造资源的可持续利用是非常可取的。

分布式共享制造服务选择和调度问题是一个 NP-hard 组合优化问题。由于其非线性和大规模的特征,线性规划和整数规划等精确算法通常很难在多项式时间内解决该问题。基于种群的启发式或元启发式算法通常用于解决基于有效搜索机制的单目标或双目标调度优化问题。然而,针对三个或更多目标的制造服务选择和调度问题还少有人研究。随着目标的增加,目标空间中非支配解的数量急剧上升,这使得传统的多目标进化算法(Multi-Objective Evolutionary Algorithms,MOEAs)面临选择压的损失[29]。

本节旨在从以下几个方面解决共享制造服务选择和调度问题。首先,考虑共享制造系统中用户、共享制造平台和服务提供商的不同利益,建立超多目标调度优化模型,以达到完工时间最小化、总成本最小化、用户平均服务质量最大化、用户平均服务可靠性最大化、服务能耗最小化、最大服务工作量最小化、服务等待时间最小化和物流成本最小化。然后,提出一种基于自适应环境选择的超多目标进化算法(Many-Objective Evolutionary Algorithm with Adaptive Environment Selection,MaOEA-AES)来解决所研究的问题。最后,进行了一系列试验,以测试该算法的性能。

6.3.2 数学模型

共享制造系统中涉及三个利益相关者:用户或企业消费者、共享制造平台运营商和共享制造服务提供商。共享制造服务提供商将闲置的制造资源和能力共享到共享平台,共享平台通过使用面向服务的架构和物联网等使能技术将分布式制造资源封装为共享服务,以满足用户的各种制造需求。当用户在共享平台上提交任务需求时,共享平台搜索候选服务,进行最优匹配和调度优化。基于 6.1 节和 6.2 节中的问题描述和模型符号定义,本节进一步定义了模型所需的相关符号,见表 6.15。

表 6.15 模型符号定义

符号	定义
k	第 m 个服务提供商的第 k 种制造服务类型
$E_{m,k}$	第 m 个服务提供商的第 k 个服务
$PT_{ijl}^{m,k}$	st_{ijl} 在 $E_{m,k}$ 执行时的处理时间
$PC_{ijl}^{m,k}$	st_{ijl} 在 $E_{m,k}$ 执行时的处理成本
$SE_{ijl}^{m,k}$	st_{ijl} 在 $E_{m,k}$ 执行时所需的能耗
$q_{ijl}^{m,k}$	st_{ijl} 在 $E_{m,k}$ 执行时的服务质量
$r_{ijl}^{m,k}$	st_{ijl} 在 $E_{m,k}$ 执行时的服务可靠性
$LE_{ij(l,l+1)}$	第 j 个任务连续子任务间的物流能耗,$LE_{ij(l,l+1)}^{mm'} = D_{mm'}l_e$
ST_{ijl}	st_{ijl} 的开始时间
WL_m	第 m 个服务提供者的工作量
WT_m	第 m 个服务提供者的空闲时间
TE	所有任务的总能耗
CC_i	第 i 个用户所有任务的总成本
CT_i	第 i 个用户所有任务的完成时间
Q_{ij}	T_{ij} 的服务质量
R_{ij}	T_{ij} 的服务可靠性
l_e	单位物流时间的平均物流能耗
$X_{ijl}^{m,k}$	0-1 变量,如果 st_{ijl} 在 $E_{m,k}$ 上执行则为 1,否则为 0
$Y_{ijl,i'j'l'}^{m,k}$	0-1 变量,如果在 $E_{m,k}$ 上 st_{ijl} 先于 $st_{i'j'l'}$ 执行则为 1,否则为 0

一般来说,共享制造系统中不同参与者有不同的目标。一个有效的调度计划应该在三个利益相关者(用户、共享制造平台和服务提供商)之间进行权衡。从用户、共享制造平台和服务提供商的角度考虑八个目标,分别为最小化所有任务的完成时间(CT)、最大化用户平均服务质量(SQ)、最大化用户平均服务可靠性(SR)、最小化所有任务的总成本(CC)、最小化物流成本(LC)、最小化能耗(EC)、最小化最大企业工作量(WL)和最小化服务空闲时间(WT),见表 6.16。

表 6.16 不同参与者的目标

参与者	目标函数	相关目标
用户	f_1	所有任务的完成时间(CT)
	f_2	用户平均服务质量(SQ)
	f_3	用户平均服务可靠性(SR)

续表

参与者	目标函数	相关目标
共享制造平台	f_4	所有任务的总成本（CC）
	f_5	能耗（EC）
	f_6	物流成本（LC）
服务提供者	f_7	最大企业工作量（WL）
	f_8	服务空闲时间（WT）

在共享制造系统中，企业用户更关注时间、质量和可靠性等 QoS 指标。式（6.46）定义了所有用户任务的完成时间。

$$f_1 = \min \text{CT} = \min \left[\max_{1 \leq i \leq 1}(\text{CT}_i) \right] \quad (6.46)$$

可以用用户所接受的最低服务质量级别来评估服务质量，使用通过率来测量服务的可靠性。对所有用户的平均服务质量和服务可靠性的评估采用式（6.47）和式（6.48）。

$$f_2 = \max \text{SQ} = \min \left\{ 1 / \frac{1}{N} \sum_{i=1}^{N} \sum_{j=1}^{J_i} \left[\prod_{l=1}^{L_j} \left(\sum_{m=1}^{M} \sum_{k=1}^{K_m} q_{ijl}^{m,k} X_{ijl}^{m,k} \right) \right] \right\} \quad (6.47)$$

$$f_3 = \max \text{SR} = \min \left\{ 1 / \frac{1}{N} \sum_{i=1}^{N} \sum_{j=1}^{J_i} \left[\prod_{l=1}^{L_j} \left(\sum_{m=1}^{M} \sum_{k=1}^{K_m} r_{ijl}^{m,k} X_{ijl}^{m,k} \right) \right] \right\} \quad (6.48)$$

对于共享平台，总成本和能耗是影响运营可持续性的主要因素。所有用户任务的总成本为

$$f_4 = \min \text{CC} = \min \left(\sum_{i=1}^{N} \sum_{j=1}^{J_i} \sum_{l=1}^{L_j} \sum_{m=1}^{M} \sum_{k=1}^{K_m} X_{ijl}^{m,k} \text{OC}_{ijl}^{m,k} + \text{LC} \right) \quad (6.49)$$

在整个制造服务调度过程中，能耗模型可以分为两部分：

1) 服务阶段（SE）。执行子任务会产生能耗，而在不同的服务上，每个子任务产生的能耗不同。服务阶段的总能耗可用式（6.50）评估：

$$\text{SE} = \sum_{m=1}^{M} \sum_{k=1}^{K_m} \sum_{i=1}^{N} \sum_{j=1}^{J_i} \sum_{l=1}^{L_j} E_{ijl}^{m,k} X_{ijl}^{m,k} \quad (6.50)$$

2) 物流阶段（LE）。两个服务提供商间的运输会产生能耗。我们简单地定义能耗与运输时间成线性相关，物流阶段的能耗可以由式（6.51）表示：

$$\text{LE} = \sum_{i=1}^{N} \sum_{j=1}^{J_i} \sum_{l=1}^{L_j-1} \sum_{m=1}^{M} \sum_{\substack{m'=1 \\ m \neq m'}}^{M} \sum_{k=1}^{K_m} \sum_{k'=1}^{K_{m'}} l_e \text{LT}_{ij(l,l+1)}^{mm'} X_{ijl}^{m,k} X_{ij(l+1)}^{m',k'} \quad (6.51)$$

所有制造任务的总能耗为

$$f_5 = \min \text{EC} = \min(\text{SE} + \text{LE}) \quad (6.52)$$

此外，还要考虑物流成本来降低物流能耗：

$$f_6 = \min \text{LC} = \min \Big[\sum_{i=1}^{N}\sum_{j=1}^{J_i}\sum_{l=1}^{L_j-1}\Big(\sum_{m=1}^{M}\sum_{k=1}^{K_m}\sum_{\substack{m'=1\\m\neq m'}}^{M}\sum_{k'=1}^{K_{m'}} X_{ijl}^{m,k} X_{ijl}^{m',k'} \text{LC}_{ij(l,l+1)}^{mm'}\Big)\Big]$$

(6.53)

从服务提供商的角度,希望实现负载均衡,减少空闲时间,提高服务效率。以上两个目标由式(6.54)和式(6.55)表示:

$$f_7 = \min \text{WL} = \min \max_{m\in M}\sum_{i=1}^{N}\sum_{j=1}^{J_i}\sum_{l=1}^{L_j}\sum_{k=1}^{K_m} \text{PT}_{ijl}^{m,k} X_{ijl}^{m,k}$$ (6.54)

$$f_8 = \min \text{WT} = \min\Big\{\sum_{m=1}^{M}\sum_{k=1}^{K_m}\Big[\max_{i\in I}(\text{CT}_i) - \sum_{i=1}^{I}\sum_{j=1}^{J_i}\sum_{l=1}^{L_j} X_{ijl}^{m,k} \text{PT}_{ijl}^{m,k}\Big]\Big\}$$ (6.55)

基于上述的假设条件,模型中涉及以下约束条件:

$$\text{s.t.} \sum_{m=1}^{M}\sum_{k=1}^{K_m} X_{ijl}^{m,k} = 1, \forall i,j,l$$ (6.56)

$$\text{ST}_{ij(l-1)} + \sum_{m=1}^{M}\sum_{k=1}^{K_m} X_{ij(l-1)}^{m,k}\Big(\text{PT}_{ij(l-1)}^{m,k} + \sum_{\substack{m'=1\\m\neq m'}}^{M}\sum_{k'=1}^{K_{m'}} X_{ijl}^{m',k'} \text{LT}_{ij(l-1,l)}^{mm'}\Big) \leqslant \text{ST}_{ijl}, \forall i,j,l$$

(6.57)

$$\text{ST}_{ijl} + X_{ijl}^{m,k} \text{PT}_{ijl}^{m,k} - H(1 - Y_{ijl,i'j'l'}^{m,k}) \leqslant \text{ST}_{i'j'l'}$$

$\forall i,j,l;\forall i',j',l'(i'\neq i \| i'=i, j'\neq j); m\in M; k\in K_m$ (6.58)

$$Y_{ijl,i'j'l'}^{m,k} + Y_{i'j'l',ijl}^{m,k} \geqslant X_{ijl}^{m,k} + X_{i'j'l'}^{m,k} - 1$$

$\forall i,j,l;\forall i',j',l'(i'\neq i \| i'=i, j'\neq j); m\in M; k\in K_m$ (6.59)

$$Y_{ijl,i'j'l'}^{m,k} + Y_{i'j'l',ijl}^{m,k} \leqslant 1, \forall i,j,l;\forall i',j',l'(i'\neq i \| i'=i, j'\neq j); m\in M; k\in K_m$$

(6.60)

$$\text{ST}_{ijl} \geqslant 0, \forall i,j,l$$ (6.61)

式(6.56)表示一个子任务一次只能在不同服务提供商的一个制造服务上进行处理。式(6.57)表示生产序列的约束,只有在子任务被处理和到达后才能在制造服务上执行操作子任务。式(6.58)表示服务约束,当且仅当同一个服务上前一个子任务完成后才可以执行这个子任务。式(6.59)和式(6.60)表示两个0-1变量间的约束,当在同一个服务上处理不同的子任务时 $Y_{ijl,i'j'l'}^{m,k} + Y_{i'j'l',ijl}^{m,k} = 1$。式(6.61)定义了开始时间的范围。

6.3.3 MaOEA-AES算法

本节提出一种基于自适应环境选择的超多目标进化算法来求解上述模型,具体来说,采用基于目标空间分割技术的向量角,把目标空间分为多个子空间,并设计一种基于自适应惩罚边界交叉(Adaptive Penalty Boundary Intersection，APBI）距离的精英选择策略来选择优秀个体，平衡不同进化阶段的收敛性和多样性。

1. MaOEA-AES 的框架

算法1中展示了 MaOEA-AES 的框架。首先，随机初始化种群（第1行）。然后，开始循环操作，直到满足终止条件。交配选择是从当前种群中选择一些较好的个体（第3行）。利用所研究问题的遗传算子来产生新的后代种群（第4行）。后代种群和父代种群合并为 Q_t 新种群。最后，提出基于多样性的种群划分技术和不同进化阶段的自适应精英选择策略的自适应环境选择操作，从组合种群中选择 N 个精英解（第6行）。

算法1：MaOEA-AES 的框架

输入:Popsize,Maxgen,pc,pm

输出:P(最终种群)

 1. P_0←初始化种群

 2. while 不满足终止条件 do

 3. P_t←选择(P_0)

 4. O_t←交叉和变异操作

 5. Q_t←$O_t \cup P_t$

 6. P_{t+1}←自适应环境选择操作(Q_t)

 7. end while

2. 算法后代生成

（1）交叉操作

交叉操作决定了种群的进化方向。作为一种主要的全局搜索方法，交叉操作以交换父母部分基因的方式产生后代。为了解决共享制造服务选择和调度问题，两种交叉操作分别应用于服务选择和子任务排序，如图6.21所示。对于制造服务选择子问题，采用均匀交叉操作生成后代。对于子任务排序子问题，利用POX交叉，通过继承父母的良好特征来生成可行的后代。

（2）变异操作

变异操作描述如下：对于服务选择部分，随机选择一个基因并替代为可用的服务；对于子任务排序部分，随机选择两个位置并交换其基因。

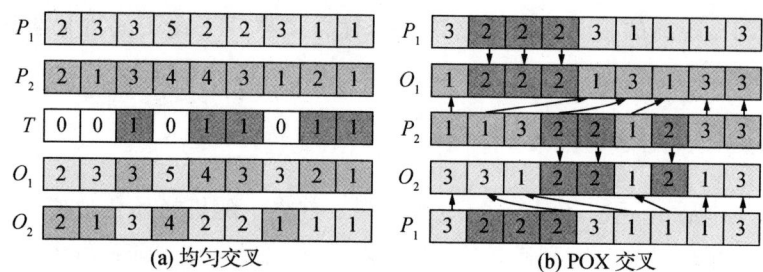

图 6.21　交叉操作

注：O_i 表示后代个体。

3. 自适应环境选择

（1）基于自适应选择策略的环境选择

该算法的核心思想是自适应地平衡收敛性和多样性。为了将目标空间划分为多个子区域，采用基于多样性的选择策略，将具有代表性的解识别为参考向量。在精英选择过程中，设计了一种 APBI 距离来平衡多样性和收敛性。在进化的早期阶段希望将解个体尽快收敛到真正的 Pareto 前沿面上，而在后期阶段重点是保护种群的多样性。

算法 2 描述了自适应环境选择过程。首先，基于 NSGA-Ⅲ 中的环境选择方法，将合并的种群（Q_t）归一化（第 1 行）。然后，从归一化种群 Q'_t 中识别 N 个个体，作为参考向量集 $\{Z_1, Z_2, \cdots, Z_N\}$ 的元素（第 2 行），剩余个体被分配到基于向量角测量的每个参考向量的区域（第 3 行）。最后，在相应子区域中计算 APBI 距离，具有最小 APBI 距离的个体 $x_k \in Q_t$ 被选到下一代（第 4~8 行）。

算法 2：自适应环境选择

输入：最大化适应度值(MFEs),组合种群(Q_t)

输出：P_{t+1}

1. $Q'_t \leftarrow$ 归一化(Q_t)
2. $(\overline{V}_t, R_t, \overline{A}_t) \leftarrow$ 参考向量的识别(Q'_t, N)　　％详见算法 3
3. $\{Z_1, Z_2, \cdots, Z_N\} \leftarrow$ 个体分配($\overline{V}_t, R_t, \overline{A}_t$)　　％详见算法 4
4. for i = 1 : N
5. 计算 $\mathrm{APBI}\underset{x \in Z_i}{(x, v_i)}$　　％ v_i 是 Z_i 的参考向量
6. k = arg min APBI(Z_i)
7. $P_{t+1} \leftarrow P_{t+1} \cup \{x_k\}$
8. end for

(2) 个体归一化

在 NSGA-Ⅲ[30]中采用个体归一化方法。首先,通过寻找每一维目标 $i=1,2,\cdots,S$ 的最小值 $Z_i^{\min}=\min\limits_{x\in Q_t}f_i(x)$,在目标空间中找到理想点。然后,对每一维坐标的极大值点 $Z_i^{\max}$ 取标量函数(ASF)的最小值,如式(6.62)所示。S 维超平面由极值点构成,可以得到每一维的截距 a_i。最后,通过式(6.63)将目标函数归一化处理为 $0 \sim 1$ 之间的数值。

$$\text{ASF}(x,w_i)=\max_{1\leqslant j\leqslant S}[f_i(x)-Z_j^{\min}]/w_{ij} \qquad (6.62)$$

其中,w_{ij} 是每个目标的权重向量 w_i 的第 j 个元素。如果 $i=j$,那么 $w_{ij}=1$,否则 $w_{ij}=0$。一般情况,当 $i\neq j$ 时,给 w_{ij} 设置一个很小的值。

$$\overline{f}_i(x)=\frac{f_i(x)-Z_i^{\min}}{a_i-Z_i^{\min}},\ i=1,2,\cdots,S \qquad (6.63)$$

(3) 参考向量的识别

向量角表示目标空间中个体的搜索方向。具体来说,个体间向量角越小相似性就越大。向量角的计算如下:

$$\text{Va}(x_i,x_j)=\arccos\left|\frac{f(x_i)\cdot f(x_j)}{\|f(x_i)\|\cdot\|f(x_j)\|}\right| \qquad (6.64)$$

其中,$f(x_i)\cdot f(x_j)$ 表示 $f(x_i)$ 和 $f(x_j)$ 的内积,$\|\cdot\|$ 表示一个向量的二范数。

由于问题存在间隔和不规则的 Pareto 前沿面,为了探索在前沿区域的种群和保持种群的多样性,使用一种基于多样性的种群划分技术来识别种群中有代表性的解。将这些解看作将目标空间划分为多个子区域的参考向量。算法 3 中给出了参考向量生成的伪代码。

算法 3:参考向量的识别

  输入:标准化组合种群($\acute{Q}_t$),参考向量数(N)

  输出:单位参考向量($\overline{V}_t$),剩余个体(R_t),向量角矩阵(A_t)

    1. 计算 $\acute{Q}_t$ 的向量角矩阵 $A_t=[\text{Va}(x_i,x_j)]_t$

    2. 从 $\acute{Q}_t$ 上查找处于边界的个体 $x_1,x_2,\cdots,x_B$

    3. 设置 $V_t \leftarrow \{x_1,x_2,\cdots,x_B\}$,$R_t=\acute{Q}_t-V_t$

    4. for $x\in R_t$ do

    5. 分配 $\pi(x)=v:\arg\min\limits_{v\in V_t}\text{Va}(x,v)$

    6. end for

    7. while $|V_t|\leqslant N$ do

8. $\mathbf{x}^* = \arg\max_{\mathbf{x} \in R_t} \text{Va}(\mathbf{x}, \pi(\mathbf{x}))$

9. $V_t \leftarrow V_t \cup \{\mathbf{x}^*\}; R_t = R_t \setminus \mathbf{x}^*$

10. 分配 $\pi(\mathbf{x}^*) = \mathbf{v}: \arg\min_{\mathbf{v} \in R_t} \text{Va}(\mathbf{x}^*, \mathbf{v})$

11. end while

12. $\overline{V}_t \leftarrow$ 向量单位化(V_t)

确定参考向量后，可以将整个目标空间划分为 N 个子区域。合并种群中剩余的个体将与一个基于最小向量角度的特殊参考向量相关联。算法 4 中说明了个体分配的伪代码。

算法 4：个体分配

输入：单位参考向量$(\overline{V}_t)$，剩余个体(R_t)，向量角矩阵$(\mathbf{A}_t)$

输出：子种群$\{Z_1, Z_2, \cdots, Z_N\}$

1. 设置 $Z_i \leftarrow \mathbf{x}_i, \forall \mathbf{x}_i \in \overline{V}_t$

2. for $i = 1:|R_t|$

3. $k \leftarrow \arg\min_{\mathbf{x}_j \in \overline{V}_t}(\text{Va}(\mathbf{x}_i, \mathbf{x}_j))$

4. $Z_k \leftarrow Z_k \cup \{\mathbf{x}_i\}$

5. end for

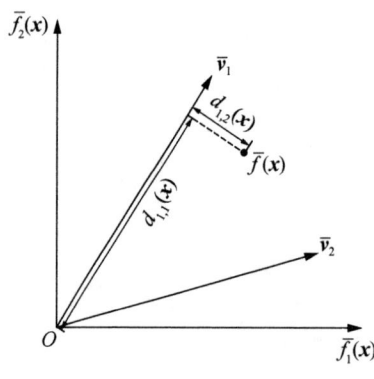

图 6.22 PBI 距离示意图

（4）自适应精英选择策略

收敛性和多样性是超多目标进化算法的两个基本目标。将种群划分为多个子种群后，采用精英选择策略，从每个子种群中选择一个个体。这里设计了一个 APBI 距离来选择在不同进化阶段具有更好的多样性和收敛性的个体。图 6.22 是二维空间中的 PBI 距离示意图。APBI 的距离可以用式（6.65）计算。

$$d(\mathbf{x}) = d_{j,1}(\mathbf{x}) + \theta d_{j,2}(\mathbf{x}) \quad (6.65)$$

$$d_{j,1}(\mathbf{x}) = \|\overline{f}(\mathbf{x})^T \overline{v}_j\| / \|\overline{v}_j\| \quad (6.66)$$

$$d_{j,2}(\mathbf{x}) = \|\overline{f}(\mathbf{x}) - d_{j,1}(\mathbf{x})(\overline{v}_j/\|\overline{v}_j\|)\| \quad (6.67)$$

θ 是一个预定义的惩罚参数，会影响选择策略的多样性和收敛性。更大的 θ 有助于得到更好的多样性[31,32]。在早期的进化阶段，解在目标空间中稀疏分布，选择收敛性较好的个体进入下一代，可以增强选择压力，提高收敛性；而在进化阶段的后期，重点是选择分布广泛的解进入下一代。随着种群的发展，不同子区域的每个个体都动态地获得 APBI 距离适应度。θ 可用式 (6.68) 计算：

$$\theta = \lambda e^{S \cdot \frac{CEs}{MFEs} \cdot \frac{1}{\|\overline{v}_j\|_1}} \qquad (6.68)$$

其中，CEs 是当前的适应度评估的数量，MFEs 表示最大的适应度评估值，$\overline{v}_j$ 表示第 j 个单位参考向量。边界参考向量展示出更好的多样性，因此使用 $\|\overline{v}_j\|_1$ 操作来产生更大的 θ 值。此外，随着 CEs 值接近 MFEs，θ 逐渐变大，种群多样性得到增强。参数 λ 用于调整收敛性和多样性。

用双目标问题说明不同进化阶段的选择策略，如图 6.23 所示。假设在合并的种群中有 10 个解，要选择 5 个个体进入下一代。根据矢量角测度，种群被划分为 5 个子区域，每个子区域至少有一个个体。在早期阶段，解在目标空间中稀疏分布。设置一个 θ 值来加速收敛，并推动种群到 Pareto 前沿。用这种方法，在每个子区域都保留了收敛性好（$d_{j,1}$ 较小）的解，如图 6.23（a）中的黑点所示。然而，随着种群的迭代，θ 会变大，以保持种群的多样性。每个子区域有良好分布的解被选择到下一代种群，如图 6.23（b）所示。

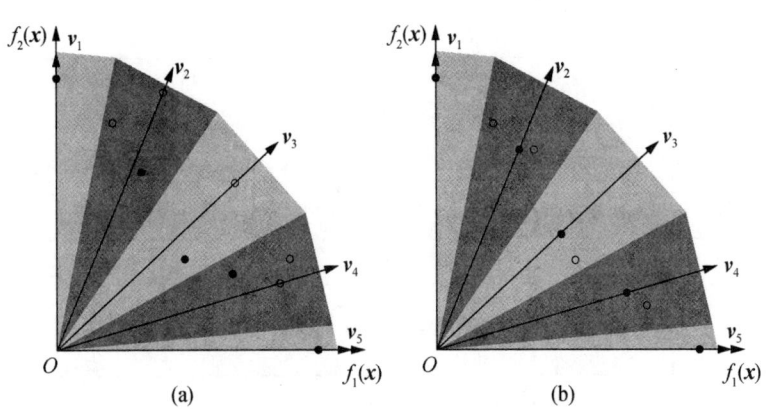

图 6.23　不同进化阶段的选择策略

4. MaOEA-AES 的计算复杂度

该算法包括种群初始化、遗传操作和环境选择。本节主要分析环境选择的计算时间复杂度。对于 S 个目标和 N 个个体的问题，归一化过程的计算时间复杂度是 $O(S^2 N)$。任何两个个体之间的矢量角测量都需要计算 $O(SN^2)$ 个结果。矢量角矩阵中对应元素可用于识别参考向量，它需要计算 $O(N^2)$ 个结果。将剩余的个体与参考向量关联需要计算 $O(N^2)$ 个结果，适应性精英选择需要计算 $O(SN^2)$ 个结果。因此，环境选择的总体复杂度是 $O(SN^2)$。

6.3.4 仿真试验与分析

1. 试验设计和参数设置

（1）试验设计

模拟真实世界中的制造服务调度场景，生成不同的问题来测试所提出的算法。根据正交试验设计，按用户数量（NoU）、任务数量（NoT）、服务类型数量（NoS）和服务提供商数量（NoP）分为16组，见表6.17。根据课题组对水泥生产设备企业的调查，随机生成一定范围内的数据，见表6.18。每个制造任务可以分解为5个按顺序执行的子任务。在5个和8个目标的场景下进行试验，以说明 MaOEA-AES 的有效性。

表6.17 正交试验设计   单位：个

组别	NoU	NoT	NoS	NoP
1	3	10	10	10
2	3	20	15	20
3	3	30	20	30
4	3	40	30	50
5	5	10	15	30
6	5	20	10	50
7	5	30	30	10
8	5	40	20	20
9	8	10	20	50
10	8	20	30	30
11	8	30	10	20
12	8	40	15	10
13	10	10	30	20
14	10	20	20	10
15	10	30	15	50
16	10	40	10	30

第6章 面向多用户的共享制造服务调度优化

表 6.18 试验参数设置

参数	取值范围	参数	取值范围
PT/h	[2, 10]	D/km	[200, 500]
PC/千元	[10, 30]	l_C/(千元/km)	0.005
SE/kW	[10, 30]	l_e/(kW/h)	0.002
q	[0.85, 0.99]	l_T/(h/km)	0.008
r	[0.90, 0.99]	—	—

案例1：最小化CT，SQ，SR，CC，EC。

案例2：最小化CT，SQ，SR，CC，EC，LC，WL，WT。

(2) 比较算法和参数设置

在本节中实施了两个案例研究，通过与八个流行的多目标进化算法，即 NSGA-Ⅲ[30]，MaOEA-DES[33]，KnEA[34]，RVEA[35]，tDEA[36]，MOMBI-Ⅱ[37]，1by1EA[38] 和 MOEA/DD[39] 进行比较，验证所提出方法的有效性，这八种算法涵盖了目前各种多目标进化算法类别。

在数值试验中，所有算法的共同参数都按照文献[32]中的设置：5目标和8目标案例的种群规模 N 分别设定为210例、240例。最大适应度评估为 $10000 \times N$、交叉概率 $p_c = 0.9$，突变概率 $p_m = 0.1$。NSGA-Ⅲ和RVEA中的参考向量的数量等于种群大小。按照文献[34]，KnEA中拐点占非支配解总数的比例设置为0.5。根据文献[35]，惩罚参数 α 和参考向量自适应频率 f_r 在RVEA中设置为2和0.1。同样，tDEA和MOEA/DD中PBI距离的惩罚参数 θ 设置为5。在MOEA/DD中，邻域的大小 T 和邻域的选择概率 δ 分别固定为 $0.1N$ 和0.9。根据文献[37]中的建议，MOMBI-Ⅱ中最低点向量的方差阈值 α、公差阈值 ε 和记录数据结构大小分别设置为0.5、0.001和5。对于1by1EA，邻域大小 k 值固定为 $0.1N$，并根据文献[38]，将 R 设置为1。MaOEA-DES算法中 p 和 α 值均设置为2。

所有数值试验在16GB内存和3.60GHz的个人计算机上使用MATLAB 2018a进行。为了获得可靠的结果，所有MaOEAs都独立执行20次。Wilcoxon秩和检验比较了MaOEA-AES算法与其他算法的HV和IGD均值是否有统计学上的显著差异，显著性水平为0.05。符号"−""+"和"="表明，MaOEA-AES在不同指标下显著劣于、优于或类似于比较算法。

2. 试验结果及分析

(1) 案例1

案例1中考虑了该模型的5个目标。九种算法的IGD和HV指标的平均值和标准偏差（在括号中）分别见表 6.19 和表 6.20（见下文），最好的结果用"*"表示，最后一行列出了 Wilcoxon 秩和检验的结果，b/s/w 表示该算法优于、类似于、差于其他八种算法。

从表 6.19 中可知，除分组 1、5、13 之外，MaOEA-AES 算法在所有组中表现最好，其中 KnEA 和 NSGA-Ⅲ在这些组中产生了最好的结果。鉴于 Wilcoxon 秩和测试，MaOEA-AES 在大多数的组群中 IGD 值都优于其他算法。具体来说，在 16 个测试实例中，MaOEA-AES 产生的 IGD 结果在 15、16、14、16、16、16、7、16 个实例中优于 MaOEA-DES、RVEA、NSGA-Ⅲ、MOEA/DD、MOMBI-Ⅱ、1by1EA、KnEA 和 tDEA。MaOEA-AES 与 KnEA 在 7 组实例中表现相似。对于 HV 值，除第 5、7、13、14 组外，MaOEA-AES 在 12 个测试实例中优于其他八种算法，见表 6.20。在所有组中，MaOEA-AES 的性能均优于 MaOEA-DES、RVEA、MOEA/DD、1by1EA、tDEA。与 NSGA-Ⅲ相比，MaOEA-AES 在两组中表现较差。总的来说，在 5 目标问题上，MaOEA-AES 比其他算法显示出更有前途的综合能力。

（2）案例 2

案例 2 同时整合了用户、共享平台和服务提供商的 8 个目标，以获得 Pareto 解决方案。由各算法获得的 IGD 和 HV 指标的统计结果见表 6.21 和表 6.22（见下文）。

在表 6.21 中可以观察到，16 个组中的 14 个 MaOEA-AES 算法的 IGD 优于其他算法，而 RVEA 在第 10 组和第 12 组中表现最好，这表明该算法具有良好的收敛性和分布性能。表 6.22 显示了 9 个 MaOEAs 在 8 个目标上 HV 指标的比较结果。很明显，MaOEA-AES 在所有 16 个实例上的表现都优于其竞争对手。虽然 RVEA 在 IGD 度量中表现出良好的性能，但 RVEA 的 HV 值比较差。MaOEA-AES 在收敛性和多样性方面始终表现出优秀的性能。

3. 搜索行为分析

本小节分析了所有算法的搜索行为，以验证是否存在优化偏好。图 6.24 显示了 8 目标问题第一测试组在每个目标上的最终 Pareto 解的框图。可以看出，有些算法在搜索某些目标方面具有优势，而在搜索其他目标方面表现得比较差。例如，MOEA/DD 能够在第 7 个目标上提供更好的结果，但在第 2 个和第 5 个目标上表现出较差的性能；MOMBI-Ⅱ在第 1、第 7 和第 8 个目标上的分布比较窄。MaOEA-AES 在优化特定目标方面没有优势，由 MaOEA-AES 获得的解分布更广，这意味着决策者有更多可用的解决方案。

对于所研究的问题，用斯皮尔曼（Spearman）秩相关系数在 0.05 的显著性水平上测试目标间的冲突。成对目标的散点图和相关系数如图 6.25 所示，其展

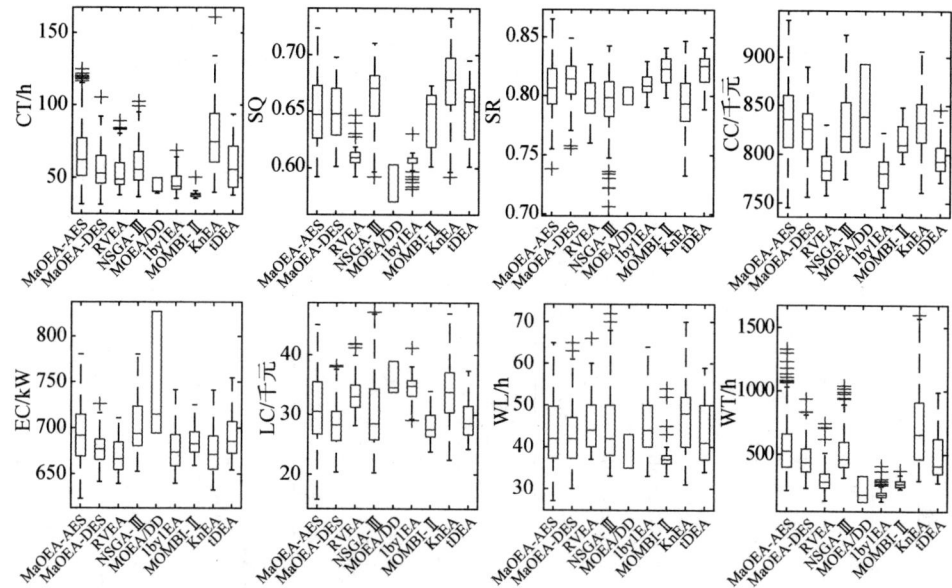

图 6.24 所有算法结果在每个目标上的分布

示了任意两个目标之间的相关性。例如，CT 和 WT 的正相关性越强，意味着等待时间越长，完成时间就越长。同时，服务质量与空闲时间和负载高度相关，因为在高质量制造服务上处理的子任务过多，可能导致排队，导致负载不平衡。这意味着，当决策者同时优化太多的目标时，可能减少强相关的目标，进而降低问题的复杂性。

4. MaF 测试结果

由上述所有统计结果可以清楚地看出，在大多数测试实例上，MaOEA-AES 与其他算法相比可以生成更多具有良好收敛性和多样性的解。MaF 测试集由 MaF1～MaF15 共 15 个基准函数组成，具有凸、凹、反向、断开、退化等多种特征[40]。为了研究 MaOEA-AES 算法在处理复杂 Pareto 前沿时的性能，采用 3、5、8、10 目标的 MaF1～MaF9 函数进行了测试。图 6.26 给出了在 MaF 测试集上各算法 IGD 和 HV 指标的比较结果。基于 Wilcoxon 秩和统计检验，结果表明，MaOEA-AES 在大多数测试实例上都可以取得更好的结果。具体来说，如图 6.26(a)所示，MaOEA-AES 在第 21、25、27、28、25、30、22、23 个测试实例上优于 MaOEA-DES、RVEA、MOEA/DD、tDEA、MOMBI-Ⅱ、1by1EA、KnEA。图 6.26(b)展示了 HV 值的情况，MaOEA-AES 与 MOMBI-Ⅱ 和 KnEA 相比有显著的优势。因此，可以得出结论，在分布性和收敛性方面，MaOEA-AES 能够获得相对较好的性能。

表 6.19 5 目标问题 IGD 值

分组	MaOEA-AES	MaOEA-DES	RVEA	NSGA-Ⅲ	MOEA/DD
1	9.859e+00(3.23e−01)[2]	1.090e+01(6.57e−01)[4] +	1.261e+01(4.25e−01)[6] +	1.028e+01(3.40e−01)[3] +	5.021e+01(9.36e+00)[9] +
2	3.594e+01(2.29e+00)[1] *	4.195e+01(2.96e+00)[2] +	5.528e+01(5.30e+00)[6] +	5.143e+01(1.20e+01)[5] +	1.180e+02(7.88e+00)[9] +
3	8.256e+01(5.94e+00)[1] *	9.604e+01(9.79e+00)[2] +	1.251e+02(8.64e+00)[7] +	1.194e+02(1.76e+01)[4] +	2.410e+02(1.41e+01)[8] +
4	1.005e+02(5.91e+00)[1] *	1.165e+02(1.56e+01)[2] +	1.616e+02(1.33e+01)[4] +	2.030e+02(3.21e+01)[7] +	2.856e+02(2.10e+01)[8] +
5	1.467e+01(2.15e+00)[1] *	1.718e+01(1.99e+00)[5] +	1.886e+01(2.39e+00)[6] +	1.323e+01(1.15e+00)[2] −	5.879e+01(3.79e+00)[9] +
6	3.667e+01(2.81e+00)[1] *	4.130e+01(3.58e+00)[2] +	6.181e+01(5.04e+00)[5] +	6.489e+01(1.40e+01)[6] +	1.232e+02(6.58e+00)[9] +
7	2.948e+01(2.26e+00)[1] *	3.499e+01(3.39e+00)[3] +	6.666e+01(8.10e+00)[7] +	4.210e+01(6.42e+00)[5] +	1.380e+02(1.40e+01)[9] +
8	6.070e+01(4.25e+00)[1] *	7.562e+01(9.03e+00)[2] +	1.212e+02(1.45e+01)[7] +	1.177e+02(2.04e+01)[6] +	2.434e+02(2.01e+01)[9] +
9	1.639e+01(1.43e+00)[1] *	2.088e+01(3.06e+00)[2] +	2.231e+01(2.56e+00)[6] +	2.045e+01(4.57e+00)[4] +	6.206e+01(6.19e+00)[9] +
10	4.507e+01(3.57e+00)[1] *	5.571e+01(7.57e+00)[4] +	6.440e+01(7.50e+00)[5] +	6.915e+01(1.36e+01)[6] +	1.146e+02(8.62e+00)[9] +
11	5.390e+01(5.45e+00)[1] *	5.811e+01(6.93e+00)[2] =	9.065e+01(4.87e+00)[5] +	1.061e+02(1.52e+01)[7] +	1.527e+02(6.70e+00)[9] +
12	4.111e+01(3.10e+00)[1] *	4.949e+01(9.06e+00)[2] +	6.604e+01(4.84e+00)[5] +	9.107e+01(1.10e+01)[7] +	1.391e+02(4.21e+00)[9] +
13	2.002e+01(2.21e+00)[3]	2.445e+01(3.04e+00)[4] +	3.243e+01(3.39e+00)[7] +	1.717e+01(1.69e+00)[1] −	8.159e+01(3.50e+00)[9] +
14	2.148e+01(2.21e+00)[1] *	2.424e+01(2.74e+00)[3] +	3.821e+01(3.80e+00)[7] +	2.581e+01(4.25e+00)[4] +	7.964e+01(4.13e+00)[8] +
15	6.346e+01(5.19e+00)[1] *	8.288e+01(1.70e+01)[2] +	1.169e+02(1.29e+01)[5] +	1.415e+02(1.73e+01)[7] +	1.666e+02(6.84e+00)[8] +
16	7.062e+01(4.79e+00)[1] *	8.420e+01(1.81e+01)[2] +	1.608e+02(2.02e+01)[5] +	1.864e+02(2.74e+01)[8] +	1.885e+02(1.51e+01)[9] +
b/s/w(数量)		15/1/0	16/0/0	14/0/2	16/0/0

第 6 章　面向多用户的共享制造服务调度优化

分组	1by1EA	MOMBI-Ⅱ	KnEA	tDEA
1	2.607e+01(1.42e+00) [8] +	1.810e+01(1.26e+00) [7] +	9.823e+00(6.70e-01) [1] =	1.217e+01(6.73e-01) [5] +
2	8.386e+01(3.85e+00) [8] +	6.479e+01(6.71e+00) [7] +	4.221e+01(1.63e+01) [3] *	4.813e+01(5.20e+00) [4] +
3	2.528e+02(8.62e+00) [9] +	1.196e+02(1.26e+01) [5] +	1.242e+02(3.47e+01) [6] +	1.027e+02(6.77e+00) [4] +
4	3.424e+02(1.19e+01) [9] +	1.637e+02(1.99e+01) [5] +	1.861e+02(5.75e+01) [6] +	1.240e+02(5.87e+00) [3] +
5	4.323e+01(3.51e+00) [8] +	2.316e+01(2.11e+00) [7] +	1.308e+01(1.67e+00) [1] −	1.703e+01(1.55e+00) [4] *
6	1.104e+02(5.29e+00) [8] +	6.930e+01(1.01e+01) [7] +	4.213e+01(8.33e+00) [3] =	5.017e+01(5.57e+00) [4] +
7	1.192e+02(5.03e+00) [8] +	5.498e+01(6.51e+00) [6] +	3.016e+01(5.38e+00) [2] =	3.829e+01(3.29e+00) [4] +
8	2.728e+02(1.53e+01) [9] +	1.052e+02(1.34e+01) [5] +	9.762e+01(3.60e+01) [4] +	8.378e+01(1.28e+01) [3] +
9	3.358e+01(3.36e+00) [8] +	3.283e+01(3.58e+00) [7] +	1.689e+01(3.56e+00) [2] =	2.033e+01(1.76e+00) [3] +
10	7.559e+01(5.38e+00) [7] +	8.463e+01(1.02e+01) [8] +	5.438e+01(1.90e+01) [3] =	5.185e+01(3.63e+00) [2] +
11	1.502e+02(5.33e+00) [7] +	9.717e+01(9.29e+00) [6] +	8.512e+01(2.73e+01) [4] +	7.371e+01(8.77e+00) [3] +
12	9.253e+01(3.50e+00) [7] +	8.922e+01(1.07e+01) [6] +	5.038e+01(1.28e+01) [3] +	6.127e+01(6.23e+00) [4] +
13	5.588e+01(2.16e+00) [8] +	2.803e+01(2.80e+00) [6] +	1.869e+01(2.16e+00) [2] −	2.538e+01(3.31e+00) [5] +
14	6.150e+01(1.98e+00) [8] +	3.424e+01(3.13e+00) [6] +	2.229e+01(5.08e+00) [2] =	2.930e+01(3.76e+00) [5] +
15	1.716e+02(9.90e+00) [9] +	1.314e+02(2.23e+01) [8] +	1.098e+02(3.58e+01) [4] +	8.354e+01(7.73e+00) [3] +
16	1.807e+02(1.59e+01) [7] +	1.634e+02(3.87e+01) [6] +	1.230e+02(5.03e+01) [4] +	9.988e+01(9.26e+00) [3] +
	16/0/0	16/0/0	7/7/2	16/0/0

注：[i] 表示该算法的表现排在第 i 位；* 表示最好的结果；末尾的"+"表示算法 MaOEA-AES 从统计学的意义上来说优于本算法，"−"表示算法 MaOEA-AES 劣于本算法，"="表示算法 MaOEA-AES 类似于本算法。下同。

表 6.20　5 目标问题的 HV 值

分组	MaOEA-AES	MaOEA-DES	RVEA	NSGA-Ⅲ	MOEA/DD
1	3.858e-03(3.94e-05) [1] *	3.652e-03(6.43e-05) [5] +	2.945e-03(7.66e-05) [7] +	3.847e-03(4.92e-05) [2] =	1.452e-03(1.99e-04) [9] +
2	4.174e-03(1.07e-04) [1] *	3.861e-03(1.68e-04) [6] +	2.405e-03(2.04e-04) [7] +	3.959e-03(1.05e-04) [2] +	1.797e-03(1.84e-04) [9] +
3	2.975e-03(7.55e-05) [1] *	2.800e-03(7.66e-05) [2] +	1.606e-03(1.35e-04) [7] +	2.409e-03(1.14e-04) [6] +	1.208e-03(9.46e-05) [9] +
4	3.199e-03(6.79e-05) [1] *	3.059e-03(1.02e-04) [2] +	1.203e-03(1.15e-04) [8] +	2.250e-03(1.11e-04) [6] +	1.125e-03(1.53e-04) [9] +
5	7.357e-03(2.16e-04) [1] *	6.934e-03(1.94e-04) [6] +	4.932e-03(3.45e-04) [7] +	7.639e-03(1.20e-04) [1] −	3.178e-03(3.17e-04) [9] +
6	5.370e-03(1.47e-04) [2] *	5.157e-03(1.22e-04) [2] +	2.722e-03(2.27e-04) [7] +	4.498e-03(1.86e-04) [5] +	1.653e-03(2.74e-04) [9] +
7	1.514e-03(2.62e-05) [1] *	1.440e-03(2.95e-05) [5] +	1.021e-03(5.62e-05) [7] +	1.452e-03(3.17e-05) [4] +	6.921e-04(4.91e-05) [9] +
8	2.342e-03(6.12e-05) [1] *	2.232e-03(7.62e-05) [2] +	1.209e-03(1.12e-04) [8] +	1.909e-03(6.87e-05) [6] +	8.994e-04(1.10e-04) [9] +
9	1.023e-02(3.70e-04) [2] *	9.220e-03(4.23e-04) [6] +	6.688e-03(5.82e-04) [7] +	1.006e-02(2.88e-04) [2] =	3.583e-03(7.25e-04) [9] +
10	5.387e-03(1.91e-04) [1] *	4.918e-03(3.47e-04) [6] +	3.383e-03(3.25e-04) [7] +	5.112e-03(2.15e-04) [5] +	2.106e-03(2.70e-04) [9] +
11	3.699e-03(8.59e-05) [1] *	3.541e-03(1.23e-04) [2] +	2.086e-03(1.21e-04) [7] +	3.124e-03(1.26e-04) [6] +	1.504e-03(1.39e-04) [9] +
12	1.409e-03(2.64e-05) [1] *	1.353e-03(3.06e-05) [2] +	8.857e-04(5.14e-05) [7] +	1.222e-03(2.99e-05) [5] +	5.315e-04(8.11e-05) [9] +
13	8.300e-03(3.25e-04) [3] *	7.748e-03(2.40e-04) [5] +	5.144e-03(4.65e-04) [7] +	8.826e-03(1.51e-04) [1] −	2.428e-03(2.46e-04) [9] +
14	2.451e-03(5.60e-05) [2] *	2.363e-03(8.40e-05) [2] +	1.519e-03(8.16e-05) [7] +	2.405e-03(6.55e-05) [4] +	8.894e-04(7.71e-05) [9] +
15	4.363e-03(1.16e-04) [1] *	4.143e-03(1.12e-04) [2] +	2.004e-03(2.84e-04) [8] +	3.369e-03(1.71e-04) [6] +	1.379e-03(2.72e-04) [9] +
16	3.679e-03(9.91e-05) [1] *	3.589e-03(1.47e-04) [2] +	1.516e-03(1.46e-04) [8] +	2.886e-03(1.68e-04) [6] +	1.218e-03(2.55e-04) [9] +
b/s/w（数量）		16/0/0	16/0/0	12/2/2	16/0/0

第6章 面向多用户的共享制造服务调度优化

分组	1by1EA	MOMBI-II	KnEA	tDEA
1	2.288e−03(1.17e−04)[8] +	3.733e−03(6.58e−05)[4] +	3.762e−03(5.08e−05)[3] +	3.609e−03(9.67e−05)[6] +
2	2.349e−03(1.30e−04)[8] +	4.001e−03(1.25e−04)[3] +	3.906e−03(1.88e−04)[5] +	4.029e−03(1.09e−04)[2] +
3	1.480e−03(9.24e−05)[8] +	2.615e−03(9.65e−05)[3] +	2.597e−03(1.85e−04)[4] +	2.590e−03(7.71e−05)[5] +
4	1.494e−03(1.15e−04)[7] +	2.720e−03(1.56e−04)[4] +	2.694e−03(2.02e−04)[5] +	2.875e−03(1.11e−04)[3] +
5	2.269e−03(2.26e−04)[8] +	2.386e−03(2.48e−04)[2] =	7.280e−03(2.03e−04)[4] =	6.946e−03(1.94e−04)[5] +
6	2.636e−03(2.31e−04)[8] +	4.796e−03(1.64e−04)[4] +	5.011e−03(1.64e−04)[3] +	4.687e−03(1.69e−04)[5] +
7	8.687e−04(2.81e−05)[8] +	1.528e−03(3.29e−05)[1] *	1.471e−03(3.12e−05)[3] +	1.432e−03(3.69e−04)[6] +
8	1.238e−03(7.47e−05)[7] +	2.154e−03(6.31e−05)[3] +	2.133e−03(1.10e−04)[4] +	2.095e−03(9.23e−05)[5] +
9	6.267e−03(2.78e−04)[8] +	1.002e−02(2.71e−04)[3] =	9.520e−03(4.72e−04)[5] +	9.565e−03(4.00e−04)[4] +
10	3.349e−03(1.58e−04)[8] +	5.112e−03(2.04e−04)[4] +	5.235e−03(2.71e−04)[2] +	5.209e−03(1.99e−04)[3] +
11	2.026e−03(1.16e−04)[8] +	3.455e−03(1.24e−04)[3] +	3.425e−03(2.01e−04)[4] +	3.306e−03(1.47e−04)[5] +
12	8.866e−04(5.55e−05)[8] +	1.312e−03(2.68e−04)[4] +	1.323e−03(4.86e−04)[3] +	1.137e−03(4.92e−05)[4] +
13	4.012e−03(1.33e−04)[8] +	8.667e−03(2.08e−04)[2] −	8.106e−03(3.47e−04)[4] =	7.661e−03(2.78e−04)[6] +
14	1.237e−03(7.63e−05)[8] +	2.484e−03(6.53e−05)[1] *	2.439e−03(8.13e−04)[3] =	2.198e−03(1.19e−04)[6] +
15	2.175e−03(1.81e−04)[7] +	3.739e−03(2.06e−04)[5] +	3.860e−03(2.49e−04)[4] +	3.860e−03(1.60e−04)[3] +
16	1.735e−03(1.46e−04)[7] +	3.230e−03(1.69e−04)[4] +	3.440e−03(2.25e−04)[3] +	3.209e−03(1.18e−04)[5] +
	16/0/0	11/4/1	13/3/0	16/0/0

表 6.21　8 目标问题的 IGD 值

分组	MaOEA-AES	MaOEA-DES	RVEA	NSGA-Ⅲ	MOEA/DD
1	3.444e+01(2.78e+00)[1]*	4.126e+01(3.10e+00)[2] +	6.899e+01(1.17e+01)[6] +	5.323e+01(6.45e+00)[4] +	1.953e+02(3.04e+01)[9] +
2	1.005e+02(9.50e+00)[1]*	1.211e+02(1.17e+01)[3] +	1.177e+02(1.07e+01)[2] +	1.563e+02(2.13e+01)[5] +	4.643e+02(4.55e+01)[9] +
3	2.007e+02(2.75e+01)[1]*	2.436e+02(4.67e+01)[3] +	2.072e+02(2.44e+01)[2] =	3.445e+02(4.97e+01)[5] +	6.925e+02(4.44e+01)[9] +
4	2.898e+02(3.36e+01)[1]*	3.122e+02(4.48e+01)[3] =	2.949e+02(4.37e+01)[2] =	4.502e+02(6.87e+01)[5] +	1.020e+03(5.55e+01)[9] +
5	3.920e+01(2.73e+00)[1]*	4.664e+01(4.09e+00)[2] +	7.414e+01(1.01e+01)[6] +	5.408e+01(4.88e+01)[3] +	1.791e+02(2.71e+01)[9] +
6	8.285e+01(1.07e+01)[1]*	1.124e+02(1.45e+01)[3] +	1.077e+02(8.77e+00)[2] +	1.552e+02(3.43e+01)[5] +	3.273e+02(3.36e+01)[9] +
7	1.444e+02(1.41e+01)[1]*	1.857e+02(2.33e+01)[3] +	1.700e+02(2.46e+01)[2] +	2.717e+02(2.87e+01)[5] +	6.695e+02(8.60e+01)[9] +
8	2.454e+02(2.78e+01)[1]*	2.915e+02(4.46e+01)[3] +	2.498e+02(3.74e+01)[2] =	4.131e+02(5.18e+01)[5] +	8.720e+02(5.31e+01)[9] +
9	4.254e+01(6.72e+00)[1]*	4.958e+01(5.76e+00)[3] +	4.557e+01(4.40e+00)[2] +	5.512e+01(8.53e+01)[5] +	1.807e+02(2.68e+01)[9] +
10	1.288e+02(2.01e+01)[2]	1.805e+02(2.12e+01)[5] +	1.177e+02(1.61e+01)[1] *	1.715e+02(1.84e+01)[3] +	4.320e+02(4.13e+01)[9] +
11	1.249e+02(1.79e+01)[1]*	1.379e+02(1.66e+01)[2] +	1.432e+02(1.19e+01)[3] +	2.156e+02(2.98e+01)[5] +	4.559e+02(4.79e+01)[9] +
12	2.285e+02(2.39e+01)[2]	2.960e+02(5.73e+01)[3] +	2.057e+02(4.03e+01)[1] − *	3.486e+02(2.76e+01)[5] +	6.965e+02(4.84e+01)[8] +
13	5.163e+01(6.32e+00)[1]*	6.543e+01(7.83e+00)[2] +	8.023e+01(1.03e+01)[6] +	7.050e+01(7.60e+00)[4] +	2.681e+02(2.00e+01)[9] +
14	8.050e+01(7.99e+00)[1]*	1.049e+02(9.04e+00)[2] +	1.120e+02(1.45e+01)[3] +	1.303e+02(1.54e+01)[5] +	4.344e+02(3.52e+01)[9] +
15	1.605e+02(2.99e+01)[1]*	1.998e+02(3.65e+01)[3] +	1.650e+02(2.44e+01)[2] =	2.782e+02(3.72e+01)[5] +	6.421e+02(4.28e+01)[9] +
16	1.491e+02(2.75e+01)[1]*	1.730e+02(2.73e+01)[2] +	1.909e+02(2.66e+01)[3] +	3.133e+02(5.15e+01)[5] +	6.555e+02(5.24e+01)[9] +
b/s/w (数量)		15/1/0	9/6/1	16/0/0	16/0/0

第 6 章　面向多用户的共享制造服务调度优化

分组	1by1EA	MOMBI-II	KnEA	tDEA
1	1.703e+02(2.03e+01) [8] +	1.529e+02(1.32e+01) [7] +	4.975e+01(7.39e+00) [3] +	5.733e+01(7.58e+00) [5] +
2	3.219e+02(4.49e+01) [8] +	3.068e+02(2.40e+01) [7] +	1.784e+02(3.64e+01) [6] +	1.709e+02(2.75e+01) [5] +
3	4.947e+02(6.84e+01) [8] +	4.492e+02(2.97e+01) [7] +	4.554e+02(7.83e+01) [7] +	3.163e+02(3.61e+01) [4] +
4	7.063e+02(6.93e+01) [7] +	5.007e+02(3.72e+01) [6] +	7.167e+02(1.75e+02) [8] +	3.996e+02(8.18e+01) [4] +
5	1.150e+02(1.91e+01) [8] +	1.012e+02(7.08e+00) [7] +	5.982e+01(1.18e+01) [5] +	3.789e+01(5.21e+00) [3] +
6	2.680e+02(3.26e+01) [8] +	2.247e+02(1.96e+01) [7] +	2.031e+02(4.49e+01) [6] +	1.364e+02(2.17e+01) [4] +
7	4.056e+02(1.11e+02) [8] +	5.540e+02(4.30e+01) [7] +	2.774e+02(4.76e+01) [6] +	2.556e+02(2.31e+01) [4] +
8	6.750e+02(1.01e+02) [8] +	5.910e+02(4.66e+01) [6] +	6.041e+02(8.88e+01) [7] +	4.083e+02(5.97e+01) [4] +
9	9.079e+01(1.40e+01) [7] +	9.427e+01(1.24e+01) [8] +	6.283e+01(1.09e+01) [5] +	5.470e+01(5.14e+00) [4] +
10	3.353e+02(4.54e+01) [8] +	2.515e+02(2.21e+01) [7] +	2.182e+02(4.05e+01) [6] +	1.799e+02(1.62e+01) [4] +
11	3.581e+02(5.89e+01) [8] +	3.253e+02(3.79e+01) [7] +	3.358e+02(5.54e+01) [7] +	2.149e+02(4.03e+01) [4] +
12	7.586e+02(9.90e+01) [9] +	6.206e+02(4.32e+01) [7] +	4.973e+02(7.69e+01) [6] +	3.951e+02(5.16e+01) [4] +
13	1.524e+02(2.03e+01) [8] +	1.456e+02(1.53e+01) [7] +	6.581e+01(1.23e+01) [3] +	7.274e+01(1.07e+01) [5] +
14	2.808e+02(4.33e+01) [7] +	2.830e+02(2.25e+01) [8] +	1.538e+02(3.50e+01) [6] +	1.340e+02(1.61e+01) [5] +
15	4.293e+02(5.49e+01) [8] +	3.705e+02(2.67e+01) [6] +	4.291e+02(1.03e+02) [7] +	2.190e+02(2.32e+01) [4] +
16	3.520e+02(5.53e+01) [6] +	3.718e+02(3.30e+01) [7] +	5.151e+02(1.17e+02) [8] +	2.493e+02(4.26e+01) [4] +
	16/0/0	16/0/0	16/0/0	16/0/0

· 171 ·

共享制造平台运行机制与决策优化

表 6.22 8 目标问题的 HV 值

分组	MaOEA-AES	MaOEA-DES	RVEA	NSGA-Ⅲ	MOEA/DD
1	1.589e−03(3.25e−05) [1] *	1.475e−03(4.24e−05) [2] +	7.928e−04(7.32e−05) [8] +	1.252e−03(4.77e−05) [4] +	3.439e−04(1.09e−04) [9] +
2	1.055e−03(4.51e−05) [1] *	9.412e−04(4.15e−05) [2] +	3.123e−04(5.57e−05) [8] +	7.678e−04(5.21e−05) [3] +	1.205e−04(3.76e−05) [9] +
3	8.575e−04(4.57e−05) [1] *	7.816e−04(5.13e−05) [2] +	1.705e−04(3.46e−05) [8] +	5.109e−04(5.97e−05) [5] +	6.398e−05(1.94e−05) [9] +
4	6.184e−04(3.43e−05) [1] *	5.663e−04(3.24e−05) [2] +	9.272e−05(1.75e−05) [8] +	3.552e−04(4.15e−05) [5] +	3.573e−05(9.88e−06) [9] +
5	3.071e−04(1.18e−04) [1] *	2.779e−03(9.89e−05) [2] +	1.595e−04(3.01e−04) [7] +	2.440e−03(1.69e−04) [4] +	4.394e−04(1.84e−04) [9] +
6	1.168e−03(5.83e−05) [1] *	1.018e−03(6.08e−05) [2] +	2.616e−04(6.03e−05) [8] +	7.384e−04(7.09e−05) [5] +	1.095e−04(3.62e−05) [9] +
7	2.677e−04(5.41e−06) [1] *	2.281e−04(6.96e−06) [2] +	8.535e−05(9.40e−06) [8] +	1.838e−04(7.56e−06) [4] +	3.739e−05(8.47e−06) [9] +
8	5.526e−04(2.19e−05) [1] *	4.997e−04(2.55e−05) [2] +	1.178e−04(2.26e−04) [8] +	3.441e−04(2.73e−05) [5] +	5.129e−05(1.35e−05) [9] +
9	3.697e−03(1.61e−04) [1] *	3.307e−03(2.07e−04) [2] +	1.522e−03(1.86e−04) [8] +	2.730e−03(1.33e−04) [5] +	5.067e−04(1.52e−04) [9] +
10	1.723e−03(6.63e−05) [1] *	1.473e−03(1.03e−04) [2] +	4.719e−04(8.71e−05) [8] +	1.213e−03(1.29e−04) [5] +	1.716e−04(5.89e−05) [9] +
11	1.131e−03(3.86e−05) [1] *	1.018e−03(4.73e−05) [2] +	3.340e−04(5.63e−05) [8] +	7.788e−04(5.09e−05) [5] +	1.272e−04(5.89e−05) [9] +
12	2.528e−04(7.79e−06) [1] *	2.312e−04(1.28e−05) [2] +	7.408e−05(9.69e−06) [8] +	1.681e−04(1.19e−05) [3] +	3.026e−05(6.13e−06) [9] +
13	2.111e−03(6.52e−05) [1] *	1.913e−03(6.96e−05) [2] +	7.036e−04(8.62e−05) [8] +	1.682e−03(9.69e−05) [3] +	3.649e−04(8.65e−05) [9] +
14	8.101e−04(2.87e−05) [1] *	6.787e−04(3.57e−05) [2] +	2.916e−04(4.30e−05) [8] +	6.285e−04(2.89e−05) [5] +	1.497e−04(3.89e−05) [9] +
15	1.302e−03(7.29e−05) [1] *	1.156e−03(7.69e−05) [2] +	2.746e−04(5.64e−05) [8] +	8.274e−04(6.45e−05) [5] +	1.229e−04(3.04e−05) [9] +
16	8.561e−04(4.95e−05) [1] *	7.622e−04(4.91e−05) [2] +	1.672e−04(3.56e−05) [8] +	4.819e−04(4.28e−05) [5] +	7.081e−05(1.65e−05) [9] +
b/s/w（数量）		16/0/0	16/0/0	16/0/0	16/0/0

分组	1by1EA	MOMBI-II	KnEA	tDEA
1	8.334e−04(4.93e−05) [7] +	1.086e−03(4.40e−05) [6] +	1.258e−03(5.53e−05) [3] +	1.188e−03(5.01e−05) [5] +
2	3.989e−04(7.58e−05) [7] +	6.676e−04(4.12e−05) [6] +	7.444e−04(5.75e−05) [5] +	7.454e−04(5.36e−05) [4] +
3	2.077e−04(3.46e−05) [7] +	5.256e−04(3.98e−05) [4] +	4.926e−04(4.22e−05) [6] +	6.063e−04(3.41e−05) [3] +
4	1.634e−04(3.13e−05) [7] +	3.939e−04(3.38e−05) [4] +	2.819e−04(5.84e−05) [6] +	4.587e−04(3.71e−05) [3] +
5	1.590e−04(1.21e−04) [8] +	2.010e−04(1.66e−04) [6] +	2.442e−04(2.08e−04) [3] +	2.374e−04(9.48e−05) [5] +
6	3.855e−04(4.87e−05) [7] +	7.086e−04(7.93e−05) [5] +	6.958e−04(7.80e−05) [6] +	8.380e−04(6.96e−05) [3] +
7	9.431e−05(9.71e−06) [7] +	1.729e−04(8.78e−06) [4] +	1.879e−04(1.33e−05) [3] +	1.942e−04(8.34e−05) [4] +
8	1.573e−04(2.29e−05) [7] +	3.594e−04(2.34e−05) [4] +	3.131e−04(3.27e−05) [6] +	4.155e−04(2.48e−05) [3] +
9	1.776e−04(2.14e−04) [7] +	2.269e−04(1.87e−04) [5] +	2.750e−03(2.79e−04) [4] +	2.802e−03(1.61e−04) [3] +
10	5.645e−04(1.07e−04) [7] +	1.134e−03(9.71e−05) [6] +	1.222e−03(1.18e−04) [5] +	1.322e−03(8.07e−05) [3] +
11	4.688e−04(6.71e−05) [7] +	7.880e−04(4.84e−05) [4] +	6.720e−04(9.17e−05) [6] +	8.525e−04(5.27e−05) [3] +
12	8.529e−05(1.16e−05) [7] +	1.736e−04(1.15e−05) [4] +	1.641e−04(8.99e−06) [6] +	1.937e−04(6.21e−06) [3] +
13	8.460e−04(7.85e−05) [7] +	1.282e−03(9.02e−05) [4] +	1.661e−03(1.01e−04) [4] +	1.650e−03(6.31e−05) [5] +
14	3.397e−04(4.63e−05) [7] +	5.742e−04(2.96e−05) [5] +	5.526e−04(4.34e−05) [6] +	6.149e−04(2.51e−05) [3] +
15	3.688e−04(6.16e−05) [7] +	8.818e−04(6.45e−05) [4] +	6.748e−04(1.13e−04) [6] +	9.968e−04(6.28e−05) [3] +
16	2.678e−04(3.15e−05) [7] +	5.658e−04(4.34e−05) [4] +	4.283e−04(5.93e−05) [6] +	6.322e−04(3.72e−05) [3] +
	16/0/0	16/0/0	16/0/0	16/0/0

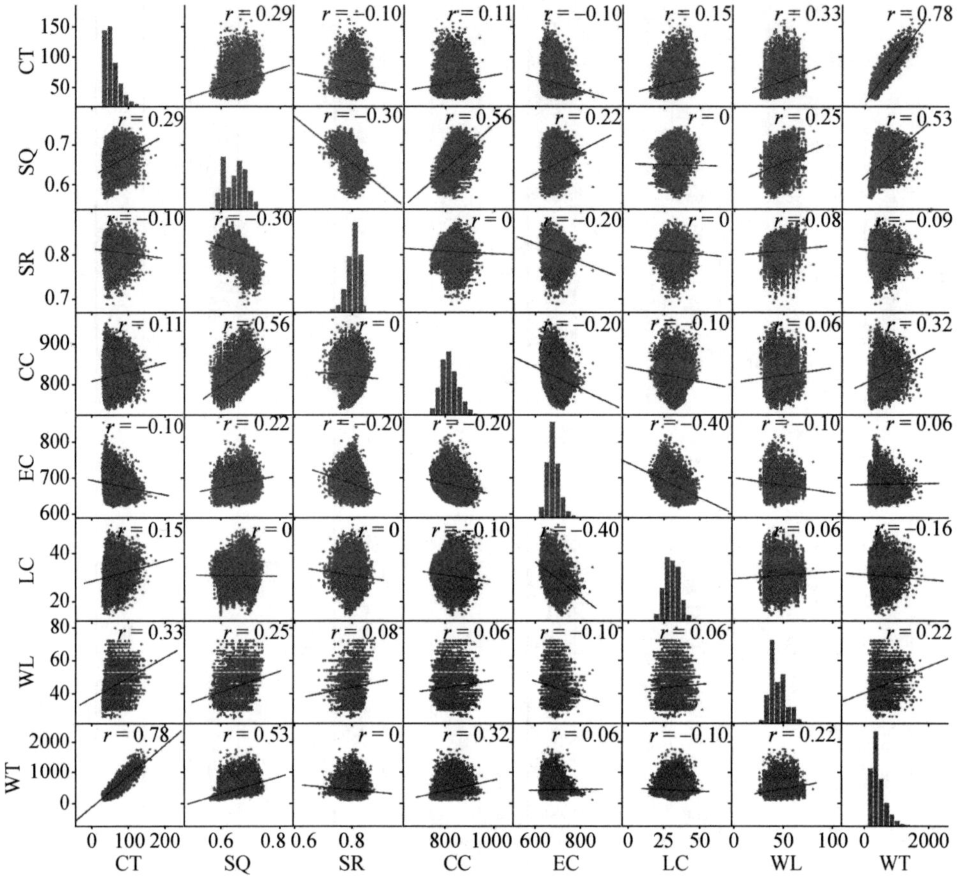

图 6.25 各目标间的相关性测量

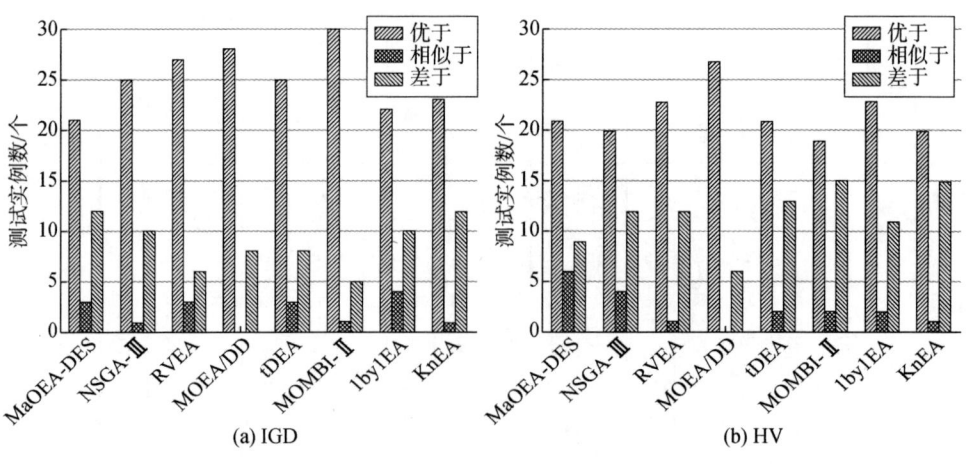

(a) IGD

(b) HV

图 6.26 MaOEA-AES 与竞争算法的 Wilcoxon 秩和统计检验

6.4 小　　结

本章在制造服务匹配机制的基础上对面向多用户需求的共享制造服务调度优化模型和模型求解方法进行了详细介绍。

首先，针对多用户差异性需求建立面向多用户需求的制造服务调度模型，针对模型中的约束、目标、变量等进行了详细介绍。为求解该模型，设计了一种基于 ABC 的多目标进化算法 MOHABC，使得该算法更适合离散问题的求解，并详细介绍了该算法求解的具体步骤。根据生产实际收集数据并设计了 9 组具有不同规模的多用户制造服务选择与调度场景，模拟现实生产环境中的真实情况，通过与四种流行的多目标进化算法进行性能比较，证明了 MOHABC 算法具有良好的收敛性和分布性。

其次，考虑服务协同的多用户任务调度优化，在共享制造平台服务调度框架下，面向多用户多任务需求，以平均用户满意度最大化、制造服务协同效应最大化为优化目标，构建面向多用户的制造服务双目标调度模型。进而，在灰狼优化算法框架下引入模拟退火算法，以改进算法求解性能，并通过试验验证了模型的有效性和算法的高效性。

最后，对集成多方利益的超多目标制造服务调度优化问题进行了研究。考虑共享制造系统中用户、共享平台和服务提供商的不同利益，建立超多目标优化模型，以最小化制造时间、最小化总成本、最大化用户平均服务质量、最大化用户平均服务可靠性、最小化服务能耗、最小化最大服务工作量、最小化服务等待时间和最小化物流成本为目标，提出了一种基于自适应环境选择的超多目标进化算法 MaOEA-AES。最终进行了一系列试验，以测试该算法的性能。

参 考 文 献

[1] KARABOGA D, BASTURK B. A powerful and efficient algorithm for numerical function optimization：artificial bee colony（ABC）algorithm［J］. Journal of Global Optimization，2007，39（3）：459-471.

[2] NEGHABI A A, NAVIMIPOUR N J, HOSSEINZADEH M, et al. Energy-aware dynamic-link load balancing method for a software-defined network using a multi-objective artificial bee colony algorithm and genetic operators［J］. IET Communications，2020，14（18）：3284-3293.

[3] ZHOU J, YAO X. A hybrid approach combining modified artificial bee colony and cuckoo search algorithms for multi-objective cloud manufacturing service composition [J]. International Journal of Production Research, 2017, 55 (16): 4765-4784.

[4] DAI M, TANG D, GIRET A, et al. Multi-objective optimization for energy-efficient flexible job shop scheduling problem with transportation constraints [J]. Robotics and Computer-Integrated Manufacturing, 2019 (59): 143-157.

[5] DEB K, PRATAP A, AGARWAL S, et al. A fast and elitist multi-objective genetic algorithm: NSGA-Ⅱ [J]. IEEE Transactions on Evolutionary Computation, 2002, 6 (2): 182-197.

[6] ZITZLER E, LAUMANNS M, THIELE L. SPEA2: improving the strength Pareto evolutionary algorithm [R]. TIK-Report, 2001.

[7] HUO Y, QIU P, ZHAI J, et al. Multi-objective service composition model based on cost-effective optimization [J]. Applied Intelligence, 2018, 48 (3): 651-669.

[8] LIU Y, WANG L, WANG X V, et al. Scheduling in cloud manufacturing: state-of-the-art and research challenges [J]. International Journal of Production Research, 2019, 57 (15-16): 4854-4879.

[9] WANG T, ZHANG P, LIU J, et al. Multi-user-oriented manufacturing service scheduling with an improved NSGA-Ⅱ approach in the cloud manufacturing system [J]. International Journal of Production Research, 2021, DOI: 10, 1080/00207543, 1893851.

[10] LI F, ZHANG L, LIAO T, et al. Multi-objective optimisation of multi-task scheduling in cloud manufacturing [J]. International Journal of Production Research, 2019, 57 (12): 3847-3863.

[11] WU Y, JIA G, CHENG Y. Cloud manufacturing service composition and optimal selection with sustainability considerations: a multi-objective integer bi-level multi-follower programming approach [J]. International Journal of Production Research, 2020, 58 (19): 6024-6042.

[12] XIE Y, ZHOU Z, PHAM D T, et al. A multiuser manufacturing resource service composition method based on the bees algorithm [J]. Computational Intelligence and Neuroscience, 2015, 2015: 1-13.

[13] 曹文颖, 贾国柱, 孔继利, 等. 基于企业间信任的云制造资源调度 [J]. 工业工程与管理, 2020, 25 (4): 32-40.

[14] ZHOU L, ZHANG L, ZHAO C, et al. Diverse task scheduling for individualized requirements in cloud manufacturing [J]. Enterprise Information Systems, 2018, 12 (3): 300-318.

[15] 周龙飞, 张霖, 刘永奎. 云制造调度问题研究综述 [J]. 计算机集成制造系统, 2017, 23 (6): 1147-1166.

[16] XUE X, WANG S, LU B. Manufacturing service composition method based on networked col-

laboration mode [J]. Journal of Network and Computer Applications, 2016 (59): 28-38.

[17] 陈友玲, 刘舰, 凌磊, 等. 基于协同效应的并行制造云服务组合算法 [J]. 计算机集成制造系统, 2019, 25 (1): 137-146.

[18] 姜凯博, 吉卫喜, 张朝阳. 基于企业亲密度的云制造服务优选方法研究 [J]. 现代制造工程, 2020 (3): 39-46, 141.

[19] LI Y, YAO X, LIU M. Multiobjective optimization of cloud manufacturing service composition with improved particle swarm optimization algorithm [J]. Mathematical Problems in Engineering, 2020 (2020): 9186023.

[20] HOCHBA D S. Approximation algorithms for NP-hard problems [J]. ACM SIGACT News, 1997, 28 (2): 40-52.

[21] MIRJALILI S, MIRJALILI S M, LEWIS A. Grey wolf optimizer [J]. Advances in Engineering Software, 2014 (69): 46-61.

[22] 姚远远, 叶春明, 杨枫. 双目标可重入混合流水车间调度问题的离散灰狼优化算法 [J]. 运筹与管理, 2019, 28 (8): 190-199.

[23] YANG Y, YANG B, WANG S, et al. An enhanced multi-objective grey wolf optimizer for service composition in cloud manufacturing [J]. Applied Soft Computing, 2020 (87): 106003.

[24] KACEM I. Genetic algorithm for the flexible job-shop scheduling problem [C]. 2003 IEEE International Conference on Systems, Man and Cybernetics, 2003: 3464-3469.

[25] ZHU Z, ZHOU X. An efficient evolutionary grey wolf optimizer for multi-objective flexible job shop scheduling problem with hierarchical job precedence constraints [J]. Computers & Industrial Engineering, 2020 (140): 106280.

[26] TANG H, CHEN R, LI Y, et al. Flexible job-shop scheduling with tolerated time interval and limited starting time interval based on hybrid discrete PSO-SA: an application from a casting workshop [J]. Applied Soft Computing, 2019 (78): 176-194.

[27] 宋航, 王亚丽, 刘国奇, 等. 基于改进多目标蜂群算法的 Web 服务组合优化方法 [J]. 东北大学学报 (自然科学版), 2019, 40 (6): 777-782.

[28] GHOMI E J, RAHMANI A M, QADER N N. Cloud manufacturing: challenges, recent advances, open research issues and future trends [J]. International Journal of Advanced Manufacturing Technology, 2019, 102 (9-12): 3613-3639.

[29] WALKER D J, CRAVEN M J. Identifying good algorithm parameters in evolutionary multi- and many-objective optimisation: a visualisation approach [J]. Applied Soft Computing, 2020 (88): 105902.

[30] DEB K, JAIN H. An evolutionary many-objective optimization algorithm using reference-point based non-dominated sorting approach, part I: solving problems with box constraints [J]. IEEE Transactions on Evolutionary Computation, 2014, 18 (4): 577-601.

[31] LI K, DEB K, ZHANG Q, et al. An evolutionary many-objective optimization algorithm based on dominance and decomposition [J]. IEEE Transactions on Evolutionary Computation, 2015, 19 (5): 694-716.

[32] ZHOU J, GAO L, YAO X, et al. Evolutionary many-objective assembly of cloud services via angle and adversarial direction driven search [J]. Information Sciences, 2020 (513): 143-167.

[33] WANG C, PAN H, SU Y. A many-objective evolutionary algorithm with diversity-first based environmental selection [J]. Swarm and Evolutionary Computation, 2020, 53 (3): 100641.

[34] ZHANG X, TIAN Y, JIN Y. A knee point-driven evolutionary algorithm for many-objective optimization [J]. IEEE Transactions on Evolutionary Computation, 2015, 19 (6): 761-776.

[35] CHENG R, JIN Y, OLHOFER M, et al. A reference vector guided evolutionary algorithm for many-objective optimization [J]. IEEE Transactions on Evolutionary Computation, 2016, 20 (5): 773-791.

[36] YUAN Y, XU H, WANG B, et al. A new dominance relation-based evolutionary algorithm for many-objective optimization [J]. IEEE Transactions on Evolutionary Computation, 2016, 20 (1): 16-37.

[37] GÓMEZ H R, COELLO C C A. Improved metaheuristic based on the R2 indicator for many-objective optimization [C]. Proceedings of the 2015 Annual Conference on Genetic and Evolutionary Computation, 2015: 679-686.

[38] LIU Y, GONG D, SUN J, et al. A many-objective evolutionary algorithm using a one-by-one selection strategy [J]. IEEE Transactions on Cybernetics, 2017, 47 (9): 2689-2702.

[39] WANG J, GONG B, LIU H, et al. Multidisciplinary approaches to artificial swarm intelligence for heterogeneous computing and cloud scheduling [J]. Applied Intelligence, 2015, 43 (3): 662-675.

[40] CHENG R, LI M, TIAN Y, et al. A benchmark test suite for evolutionary many-objective optimization [J]. Complex & Intelligent Systems, 2017, 3 (1): 67-81.

第 7 章　分布式制造服务共享决策优化

7.1　分布式制造服务共享机制分析

7.1.1　分布式制造服务共享框架

分布式制造服务共享是一种新型的制造资源管理模式，它不同于传统的集中式管理模式，是由独立的企业或个体之间进行服务共享的合作模式[1]。其核心内涵包括共享和服务两个方面：共享是对制造服务进行协调和整合，以实现跨领域、跨地区的协同增效、规模效应和成本节约；服务是根据市场原则，按照服务水平协议（Service Level Agreement，SLA）为各制造任务提供支持服务，进行成本分摊或收取费用。在共享制造中，服务共享不限于企业内部的共享，还指分布在各个领域的企业或个人通过共享制造平台共享由其丰富资源提供的制造能力或服务，而需求者可以轻松地访问共享能力或服务，从而达到整合资源、降低成本、提高效率的目的。最终，供应商和需求者达到双赢[2]。

针对制造联盟企业或制造应用服务网成员的资源自治性、分布性、异构性和动态性特点，对制造联盟企业（或制造应用服务网成员）共享服务的整合与分配、分布式共享制造系统构建时服务的申请与分配调度，设计由服务提供商、服务资源、用户共同构成的分布式制造服务共享合作框架，如图 7.1 所示。

在图 7.1 中，制造服务提供商指提供各类制造服务的企业或个体，如协同设计服务提供商、协同制造服务提供商、包装服务提供商及物流服务提供商等。用户（服务需求商）指需要使用各种服务的企业或个体。共享制造平台支持制造流程的开发和规划，对于用户的需求进行服务匹配、调度优化和运营管理。制造服务提供商面对用户需求，依据自身的能力独自提供服务，或者与其他的中小制造服务提供商进行合作，组成联盟来提供服务。用户在众多的制造服务中选择价格合理的服务来满足自身的需求。平台为入驻的成员提供廉价、高效、精准的一站式数字化制造服务，实现制造过程中人、事、物的互联互通[3]。

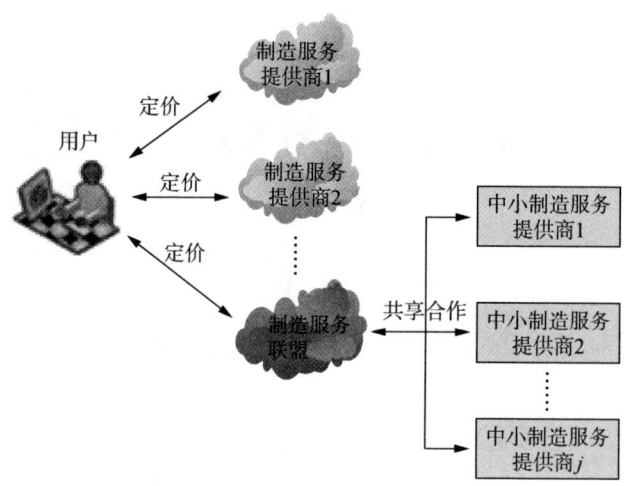

图 7.1 分布式制造服务共享合作框架

7.1.2 分布式制造服务共享合作形成机制

1. 形成背景

服务共享合作产生于 20 世纪 80 年代，最早是一家美国企业为了处理金融、财务和大量的低附加价值交易，采取了服务共享（shared service）的部门合作来强化企业的核心竞争力，以提高企业的经济效益。这种合作模式是以顾客需求（原业务单元）为导向，将分散在企业各个业务单元中的那些功能相同、流程相似、服务成本高昂、效率低下的业务从原经营部门中分离出来，再集中整合并组建成一个新的部门，即共享服务中心（Shared Service Center, SSC）[4]。

作为一种新型的管理运营模式，服务共享合作不同于传统、简单的部门分离或集中，它由独立的实体组织建成，并为多个分支机构或公司提供跨公司或跨地区的专业服务[5]。因此，服务共享合作的本质就是对企业的资本（金）、人力、时间及其他资源的一种优化利用，具有为企业优化内部组织结构、发现和实现新价值、优化产业价值链等显著功能，从而使企业获得服务共享的竞争优势，包括可持续地节约成本、提高效率等。当然，服务共享合作的实施和运作通常需要多部门、多企业间的协同和配合。从这个意义上说，服务共享合作代表了一种多企业间和业务单元之间的战略合作，它是企业的一种长期性、重复性行为，对企业的长远发展具有重要的战略意义。采用服务共享合作还需要企业间具有紧密的关联性及较为稳定的上下游关系。服务共享合作尤其适合具有较为成熟的产业链群关系的情况，它也是企业或产业发展水平达到较高阶段的一种重要实现途径。互联网技术的飞速发展为制造企业之间的深度合作提供了条件与技术支持，进一步刺激了企业之间制造服务的共享[6]。

2. 形成原因

在共享制造平台中，不同制造企业或个体所拥有的资源和服务都是非常有限的，不同组织所拥有的资源和服务常常呈不均衡分布的状态。正是由于各种资源或服务在各个主体间分布不均衡，单个主体无法独自完成更复杂的制造任务，不同主体需要借助其他各方的服务资源，解决自身服务资源不足的问题，从而使得双方产生共享合作的意识。

共享制造联盟是在创新驱动下产生的，其宗旨是布局云生态产业格局，以成员各方的共同利益为基础，实施信息平台总体规划，突出关键、核心功能，从上至下进行分析、设计、实现和推广，整合成员个体闲散制造资源，融合产业链、创新链、价值链，实现区域内部及跨区域间的协同制造。平台在联盟运行过程中，围绕从需求到论证、设计、工艺、加工、试验、仿真等制造全生命周期，打通采购、研发、生产、营销、供应、库存、发货和交付、售后服务、运维、报废回收等全商务流程，帮助成员开拓互联网市场，快速响应用户，降低制造企业创新门槛。从制造业发展实践来看，制造企业之间因服务供需交易而存在一种相互依存与合作的关系链。从建构主义的理性机制出发，目前我国的制造产业已初步形成具有一定服务导向性的产业链基础，具备了实现服务共享合作的条件和基础[3]。

3. 形成的必要性

分布式共享制造服务共享合作机制是合作的一种特殊形式，也应符合合作的基本原则。共享合作使得各个主体分配到的经济利益比不合作而独立运行取得的经济利益要高，是每个合作企业的期望，也是维系合作的重要动力。经济利益是促使制造企业进行服务共享合作最重要的驱动力，因此经济利益的公平、合理分配就显得至关重要。如果分配方法不合理，分配的结果不公正，就会使得合作发生破裂，甚至终止合作[7]。

服务共享不仅有助于协调单个企业的发展，而且有助于整个产业或行业的发展。美国学者布莱恩·伯杰伦（Bryan Bergeron）将服务共享定义如下：它是一种将部分现有的经营职能（business function）集中到一个新的半自主的业务单元的合作战略，这个业务单元就像在公开市场展开竞争的企业一样，设有专门的管理机构,目的是提高效率、创造价值、节约成本及提高对母公司内部客户的服务质量。因此,服务共享管理本质上是对于人力、资本、时间及企业其他资源的一种优化。从这个意义上说,服务共享模式代表了一种企业间和业务单元间的合作战略或过渡过程,对企业的长期发展具有重要的战略意义[8]。

7.1.3 分布式制造服务共享实现机制

1. 互惠信任机制

合作双方或多方获得的收益并不一定是直接的,也有间接收益,如企业声誉、品牌效应等。服务共享合作实际上也是一种包含着利他互惠行为的合作与共存的关系集合。许多学者通过试验研究证明,互惠合作行为确实存在。当现代社会中许多相互之间的作用像互利互惠一样被"理性化"时,就可以将逻辑、数学推理和谋生行为(foraging behavior)通过一个认知模型联系起来[9]。对于一家制造企业来说,当存在相互合作和支持时,就存在利他互惠。

从制造服务互惠合作的演变过程来看,互惠不仅有助于制造服务供需合作双方或多方关系的稳定发展,也有助于他们各自的收益取得与长期共存[10]。诚然,合作的前提和基础是企业间相互信任。因此,互惠信任是分布式制造企业实现服务共享合作与服务交易的重要保障之一。

制造企业共享合作的互惠信任机制的建立与巩固是开展合作创新的前提和重要基础,可以有效提高合作的效率,减少彼此间的摩擦和冲突。因此,研究合作企业之间信任的博弈、信任机制构建的流程及如何有效发挥信任机制对于合作的促进作用等问题就显得十分重要。

2. 利益分配机制

共享制造平台是服务需求者和服务提供者之间的桥梁。制造联盟以共享制造平台为依托,通过整合和共享社会资源,实现共享制造模式下的多主体业务协同,从而完成大型制造项目。制造联盟的形成过程就是依据联盟成员筛选准则,从云资源库中进行成员选择,实现资源优化配置的过程。制造联盟形成前,联盟企业将针对合作方式和利益分配方法进行谈判与协调,最终使参与联盟的所有企业达成共识并签订相关合同。鉴于大型制造任务总价格与联盟企业各级子项目中的子任务成本是确定的,为了实现多主体利益最大化,任务价格合理化即成为合作博弈均衡的核心问题。制造联盟利益分配实质上是一种具有约束的多人合作对策问题,需要同时满足合作对策中的个体理性与集体理性原则。制造联盟利益分配方法对其成员应该既有约束作用又有激励作用，约束作用体现在成员不会轻易脱离联盟，以保证联盟的稳定性，激励作用体现在成员能够按期、保质、高效地完成制造任务[11]。

3. 动态定价机制

在共享制造平台上，动态定价机制是平衡平台内制造服务供需的一种定价机制，具体表现为共享制造服务的交易价格随着服务的供给和需求的变化发生改变[12,13]。在动态定价机制中，价格的波动反映了供给、需求及消费者行为等。例如，对于某种相对稀缺的制造资源或能力，当请求服务的用户较多时，共享制造平台可以采用动态定价机制，根据需求量动态地改变其价格，引导部分用户选择其他价格相对较低且功能相似的制造服务，以实现在某一时间内对稀缺服务的供需平衡。

7.2 分布式制造服务配置共享决策

7.2.1 问题描述

在多用户共享制造环境中，制造服务共享可为多用户任务的协同优化提供全局均衡高效的配置[14,15]。在共享制造中，服务组合和配置一直是研究的热点。已有的研究大多集中在面向任务的配置场景，将不同的任务作为一个整体来描述，以实现所有任务的最短工期、最低成本、最高质量等的整体优化。由于共享制造系统中存在不同的利益相关者，在实际服务共享中存在不同用户之间的竞争和冲突。然而，在分散的制造服务管理中，很少有研究涉及获得包含多用户竞争问题的制造服务配置共享的最优均衡解。正如文献［16］中所描述的，目前的研究几乎没有协调共享制造利益相关者的利益。此外，在文献［17］中，只有一篇论文（文献［18］）报道了在云制造系统中使用经典博弈论来进行机器共享的决策行为。

针对现有工作存在的不足，本节提出一种面向多用户的制造服务配置共享模型，利用演化博弈方法对制造服务共享选择问题进行建模。该方法基于用户的有限理性和可获得的信息，能够从全局的角度捕捉制造服务选择的动态变化。与传统的博弈模型不同，本节建立的模型中每个参与者（服务需求者）通过复制选择策略，并且可以调整其选择，以获得更好的回报。用户被认为是利己的个体，每个个体都为其任务选择制造服务并作出决策。通过演化均衡分析，可以调整不同用户的服务选择倾向，以获得更好的运营性能。因此，群体的动态行为为共享平台管理者优化配置决策提供了有效途径。

7.2.2 问题定义和假设

在共享制造系统中,用户(服务需求者)和运营商都有自己的期望和策略。用户采用满足特定偏好使问题解决的策略。平台运营商采取有效的配置策略,试图通过提供竞争性服务来实现效用最大化。在制造服务配置共享过程中,不可避免地会出现用户之间竞争的局面。例如,来自不同用户的子任务需要功能相似的制造服务进行处理,但由于制造服务的可用性,不能同时满足这一要求,用户需要决定选择哪一种可用的制造服务来执行订单。这种复杂的问题可以用演化博弈论来解决。演化博弈理论可以通过从环境中学习来刻画有限理性参与者的策略互动和适应,并允许参与者为在竞争环境中达到均衡而作出个人决策。

在共享制造系统中,设有 M 个用户提交了需要处理的不同任务,将这些任务按需求划分为不同的类别,每类任务可由具有不同服务质量的匹配制造服务来执行。共享制造平台根据不同的配置周期满足用户的需求。一般来说,不同用户的任务被认为是独立的,用户的每个任务都可以分解为多个子任务。本节将提交的任务作为一个整体来考虑:①每个任务都可以通过一个基于子任务之间关系的组合服务来完成;②用户的需求和偏好与任务直接相关,而不是与子任务相关。因此,考虑 M 个用户 $U_m(m=1,2,\cdots,M)$,提交 M 个任务 $T=\{t_1,t_2,\cdots,t_m,\cdots,t_M\}$,在共享制造平台请求一组制造服务 $S=\{s_1,s_2,\cdots,s_n,\cdots,s_N\}$ 完成任务。为了增强所提模型的建模能力,提出以下假设:

1) 每项任务都可以由单个或组合制造服务执行。
2) 每个制造服务在同一时间只能处理一项任务。
3) 每个用户在同一配置周期内提交一个任务进行处理。
4) 每类制造服务具有相同的处理功能,但具有不同的服务质量。
5) 服务配置是基于价格机制实现的。
6) 通过共享制造平台的服务匹配操作满足用户任务的功能需求。

此外,假设共享制造服务使用基于服务提供者价格的线性定价模型,当多个用户请求相同的制造服务时,就会出现服务竞争。请求的任务不能同时由特定的服务处理,必须按某种顺序排队。此时,共享制造平台将收取更高的费用,以获得更多的收入。因此,将制造服务的价格设定为用户需求率的线性函数。非递减定价功能可以减少共享平台中多用户请求相同制造服务而导致的排队现象,并促使用户请求其他低价且功能相似的制造服务。制造服务在用户行为更加理性的情况下达到均衡。采用最短交货期优先(SDF)规则来分配任务的优先级。具体

地，将制造服务的定价模型定义为

$$P_n = \overline{P}_n[1+\varepsilon x(s_n)] \quad (7.1)$$

其中，P_n 是制造服务 s_n 的使用价格，$\overline{P}_n$ 是来自服务提供者的服务 s_n 的基准价格，$x(s_n)$ 表示不同用户选择服务 s_n 的概率，ε 表示多个用户选择服务时制造服务 s_n 的价格因子。

7.2.3 制造服务共享演化博弈模型

面向多用户请求的制造服务共享演化博弈模型可以描述如下：

1）参与者。对于特定类别的制造服务，在制造服务集合中选择的每个用户 $U_m(m=1,2,\cdots,M)$ 都是博弈的参与者。

2）群体。该演化博弈中的群体指的是用户的集合，假设与一组特定的制造服务相对应的群体是有限的。

3）策略。每个参与者的策略对应于对制造服务 $s_n(n=1,2,\cdots,N)$ 的选择，每个参与者都有 N 个策略，其策略集定义为 $S=\{s_1,s_2,\cdots,s_N\}$，包含所有可能的策略。

4）收益。用户的收益是选择策略 s_n 的净效用，其中考虑了两部分：第一部分是采用特定策略 s_n 时用户 U_m 的收入 $R_m(s_n)$；第二部分是成本，包括某项制造服务的使用成本 P_n 和延期成本 b_m。具体地说，用户 m 选择策略 s_n 时的收益 $\pi_m(s_n)$ 定义为

$$\pi_m(s_n) = R_m(s_n) - P_n - b_m \quad (7.2)$$

在实际中，$R_m(s_n)$ 与制造服务 s_n 和用户任务的匹配程度有关。为此，应用对数效用函数进行描述：

$$R_m(s_n) = \alpha_m \log(1+\lambda_m \theta_{mn}) \quad (7.3)$$

其中，α_m 表示用户 m 的盈利能力，θ_{mn} 表示制造服务 s_n 与用户任务 t_m 的匹配度，λ_m 是匹配度对收益影响的调整系数。

此外，当所请求的制造服务不能满足用户任务的交货期时，就会发生延期成本，可以表达为

$$b_m(s_n) = \beta_m[f_m(s_n) - d_m] \quad (7.4)$$

其中，β_m 是任务单位时间的延期成本，d_m 是用户任务 t_m 的交货期，$f_m(s_n)$ 表示使用策略 s_n 时任务 t_m 的完成时间。$f_m(s_n)$ 取决于用户任务的优先级规则和处理时间 $p_m(s_n)$。当 $f_m(s_n) \leqslant d_m$ 时，不存在用户任务 t_m 的延期成本，即 $b_m(s_n)=0$。

在制造服务共享的演化博弈模型中，用户群体可以在可用的制造服务中进行选择。每个用户都可以观察到其他用户的净效用（收益），如果其效用小于总体

的平均效用，则会选择另一种策略。因此，选择不同策略的用户比例会发生变化，即用户的策略调整将改变总体种群的状态。策略适应过程和相应的群体状态演化可以通过复制动态方程来建模和分析，其表达式为

$$\frac{\partial x(s_n)}{\partial t}=x(s_n)[\pi(s_n)-\overline{\pi}] \tag{7.5}$$

对于所有策略 $s_n \in S$，$x(s_n)$ 表示选择策略 s_n 的比例，即选择服务 s_n 的概率。$\pi(s_n)$ 是用户选择策略 s_n 的收益，$\overline{\pi}$ 是整个群体的平均收益。策略 s_n 的收益和平均收益分别为

$$\pi(s_n)=\sum_{m=1}^{M}\pi_m(s_n) \tag{7.6}$$

$$\overline{\pi}=\sum_{n=1}^{N}x(s_n)\pi(s_n) \tag{7.7}$$

由式（7.5）可知，当制造服务 s_n 的净效用大于所有制造服务的平均净效用时，请求该制造服务的用户比例会增加。此外，在制造服务共享的演化过程中，有 $\sum_{n=1}^{N}x(s_n)=1$。

7.2.4 演化均衡与稳定性分析

演化均衡可以表达为复制动态方程的稳定点，即群体不会改变其策略选择[19]。演化均衡存在两种类型，即边界演化均衡和内部演化均衡。在演化均衡点上，不存在用户选择其他制造服务策略以获得更高收益的情况。因此，当选择制造服务 s_n 的净效用等于种群的平均净效用时，就达到了演化均衡，即

$$\frac{\partial x(s_n)}{\partial t}=\dot{x}(s_n)=0 \tag{7.8}$$

公式（7.8）也可以改写为

$$\pi(s_1),\cdots,\pi(s_n),\cdots,\pi(s_N)=\overline{\pi} \tag{7.9}$$

用 $x^*=[x^*(s_1), x^*(s_2), \cdots, x^*(s_n), \cdots, x^*(s_N)]$ 表示演化均衡，并用李雅普诺夫直接法分析复制动态方程演化均衡的收敛性。

根据李雅普诺夫直接法[20]，假设存在一个具有连续一阶导数的标量函数 $V(z)$，使得：①$V(z)$ 是正定的；②$\dot{V}(z)$ 是负定的；③当 $\|z\| \to \infty$ 时，$V(z) \to \infty$，则在原点的均衡点是全局渐近稳定的。

用李雅普诺夫直接法可以证明以下命题。

命题 1：复制动态方程将收敛到演化均衡。

证明：定义跟踪误差函数 $e(s_n)=x^*(s_n)-x(s_n)$ 和李雅普诺夫函数 $V(s_n)=$

$e(s_n)^2/2$,其中 $V(s_n) \geqslant 0$,即李雅普诺夫函数是正定的。

李雅普诺夫函数的导数可以描述为

$$\dot{V}(s_n) = \frac{\partial [e(s_n)^2/2]}{\partial t} = e(s_n)\frac{\partial e(s_n)}{\partial t} = -e(s_n)\frac{\partial x(s_n)}{\partial t}$$

$$= -x(s_n)[x^*(s_n) - x(s_n)][\pi(s_n) - \overline{\pi}]$$

$$= -x(s_n)[x^*(s_n) - x(s_n)]\left[\pi(s_n) - \sum_{n=1}^{N+1} x(s_n)\pi(s_n)\right]$$
(7.10)

净效用函数 $\pi(s_n)$ 是关于 $x(s_n)$ 的非递增函数。首先考虑净效用最大的制造服务 s_j,即 $j = \arg\max_{n \in S}\{\pi(s_1),\cdots,\pi(s_n),\cdots,\pi(s_{N+1})\}$。显然,有 $x(s_j) < x^*(s_j)$,$\pi(s_j) - \overline{\pi} = \sum_{n}^{N+1} x(s_n)\pi(s_j) - \sum_{n}^{N+1} x(s_n)\pi(s_n) \geqslant 0$,则有 $\dot{V}(s_j) \leqslant 0$,用户选择某一最大效用的服务策略的复制动态方程会收敛于均衡。同样,用户选择其他策略的复制动态方程也会收敛到均衡。因此,处于演化均衡的动态系统是全局渐近稳定的。

特别地,当考虑只有两个制造服务的情况时,不同的用户有两种选择策略,分别用 s_1 和 s_2 表示,$\pi(s_1)$ 和 $\pi(s_2)$ 是相应的收益,$x(s_1)$ 和 $x(s_2)$ 是对应的群体份额,则有以下命题。

命题 2:对于具有两个制造服务的共享市场,内部演化均衡是渐近稳定的,其中 $\pi(s_1) = \pi(s_2)$。对于边界演化均衡点 $x(s_1) = 0,1$,应满足以下条件,以保证稳定性:

1) 如果 $\pi(s_1) > \pi(s_2)$,则 $x(s_1) = 1$ 是渐近稳定的。
2) 如果 $\pi(s_1) < \pi(s_2)$,则 $x(s_1) = 0$ 是渐近稳定的。

证明:复制动态方程推导如下:

$$\dot{x}(s_1) = x(s_1)[\pi(s_1) - x(s_1)\pi(s_1) - x(s_2)\pi(s_2)]$$

$$= x(s_1)\{\pi(s_1)[1 - x(s_1)] - x(s_2)\pi(s_2)\}$$

$$= x(s_1)[1 - x(s_1)][\pi(s_1) - \pi(s_2)]$$
(7.11)

如果雅可比矩阵所有特征值都是正的,则演化均衡是稳定的[21],等价于雅可比矩阵是负定的。因此,式(7.11)的雅可比矩阵方程可以写成

$$\frac{\mathrm{d}\dot{x}(s_1)}{\mathrm{d}x(s_1)} = x(s_1)[1 - x(s_1)]\left[\frac{\mathrm{d}\pi(s_1)}{\mathrm{d}x(s_1)} - \frac{\mathrm{d}\pi(s_2)}{\mathrm{d}x(s_1)}\right]$$

$$+ [1 - 2x(s_1)][\pi(s_1) - \pi(s_2)]$$
(7.12)

当边界演化均衡 $x(s_1) = 1$ 或 $x(s_1) = 0$ 时,式(7.12)的右侧第一项为 0。

当 $x(s_1)=1$，$\pi(s_1) > \pi(s_2)$ 或 $x(s_1)=0$，$\pi(s_1) < \pi(s_2)$ 时，式（7.12）是严格负的。因此，边界演化均衡 $x(s_1)=1$ 在满足 $\pi(s_1) > \pi(s_2)$ 时是渐近稳定的。同样，边界演化均衡 $x(s_1)=0$ 在满足 $\pi(s_1) < \pi(s_2)$ 时也是渐近稳定的。

对于内部演化均衡，当均衡点 $\pi(s_1)=\pi(s_2)$ 时，式（7.12）中的右侧第二项等于零。净效用函数 $\pi(s_n)$ 是 $\pi_m(s_n)$ 的和，而 $\pi_m(s_n)$ 对 $x(s_n)$ 的导数 $\dfrac{\mathrm{d}\pi_m(s_n)}{\mathrm{d}x(s_n)}<0$。因此，有 $\dfrac{\mathrm{d}\pi(s_1)}{\mathrm{d}x(s_1)}<0$，$\dfrac{\mathrm{d}\pi(s_2)}{\mathrm{d}x(s_1)}=\dfrac{\mathrm{d}\pi(s_2)}{\mathrm{d}[1-x(s_2)]}=-\dfrac{\mathrm{d}\pi(s_2)}{\mathrm{d}x(s_2)}>0$，即 $\dfrac{\mathrm{d}\pi(s_1)}{\mathrm{d}x(s_1)}-\dfrac{\mathrm{d}\pi(s_2)}{\mathrm{d}x(s_1)}<0$。这证明式（7.12）对于 $x(s_1)$ 的任意非零值是严格负的。

按照类似步骤，可以对两个以上制造服务进行稳定性分析。这在计算上更加复杂。为了能够获得最终结果，应用仿真分析的方法进行迭代求解。

制造服务配置的演化均衡可以通过策略适应来实现。所有用户首先选择一个随机的服务策略，在进化过程中，复制动态方程的策略更新可由以下离散复制动态方程近似得到：

$$x^{l+1}(s_n)=x^l(s_n)+\sigma x^l(s_n)[\pi(s_n)-\overline{\pi}] \tag{7.13}$$

其中，l 表示迭代次数，σ 是步长。迭代终止条件为

$$|\pi(s_n)-\overline{\pi}|<\delta \tag{7.14}$$

其中，δ 是一个较小的正常数。基于复制动态方程的制造服务共享算法可以描述如下：

步骤1，随机初始化群体状态并设置 $l=0$。

步骤2，为不同的用户任务分配处理优先级，按照式（7.1）计算每项制造服务的价格。

步骤3，用分配的制造服务和价格计算用户 m 的收益 $\pi_m(s_n)$。

步骤4，得到所有的净效用，然后根据公式（7.7）计算总体平均收益 $\overline{\pi}$。

步骤5，根据公式（7.13），基于概率 $x^{l+1}(s_n)$ 改变制造服务策略。

步骤6，更新，$l=l+1$。

当式（7.14）不满足时返回步骤2，否则算法结束。

7.3 算例分析

考虑两个不同的加工中心作为制造服务封装并发布在共享制造平台，五个不同的企业用户请求加工中心服务来完成制造任务。不同厂商用户的详细参数见表7.1，两种加工中心服务的价格（千元）$\overline{P}=[1.2\ \ 1]$。匹配度和加工时间的值

见表 7.2 和表 7.3。初始群体状态被均匀地设置为 $1/n$。设置 $\lambda=1$，$\varepsilon=M/2$。基于这些初始的参数值，设计了两组仿真试验，第一组评估了所提模型的性能，第二组分析了服务配置随 ε，θ_{mn} 的取值不同而变化的演化趋势和均衡，以及外部策略对服务配置的影响。

表 7.1　仿真参数设置

参数	$m=1$	$m=2$	$m=3$	$m=4$	$m=5$
α_m/千元	15.0	12.0	18.0	17.0	11.0
d_m/天	10.0	8.0	6.0	5.0	7.0
β_m/(千元/天)	1.0	1.5	2.0	0.7	2.2

表 7.2　初始匹配度设置

θ_{mn}	$m=1$	$m=2$	$m=3$	$m=4$	$m=5$
$n=1$	0.90	0.80	0.80	0.83	0.92
$n=2$	0.80	0.70	0.75	0.76	0.76

表 7.3　选择不同服务策略的单位加工时间　　　　　　　　单位：天/个

$p_m(s_n)$	$m=1$	$m=2$	$m=3$	$m=4$	$m=5$
$n=1$	1.02	1.30	1.12	1.20	1.23
$n=2$	1.84	2.00	1.80	1.76	1.91
$n=3$	1.56	1.67	1.46	1.43	1.78

1. 不同用户之间的演化博弈

为了评估算法在不同用户下的性能，进行了第一组仿真。可以观察到，经过多次迭代，服务共享配置收敛到均衡。图 7.2 显示了不同初始群体状态 [$x^0(s_1)=0.5$, $x^0(s_1)=0.4$, $x^0(s_1)=0.7$] 的内部均衡收敛过程，此时净效用 $\pi(s_1)=\pi(s_2)=25.10$。可见，初始群体状态不影响最后的均衡，但收敛所需的迭代次数取决于初始群体状态。图 7.3 显示了三个初始群体状态的边界均衡收敛过程。在均衡点，有 $\pi(s_1)=24.17$，$\pi(s_2)=22.45$，即 $\pi(s_1)>\pi(s_2)$。该算法的可扩展性见图 7.4。试验结果表明，随着初始仿真用户数量的增加，迭代次数逐渐减少。

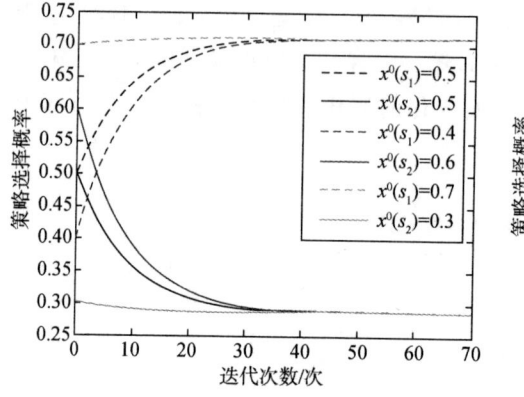

图 7.2 从不同初始状态收敛到内部均衡 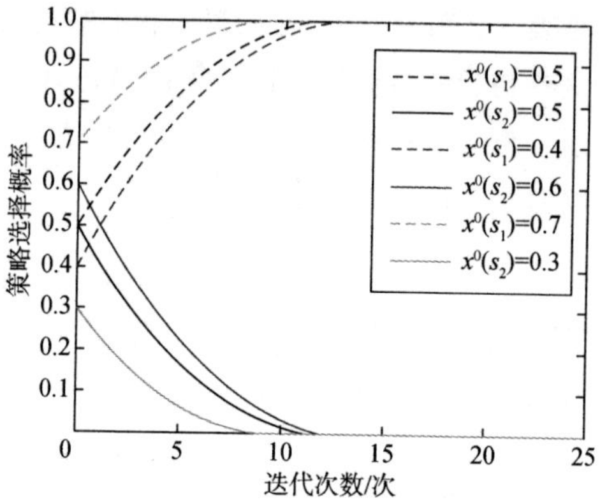　　图 7.3 从不同初始状态收敛到边界均衡

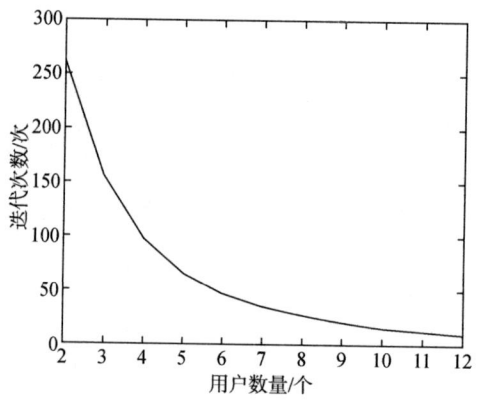

图 7.4 迭代次数与用户数量的关系

2. 演化均衡分析

制造服务配置博弈的演化均衡体现了不同制造服务的共享配置概率。不同的影响因素可以改变演化均衡点的位置。首先研究价格因子对复制动态方程收敛的影响。假设不同的制造服务价值因子是相同的，价格因子设置为 1~5，步长为 0.1，演化均衡曲线见图 7.5。随着价格因子 ε 的增大，两种策略的演化均衡曲线趋于一致。价格因子越大，制造服务价格越高，用户越倾向于选择价格较低的服务。结果表明，随着价格因子的增大，用户的净收益降低，平台运营商的净收益增加，如图 7.6 所示。

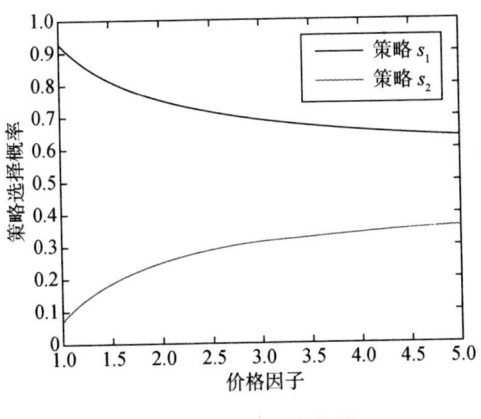
图 7.5 演化均衡曲线

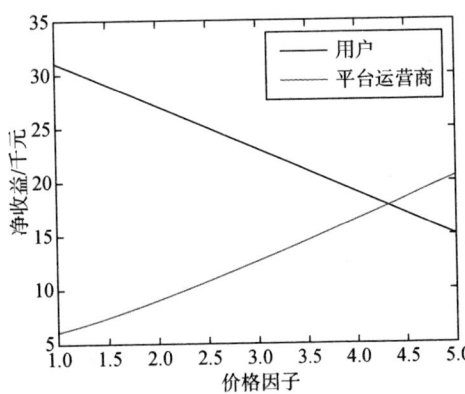
图 7.6 不同价格因子对应的净收益

进一步考察匹配度对博弈演化均衡的影响。初始匹配度设定值见表 7.2，每次试验的匹配度值在上次参数设置的基础上增加 0.05，见表 7.4。首先改变策略 s_1 的匹配度，然后改变策略 s_2 的匹配度，演化均衡曲线如图 7.7 所示。研究表明，更多的用户愿意选择能够带来更大净收益的制造服务，从而提高用户的净收益。总净收益逐渐增加，而平台运营商的净收益先升后降，如图 7.8 所示。因此，当匹配度增大时，低价策略 s_2 可以给用户带来更多的净收益。

表 7.4 不同试验的匹配度设置

试验序号	参数	取值	试验序号	参数	取值	试验序号	参数	取值
1	θ_{11}	0.85	11	θ_{12}	0.85	21	θ_{32}	0.90
2	θ_{mn}	同表 7.2	12	θ_{12}	0.90	22	θ_{32}	0.95
3	θ_{21}	0.85	13	θ_{12}	0.95	23	θ_{42}	0.81
4	θ_{21}	0.90	14	θ_{22}	0.75	24	θ_{42}	0.86
5	θ_{21}	0.95	15	θ_{22}	0.80	25	θ_{42}	0.91
6	θ_{31}	0.85	16	θ_{22}	0.85	26	θ_{42}	0.96
7	θ_{31}	0.90	17	θ_{22}	0.90	27	θ_{52}	0.81
8	θ_{31}	0.95	18	θ_{22}	0.95	28	θ_{52}	0.86
9	θ_{41}	0.88	19	θ_{32}	0.80	29	θ_{52}	0.91
10	θ_{41}	0.93	20	θ_{32}	0.85	30	θ_{52}	0.96

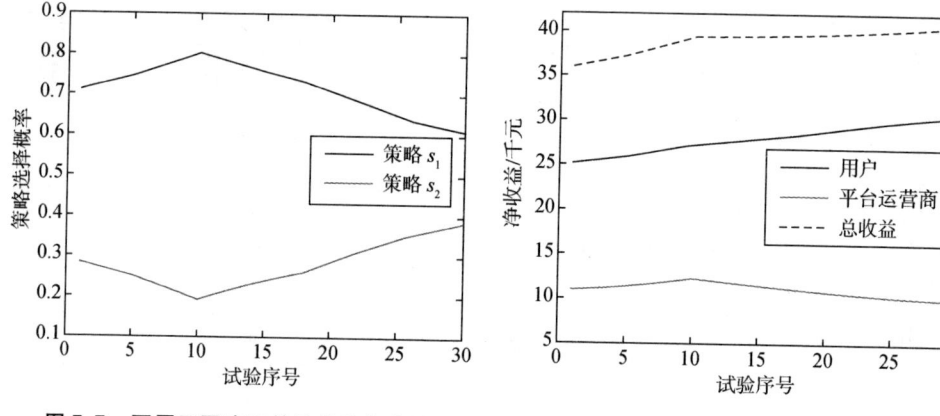

图 7.7 不同匹配度下的演化均衡曲线　　图 7.8 不同匹配度下的净收益

最后研究外部策略对博弈演化均衡的影响。将模拟扩展到三种策略博弈，其中考虑了一种非选择策略，即用户在执行非选择策略时等待或离开，选择外部制造资源。对于不同的企业任务，第三种外部策略的处理时间见表 7.3，其演化过程见图 7.9，演化均衡是在群体状态 $x=(0.7133,0.2867,0)$ 下达到的。第三种非选择策略不改变演化均衡。此外，第三种策略 s_3 的效用设置为 $0\sim 50$，步长为 1，演化均衡曲线见图 7.10。在净收益大于 25 千元之前，策略 s_3 的总体比例保持为零。然后，随着策略 s_3 净收益的增加，策略 s_1 和 s_2 的总体比例逐渐下降至零。当策略 s_3 的净收益大于 25 千元时，用户的净收益与其相等，而平台运营商的净收益降为零，如图 7.11 所示。

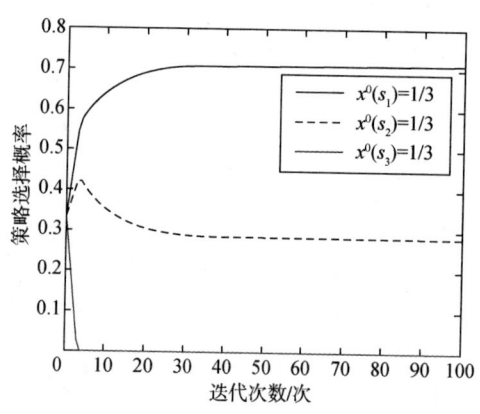
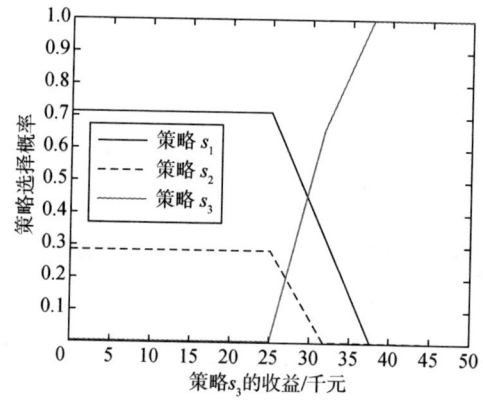

图 7.9 第三种非选择策略收敛到内部均衡　　图 7.10 第三种策略效用增加的演化均衡曲线

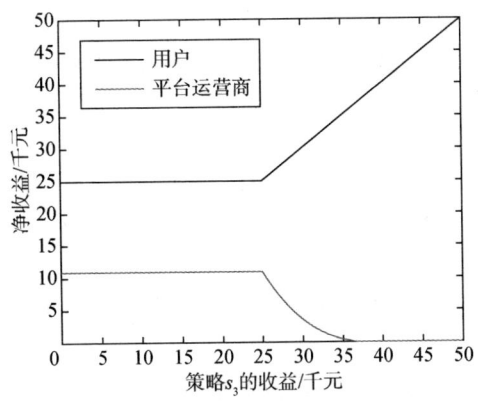

图 7.11 第三种策略收益增加时的净收益

上述仿真结果表明，较高的价格因子会促使用户选择价格较低的制造服务，并获得较低的净收益。在现实中，这会削弱共享制造平台的竞争力。此外，匹配度是提高总体净收益和用户净收益的重要因素，而服务提供者的净收益依赖于制造服务匹配度的间接差异化。在实践中，这可以促进制造服务技术的演变，以更好地满足用户需求。当外部制造资源净收益大于共享制造系统中演化均衡时的净收益，外部策略对制造服务选择有较大影响。

7.4 小　　结

在共享制造服务模式下，为了满足用户的需求，可以对分散的制造服务进行整合，从而实现制造服务的交易共享。本章重点分析了分布式制造服务共享的框架和共享合作机制。在此基础上，为了适应现实中制造服务配置的分散化决策管理，提出了一种面向多用户的制造服务配置共享的演化博弈模型，利用复制动态方程对不同用户的策略适应过程进行分析，证明了演化博弈模型能够收敛到均衡。结合算例，分析了影响制造服务共享决策的相关参数，为实践应用提供了理论基础。

参 考 文 献

[1] 郭明伟. 共享服务：一种实现资源利用最大化的有效途径 [J]. 理论月刊, 2009 (2): 129-132.

[2] 陈东锋, 吴能全. 建立共享服务中心, 发挥企业集团规模优势 [J]. 当代经济管理,

2010,32(3):21-26.

[3] 王京,陈伟,高长元,等. 云制造联盟——一种基于信息服务平台的新型制造业组织模式[J]. 科学管理研究,2018,36(6):62-65.

[4] 安德鲁·克里斯. 服务共享[M]. 北京:中国人民大学出版社,2005.

[5] 布莱恩·伯杰伦. 共享服务精要[M]. 北京:中国人民大学出版社,2004.

[6] 梁学成. 我国旅游企业间服务共享式合作模式与实现机制研究[J]. 西北大学学报(哲学社会科学版),2015,45(2):130-134.

[7] 高亮. 开放共享的科技基础条件平台合作创新机制研究[D]. 合肥:中国科学技术大学,2015.

[8] 梁学成. 基于服务共享的旅游企业合作模式研究[G]//中国旅游研究院. 2012中国旅游科学年会论文集. 中国旅游研究院,2012:107-112.

[9] 亚历山大·J. 菲尔德. 利他主义倾向——行为科学、进化理论与互惠的起源[M]. 长春:长春出版社,2005.

[10] 梁学成. 旅游服务供需关系的合作契约设计研究[M]. 北京:中国经济出版社,2012.

[11] 高新勤,原欣,朱斌斌,等. 基于合作博弈的制造联盟利益分配方法[J]. 计算机集成制造系统,2018,24(10):2575-2583.

[12] 饶卫振,王梦涵,姜力文. 订单合并决策下云制造联盟收益分配问题[J/OL]. (2021-06-18)[2021-09-20]. https://kns.cnki.net/kcms/detail/11.5946.TP.20210618.0904.006.html.

[13] 张云丰,王勇,龚本刚,等. 非瞬时补货下改良品联合采购决策[J]. 中国管理科学,2016,24(10):124-132.

[14] LIU Y, XU X, ZHANG L, et al. An extensible model for multitask-oriented service composition and scheduling in a cloud manufacturing system [J]. Journal of Computing and Information Science in Engineering, 2016, 16(4): 041009.

[15] XIE Y, ZHOU Z, PHAM D T, et al. A multiuser manufacturing resource service composition method based on the bees algorithm [J]. Computational Intelligence and Neuroscience, 2015 (2015): 780352.

[16] BOUZARY H, CHEN F F. Service optimal selection and composition in cloud manufacturing: a comprehensive survey [J]. The International Journal of Advanced Manufacturing Technology, 2018, 97(1-4): 795-808.

[17] LIU Y, WANG L, WANG X V, et al. Scheduling in cloud manufacturing: state-of-the-art and research challenges [J]. International Journal of Production Research, 2019, 57(15-16): 4854-4879.

[18] ZHANG Y, WANG J, LIU S, et al. Game theory based real-time shop floor scheduling strategy and method for cloud manufacturing [J]. International Journal of Intelligent Systems, 2017, 32(4): 437-463.

[19] NIYATO D, HOSSAIN E. Dynamics of network selection in heterogeneous wireless net-

works: an evolutionary game approach [J]. IEEE Transactions on Vehicular Technology, 2009, 58 (4): 2008-2017.

[20] SLOTINE J J E, LI W. Applied nonlinear control [M]. Englewood Cliffs: Prentice Hall, 1991.

[21] HOFBAUER J, SIGMUND K. Evolutionary games and population dynamics [M]. London: Cambridge University Press, 1998.